U0772995

崇礼铁路赵川特大桥 BIM 与虚拟仿真技术工程应用

张拥军　贾　伟　刘思佳　胡同旭　著

中国建筑工业出版社

图书在版编目（CIP）数据

崇礼铁路赵川特大桥 BIM 与虚拟仿真技术工程应用/
张拥军等著. —北京：中国建筑工业出版社，2019.10
ISBN 978-7-112-24162-0

Ⅰ．①崇… Ⅱ．①张… Ⅲ．①特大桥-铁路桥-转
体施工-计算机辅助设计-应用软件 Ⅳ．①U448.13-39

中国版本图书馆 CIP 数据核字（2019）第 195560 号

本书是作者将多年的专业实践与自己的研究成果总结著写而成。全书
共包括：BIM 技术与桥梁转体发展与前景；基于 BIM 技术的可视化建模
及设计应用；基于 BIM 技术虚拟仿真系统的转体桥施工数值计算；基于
BIM 技术的施工监测控制与分析；BIM 5D 技术在转体桥施工管理上的应
用等内容。本书适合桥梁专业的师（生）和桥梁专业的相关工作人员阅读
使用。

责任编辑：张伯熙
责任校对：芦欣甜　李欣慰

崇礼铁路赵川特大桥 BIM 与虚拟仿真技术工程应用

张拥军　贾　伟　刘思佳　胡同旭　著

*

中国建筑工业出版社出版、发行（北京海淀三里河路 9 号）
各地新华书店、建筑书店经销
霸州市顺浩图文科技发展有限公司制版
天津翔远印刷有限公司印刷

*

开本：787×960 毫米　1/16　印张：13½　字数：234 千字
2019 年 10 月第一版　2019 年 10 月第一次印刷
定价：**70.00** 元
ISBN 978-7-112-24162-0
（34595）

版权所有　翻印必究
如有印装质量问题，可寄本社退换
（邮政编码 100037）

前　　言

新建崇礼铁路位于河北省张家口市，设计为双线高速铁路，设计速度250km/h，南起京张铁路下花园北站，途经下花园区、宣化区、赤城县，北迄崇礼区太子城奥运村，大致呈南北走向，南端与拟建京张线相接，北端预留向崇礼延伸条件。线路全长30.02正线公里，上跨京张铁路、京藏高速公路、宣赵铁路、112国道、宣赵铁路、唐呼铁路。

本项目为河北省张家口市宣化区赵川镇高架特大桥，其桥长7854.01m，为双线特大桥。孔跨布置为224－32m、简支梁＋10－24m、简支梁＋1－（32＋48＋32）m、连续梁＋1－（40＋64＋40）m。其中，（40＋64＋40）m为连续曲线梁桥。赵川镇高架特大桥位于跨越张唐铁路的圆曲线上，平曲线半径3500m，竖曲线半径20000m，双线桥线间距4.6037m。为确保桥梁施工安全与下跨铁路正常运行，（40＋64＋40）m连续梁采用挂篮悬臂浇筑法＋转体施工的作业方式。

本书围绕BIM＋虚拟仿真技术在该桥上的应用展开。全书共分5章，第1章介绍BIM技术与桥梁转体技术发展历程与应用前景。第2章针对该项目，对BIM技术在转体桥设计阶段、施工阶段如何应用进行阐述。第3章针对桥梁主梁、球铰结构、承台桩基处应力与变形，进行基于Midas-ANSYS-FLAC 3D的双线铁路转体桥梁施工虚拟仿真计算。第4章根据现场实际监测与理论模拟，进行桥梁结构安全管理、施工控制与数据分析。第5章结合BIM 5D的应用与现场管理实况，建立基于BIM 5D的双线铁路转体桥梁施工管理平台，对现场施工质量、安全等进行施工指导。

本书编写分工如下：第1章由张拥军、刘思佳、宋宸、刘德金编写，第2章由张拥军、贾伟、王文、李文韬编写，第3章由刘思佳、胡同旭、李洪涛编写，第4章由胡同旭、包放歌、马强强编写，第5章由贾伟、马强强编写。全书由张拥军统稿和审校。

本书可作为相关桥梁工程案例施工与监测指导书籍，也可作为相关项目进行BIM系统与虚拟仿真系统构建、应用与落地实施的参考书籍。

由于作者水平有限，书中如有错误与不足之处，欢迎广大领导、专家、同仁批评指正！

目　　录

第一章　BIM 技术与桥梁转体发展与前景

第一节　BIM 概念的提出与发展过程

BIM，即 Building Information Modeling（建筑信息模型），是以建筑工程项目的各项相关信息数据为基础，建立建筑模型，通过数字信息仿真模拟建筑物所具有的真实信息。BIM 技术是一种数据化工具，通过建筑模型整合项目的各类相关信息，在项目策划、设计、建造、运行和维护的全生命周期中进行信息的共享和传递，在提高生产效率、节约成本和缩短工期方面发挥重要作用。

自 20 世纪末工业基础类数据模型（Industry Foundation Classes，IFC）标准被引入，BIM 在我国经历了从听说到认可的过程。大致可以分为以下几个阶段：

1. 概念阶段

从 2002 年，欧特克公司明确 BIM 概念后，BIM 开始进入快速发展的阶段。国内，在 2010 年，清华大学参考 NBIMs，结合调研后提出了中国建筑信息模型标准框架（Chinese Building Information Modeling Standard，简称 CBIMS），并且创造性地将该标准框架分为面向 IT 的技术标准与面向用户的实施标准。

2011 年 5 月，住房城乡建设部发布的《2011～2015 建筑业信息化发展纲要》明确指出：在施工阶段开展 BIM 技术的研究与应用，推进 BIM 技术从设计阶段向施工阶段的应用延伸，降低信息传递过程中的衰减；研究基于 BIM 技术的 4D 项目管理信息系统在大型复杂工程施工过程中的应用，实现对建筑工程有效的可视化管理等。

2012 年 1 月，住房城乡建设部的《关于印发〈2012 年工程建设标准规范制订修订计划〉的通知》宣告了中国 BIM 标准制定工作的正式启动，其中包含了五项 BIM 的相关标准：《建筑工程信息模型应用统一标准》《建筑工程信息模型存储标准》《建筑工程设计信息模型交付标准》《建筑工程设计信息模型分类和编码标准》《制造工业工程设计信息模型应用标准》。

在这个阶段，BIM 的概念逐步普及，很多学者和科研单位对 BIM 技术开展了理论研究工作，并在一些项目进行尝试和探索。

2. 初步应用阶段

在这一时期，国家在政策层面出台了很多文件，如 2013 年 8 月 29 日住房城乡建设部发布了《关于征求〈关于推荐 BIM 技术在建筑领域应用的指导意见（征求意见稿）〉的函》。2014 年 7 月 1 日发布了《关于推进建筑业发展和改革的若干意见》，更加明确要推动 BIM 的发展与应用。2014 年年底国家标准《建筑工程信息模型应用统一标准》通过审查。2015 年 6 月 16 日发布《关于推进建筑信息模型应用的指导意见》。

在工程实践方面，借鉴国内外案例，基本的 BIM 应用点也在很多项目中得以实施。像上海现代建筑设计集团在上海世博会项目、外滩 SOHO 等，大型房地产开发商如绿地、万科、万达等都开始尝试使用 BIM 技术。

3. 深化阶段

在这一阶段，BIM 应用范围不断扩大，应用点越来越多。设计阶段的 BIM 向方案设计阶段延伸，并逐渐实现全专业、全过程 BIM 协同设计。施工阶段的 BIM 也进一步深化，其应用价值逐渐突显。在工程算量、施工模拟、深化设计、专业协调和进度控制等方面都发挥了 BIM 的优势，施工项目管理 4D、5D 等也在进行探索中。有关数据显示，25.7% 的受访企业已建立项目级 BIM 组织，19.46% 的受访企业建立了企业级 BIM 组织。

结合新兴技术如大数据、云计算、物联网等，为 BIM 的应用拓展更为广阔的空间。比如说，大数据为执行任务提供预先的可能性，提高了决策效率。此技术可改善建筑环境的设计、建设、运营和维护。理论上，一个 BIM 平台可链接到大量数据，从而增强一个团队中的利益相关方的决策能力。又或者，利用云计算技术可实现"信息无处不在"。目前，国内也有不少云计算的软件产品，能够提供基于云计算的信息共享和协作工具，通过移动设备远程访问各种模型。中小企业通过"租赁"的方式获取具有强大功能的软件资源，使用成本较以往购买的方式要低得多。从 BIM 中提取的一个建筑物分析模型提交给该基于云计算的结构分析工具进行分析，而不需购买该软件。但是使用云计算技术时，必须理解这些技术的潜在缺点。基于云工具的一个主要要求是具备一个稳定、持续的网络环境，否则将无法使用基于云的工具，除非有可用的缓存。其他还有安全问题、数据所有权问题以及提供云计算的供应商的可靠性等都要考虑进去。

第二节　BIM 技术的特点与优势

1. 传统建造方式的弊端

在建筑行业内，设计施工等主要采用图纸的二维表达来描述三维对象，主要以 CAD 软件为平台。这种传统方式存在很大的弊端，首先，由于以二维的形式表达三维空间实体，计算机无法理解这种表达，表达的正确性需要人工来保证，也就是说，设计图的质量主要取决于人；其次，目前无法让计算机能像人一样，从二维设计图构建出建筑实体的三维模型，因此，单一专业的设计结果很难在其他专业设计中得到自动利用，例如二维设计的建筑实体之间是否存在碰撞，需要人工审核，无法利用计算机系统实现自动检查。

由此可见，传统二维图纸模式对人工依赖性很大，具有高度的个人化，所以给信息交流带来很大的不确定性，容易造成信息沟通的误解和割裂。

2. BIM 技术对比传统施工方式的优点

（1）数据互用性

BIM 数据将在项目整个生命周期内不断积累和完善，其使用者包括设计方、咨询方、施工方、业主，BIM 数据使用的目的包括辅助决策、辅助设计、辅助施工和辅助设施管理，在这样宽广的领域中应用，要求 BIM 数据具备支持多种应用软件和系统的能力。支持 BIM 数据互用的理想方式是 BIM 数据具有公开、公认的内容和交换格式，由国际 Building SMART 组织开发并维护的工业基础类 IFC 就是一种开放式的 BIM 数据交换格式。

（2）可视化设计方法

BIM 技术下的建模设计过程是以三维状态为基础的，不同于 CAD 基于二维状态下的设计。在常规 CAD 状态下，绘制的构件没有属性，只有由点、线、面构成的封闭图形。而在 BIM 技术下绘制的构件本身具有各自的属性，每一个构件在空间中都通过 X、Y、Z 坐标呈现各自的独立属性。设计过程中设计师的构想能够在电脑屏幕上虚拟呈现三维立体图形，达到三维可视化下的设计。同时，构建的模型具有各自的属性，如柱子的位置、尺寸、高度、混凝土强度等，这些属性通过软件将数据保存为信息模型，也可以由其他专业导入数据，提供了协同设计的基础。

（3）专业间协同设计

在传统条件下各个专业间的设计数据不能相互导出和导入，使各个专业间缺乏相互协作。在 BIM 技术下的设计，各个专业通过相关的三维设计软件协同工作，能够最大限度地提高设计速度。并且建立各个专业间共享的数据平台，实现各个专业的有机合作，提高设计质量。而传统设计环节，基本都是各自为战，很少沟通，工作时逐层传递，这样做极不利于相互之间的沟通与交流，很容易出现碰撞点。现在可以通过 BIM 技术所建立的模型将各个专业所需要的数据信息纳入其中，让大家在统一的环境下协同工作。

3. BIM 技术未来的发展趋势

BIM 技术的应用，可以极大地推进建筑信息技术的发展，BIM 与其他技术进行融合，还会带来更广阔的应用领域，比如 BIM 与装配式建筑。现在我国正在推动住宅产业化建设，其代表的装配式建筑越来越受到政府部门与普通民众重视。在装配式建造过程中，生成装配式构件所需要的信息可以通过其 BIM 模型来取得。在今后，基于 BIM 技术的 3D 楼房打印，虚拟现实仿真技术，将是 BIM 技术未来的发展前景。

BIM 技术的广泛应用与落地实施，其目的为建立基于项目全生命周期的多方协同与应用示范工程。随着现代信息技术的蓬勃发展，BIM 技术将结合虚拟仿真与可视化、物联网技术、大数据技术、5G 技术，可实现工程项目建筑建造的完全自动化，实现建筑即机械建造、建筑即机器应用的全新建筑业革命。

第三节　桥梁转体技术的历史与发展

国外第一座采用竖转法的桥是 1947 年法国修建的主跨 110m 的肋拱桥。因为竖转法一般用在跨度比较小的肋拱桥，对于大跨度的桥来说，需要的支架太高，在经济上不够节省，而且转动难度较大，不容易控制，所以竖转法并未引起较大的关注。1955 年南非采用竖转法修建了主跨 113m

的钢筋混凝土箱形拱桥——Stormo 河桥，此桥被认为是世界上首次成功地应用转体法建成的拱桥。在 20 世纪 50 年代后期，意大利跨径 70m 的多姆斯河桥也采用类似的方法施工，1985 年德国采用竖转法建成了阿根山谷桥。之后，竖转法在日本和一些欧美国家不断发展和完善。

在国外，竖转法出现 30 年后，平转法才开始出现。1976 年德国采用平转法修建了一座跨径为（53＋52)m 的 T 形刚构桥，同年奥地利修建多瑙运河桥时因怕影响船只的通行，采用平转法施工，1982 年在日本大阪府茨木市修建东海道新干线桥时，由于要跨越五股铁道，且斜交 35°，要求施工期间封闭列车只能在夜间通过，且不超过 30min，因此决定用平转法施工。

对我国而言，绝大多数转体施工的桥梁采用的是平转法，与国外不同的是在国内最先发展起来的是平转法，竖转法应用的时间较晚，所以平转法在我国应用更加广泛。

为了适应在山区建桥，1975 年我国建成了第一座转体桥——四川遂宁建设桥。该桥为钢筋混凝土箱形肋拱桥。后来，转体施工工艺应用到刚架拱、斜拉桥、T 形刚构桥等。转体桥如今在施工中多用于下部作业面狭窄、施工困难地段，如跨越河流、铁路、公路施工等。转体桥在施工过程中能不影响下方线路通航，不中断通车，保证人身财产安全，具有良好的经济和安全效益。

转体施工技术在斜拉桥和刚构桥中应用较广，尤其是跨既有线路桥梁的施工。例如：1980 年我国在四川金川县建造转体重量达 1344t 的曾达桥，开创了国内桥梁转体的新工艺。1985 年江西贵溪跨线桥，转体重量为 1100t。1990 年修建了转体重量达 2350t 的四川绵阳桥。1993 年，建成的安阳钢管混凝土拱桥，采用了竖转与平转相结合的转体施工工艺。1998 年我国在贵州建成结构形式为 T 形钢构桥的都拉营桥，转体重量达到 7100t。1999 年，采用竖转与平转相结合转体施工工艺的广州丫髻沙大桥建造成功，此修筑方案一方面为不影响珠江口通航，另一方面该桥转体重量达 13685t，为在平原地区修建如此大跨径的拱桥积累了宝贵经验，建成跨径达 344m 的钢管混凝土中承式系杆拱。2001 年，贵州北盘江大桥采用竖转法转体施工，跨径达 236m 的上承钢管混凝土拱桥，转体重量达 10400t。2003 年，北京石景山混凝土斜拉桥，跨径组合为（45＋65＋95＋40)m，采用平转法施工，转体重量 14000t。2010 年 6 月，沪杭高铁跨沪杭高速系杆拱桥采用平转法施工，转体重量达 15800t。2016 年 11

月，历时 80min，菏泽丹阳路立交桥东侧主桥逆时针转动 81.67°，转体成功，为国内转体重量最大的转体桥项目。该桥体成功转体不仅打破多项世界纪录，也标志着我国的桥梁转体技术已经走在世界前列，在桥梁建造技术方面拥有国际先进水平。由此可见，随着科技的发展，转体桥应用越来越多，转体吨位越来越大，转体施工技术在我国发展空间十分广阔。

第四节　桥梁转体施工的特点类型及其应用前景

桥梁转体施工技术的发明使桥梁工程的应用范围更加广泛，减少了建设桥梁的受限条件，推动了桥梁工程的发展。桥梁转体施工的方法可根据转动方向的不同分成三种：竖向转体施工法、水平转体施工法及平转与竖转相结合的方法。竖向转体施工法是最早兴起的方法，水平转体施工法是现在应用最广泛的方法，而对于一些大跨径的桥梁来说，更多应用的是平转与竖转相结合的转体方法。

1. 竖向转体施工法

竖向转体施工法主要应用于跨越山谷的拱桥施工。其基本方法为从桥梁跨中分为两半，将拱肋与拱脚分开施工。桥梁结构多采用预制（或工厂预制加工），然后进行拼装。竖向转体法球铰安装在拱脚处，利用扣索的牵引拉力将结构竖向旋转，待结构到达设计高度时，通过跨中段合拢完成结构的整桥安装；竖向转体施工法依据工程施工现场作业条件，可分为从上向下旋转转动与从下向上旋转转动两种方式。该方法需要"因地制宜"，依托山谷地质环境条件，常常用于跨度大，不适用水平转体法施工的环境中。

2. 水平转体施工法

水平转体施工法球铰设置在桥墩处的对称轴上，悬臂梁段可以以球铰为原点形成平面转动系统，进而达到水平转体的过程。水平转体法按桥墩球铰部位可分为墩顶转体与墩底转体，按有无平衡重可分为平衡重转体和无平衡重转体。其中，墩顶转体施工作业面在墩顶处，施工操作、设备安装牵引工序不方便，墩底转体作业面在上承台处地平面，但是转体重量增加了桥墩重量，导致球铰规格要求更高。水平转体法是将桥梁分为两部分，在桥墩处设置钢球铰或者混凝土球铰，按顺时针或逆时针旋转一定角度进行转体过程。该方法常采用挂篮或满堂支架法施工浇筑各个梁段。设置上下转盘，通过牵引体系使桥梁上部结构转动，最终进行中跨与边跨合拢作业。

3. 平转与竖转相结合施工法

平转与竖转相结合施工法是把水平转体法与竖向转体法优点作融合，根据现场实际情况，正确使用两项技术，进行桥梁建造的技术方法。即先通过竖转法利用有效地形将高空作业变为在低矮支架上进行的低空作业，通过扣索牵引，将结构在竖向旋转至设计标高后，再利用千斤顶牵引将梁体平转至桥轴线就位，完成障碍物的跨越。

4. 桥梁转体工程应用前景

铁路是我国重要的基础设施、国民经济的大动脉和大众化的交通工具，是综合交通运输体系的骨干，在推动我国经济社会又好又快发展中发挥着重要作用。按照国家批准的《中长期铁路网规划（2008年调整）》，到2020年，全国铁路营业里程达到12万km以上，其中客运专线达到1.6万km以上，复线率和电化率分别达到50%和60%以上。据统计，截至2015年年底，全国铁路营业里程达到了12.1万km，居世界第二位，其中高速铁路营业里程突破1.9万km，占世界高速铁路总里程的60%以上，居世界第一位。可见，我国已经形成了四通八达的铁路运输网络。无论是公路还是铁路，在其后续工程建设中，必将遇到越来越多的跨越既有运营铁路线路的工程项目，如何尽量减少干扰并保证既有铁路线的正常运营，成为越来越多的工程建设者关注的问题。

转体施工技术的应用，大大提高了工程项目建设的可能性，扩大了桥梁建设的地域范围的同时，可以不影响所跨越既有线路的正常交通或尽量缩短中断交通的时间。近年来，在跨越既有铁路运营线的桥梁建设中，人们逐步探索采用转体施工法，尤其是平转体施工法。

2016年，河南省郑州市市政工程中州大道上跨陇海铁路桥梁工程项目成功实现了双幅桥体同时旋转跨越，此次转体工程的难点是左右双幅桥体同步逆时针转体87.3°。由于左右双幅桥体在同一个平面上，且直线间距还小于边跨长度，导致桥体转体前的现浇段相互侵占了转体后的成桥位置，所以转体施工必须为左右两幅同步进行，极大地增加了工序的复杂性、精度的准确性和测控技术的难度，重达2.46万t的双幅桥体同时旋转，在全国范围内是较为罕见的。

从上述成功的工程案例分析可知，转体施工在今后的工程建设中应用将会越来越广泛。其原因主要有以下几点：

（1）随着转体技术发展的日益成熟，该项技术凸显出巨大优越性，特别是在施工条件受到严重限制的情况下，它的地位已无可取代。从山区到平原，从郊外工程到城市内高架桥，从拱桥到斜拉桥、连续梁桥、连续刚构桥等，从公路到铁路，其应用范围在逐步扩大。

（2）近年来，伴随着我国交通基础设施投资的持续增加以及我国铁路建设，尤其是高速铁路及城际铁路的快速发展，在公路及铁路建设中出现了越来越多的跨越既有铁路线的工程项目，这为转体技术的应用提供了必然条件。

（3）铁路运营作业存在特殊性，主要是运营限界及作业时间要求，使得跨越铁路运营线的桥梁建设相对于跨越河谷、公路等桥梁来说，施工难度较大，作业时间受局限，这是转体施工技术应用中研究的难点和重点。

第五节　BIM 技术应用实例

BIM 技术的应用，可以极大地推进建筑信息技术的发展，BIM 与其他技术进行融合，还会带来更多广阔的应用领域，比如 BIM 与装配式建筑。现在我国正在推动住宅产业化建设，其代表的装配式建筑越来越受到政府部门与普通民众重视。在装配式建造过程中，生成装配式构件所需要的信息可以通过其 BIM 模型来取得。在今后，基于 BIM 技术的 3D 楼房打印，虚拟现实仿真技术，将是 BIM 技术未来的发展前景。

BIM 技术广泛应用与落地实施，其目的为建立基于项目全生命周期的多方协同与应用示范工程。随着现代信息技术的蓬勃发展，BIM 技术将结合虚拟仿真与可视化、物联网技术、大数据技术、5G 技术，可实现工程项目建筑建造的完全自动化，实现建筑即机械建造、建筑即机器应用的全新建筑业革命。

1. BIM 技术在港珠澳大桥中的应用

港珠澳大桥连接香港、珠海、澳门，是目前世界上最长的跨海大桥。拱北隧道为港珠澳大桥珠海连接线的关键控制工程，是继港珠澳大桥主桥之后又一世界级工程。隧道所在地隶属于珠海市，毗邻澳门行政区。通车后可满足内地、香港、澳门三地之间的陆路客货运输要求。拱北隧道全长 2.74km，包括海域明挖段、口岸暗挖段、陆域明挖段三部分，其中暗挖段总长 255m，采用国内首创的曲线管幕冻结暗挖法施工，曲线管幕长度创造新纪录，隧道开挖断面 345m² 为世界最大。

在 BIM 的应用方面主要研究内容有以下六点：一是建立港珠澳大桥交通工程 BIM 空间模型；二是通过 BIM 优化设计方案并建立三维设计体系；三是基于 BIM 的港珠澳大桥交通工程施工进度管理；四是基于 BIM 的港珠澳大桥交通工程三维系统集成监控管理；五是基于 BIM 的港珠澳大桥交通工程三维系统设备维护管理；六是建立基于 BIM 的港珠澳大桥交通工程全寿命周期系统集成平台架构。以 BIM 的空间数据库为中心，贯穿整个大桥交通工程的设计、施工、运营和维护全寿命周期，基于 BIM 的港珠澳大桥交通工程全寿命周期系统集成的核心目的，就是它以 BIM 模型为基础，在交通工程联合设计阶段进行冲突检测和方案模拟，在施工阶段利用施工进度管理系统进行机电安装进度跟踪管理。在运营期，集成监控系统使用 BIM 模型实现三维监控展示。同时在机电设备管理系统中根据集成监控系统的设备运行状态反馈进行设备维护管理。

解决了全寿命周期中的信息创建、信息管理和信息共享问题。通过建立统一的 BIM 数据交换标准，使得不同业务单位之间信息共享成为可能，并贯穿整个项目建设过程。进度管理结合可视化 BIM 模型的展示，使得安装过程跟踪检验更为直观、清晰。实现了与实时监控数据相结合，加入三维路由分析功能，提高事件、事故响应。在设计方面，另外一个应用是基于 BIM 模型的三维出图。根据施工图纸搭建 BIM 模型，保证 BIM 模型与图纸一致。这样不仅可以提高设计变更改图效率，而且可以导出对应三维透视图，辅助施工人员更好地理解图纸，保证项目完成质量，处理效率。最后是港珠澳大桥的综合管理信息系统与 BIM 的结合。综合管理系统里面的机电管理子系统实现了与 BIM 的结合，在机电管理系统里面可以直接调用 BIM 查看设备的详细情况，例如查看设备运行情况和设备的备件信息。BIM 技术的成功应用为大桥顺利通车作出了重要贡献。

2. BIM 技术在沪通大桥中的应用

沪通铁路长江大桥，采用公铁合建，集沪通铁路、盐通铁路和锡通高速公路于一体，全长 11.072km，上距江阴长江大桥 45km，下距苏通长江公路大桥 40km，铁路为四线，公路为六车道。建成后将是世界上首座跨度超千米的公铁两用斜拉桥。沪通铁路长江大桥为了体现 BIM 技术的整体优势，除了选取主航道桥、专用航道桥作为 BIM 技术应用重点外，针对全桥 11.072km 进行整体建模，全面应用 BIM 技术。

在 BIM 的应用方面主要研究内容有以下五点：一是在基础应用方面

基于BIM模型的协同设计及项目信息参数采集、模型导入、图纸录入、变更登记等内容。根据图号信息自动关联对应模型；实现工程数量的统计复核，变更登记单的创建和修改，图形加载轻量化等。二是在技术交底过程中运用了图纸查看、施工工艺库、模型视图等内容，能够实现二维图纸和三维模型的关联。三是在进度管理方面运用了电子施工日志、形象进度及基于物联网的杆件信息管理等内容，能够实现施工计划的导入、增加和修改。根据计划和施工日志与模型关联的功能展示当前进度与计划的对比，并对滞后量进行预警；及时掌握钢梁杆件的验收、发送及架设进度；结合分部分项验收，开发二维码，进行过程验收；搭建无纸化的生产调度例会机制。四是在安全管理方面运用了安全日志、危险源识别、安全教育动画、问题库闭合、架桥机监控及视频监控等内容，不仅实现安全的宣传、教育、处理和危险源警示等功能，而且实时掌控重点设备、重点施工位置的工作状况。五是质量管理方面运用了包括质量日志、质量问题库闭环管理、拌合站可视化监控等内容，实现了电子质量日志的录入和修改；能够对不同对象发起相关质量问题的提交和处理；实现了对拌合站实时监控、进度分析及历史数据的查询。

建设单位通过有效组织、统一部署，搭建基于BIM技术的统一管理平台，并在项目管理过程中结合项目实际，完善BIM模型和管理平台应用模块，及时解决存在的问题，不断纠偏，最终实现各参建单位在统一BIM技术应用模式下协同工作。在设计、施工、制造管理过程中，依托信息化手段，将控制进度、安全、质量等提高管理水平的多种措施集成到面向建设单位需求的统一BIM管理系统，有效整合资源，提高管控水平。BIM管理平台方便了各单位协调，加快了施工进度，为项目顺利实施提供了保障。

第六节　本章小结

本章首先介绍了BIM技术的发展过程，针对BIM技术相较传统技术在数据互用性、可视化设计方法、专业间协同设计等方面的优势作了分析，并对BIM技术未来的发展趋势进行阐述。然后对桥梁转体技术的发展及桥梁转体施工技术作了介绍，分析了竖向转体施工法、水平转体施工法、平转与竖转相结合施工法的适用条件。最后通过对BIM技术在港珠澳大桥和沪通大桥中的应用进一步介绍BIM技术在桥梁施工中的优势。

第二章 基于BIM技术的可视化建模及设计应用

第一节 项目概况与转体施工方案

新建北京至崇礼高速铁路设计速度为250km/h，有砟轨道，双线，线间距4.6m。赵川镇高架特大桥223～226号墩设计为一联（40＋64＋40)m预应力混凝土连续梁跨越既有唐呼铁路，交叉角度68°。该连续梁位于圆曲线上，曲线半径3500m，竖曲线半径20000m。设计采用墩顶转体法施工方案。按照轨面以上净空大于6.55m控制，转体段长度62m。

1. 连续梁结构设计情况

（1）下部结构

223、226号墩为（40＋64＋40)m连续梁的边墩，墩高均为27m，桩基采用12根直径1.25m钻孔桩，桩长分别为65m和63m。上层承台轮廓尺寸9.2m×5.5m×1.0m，下层承台轮廓尺寸12.2m×8.9m×2.5m。墩身采用圆端型截面，横向宽8m，顺桥向宽2.8m。顶帽采用圆端型截面，横向宽8 m，顺桥向宽3.6m，半径1.8m；墩身及墩顶采用C35混凝土。

224、225号墩为（40＋64＋40)m连续梁的中墩，墩高均为22m。桩基采用14根直径1.5m钻孔桩，桩长为86m和75m，上层承台轮廓尺寸11m×8.5m×2m，下层承台轮廓尺寸14.5m×13.5m×3.5m。墩身采用圆端型截面，横向宽8m，顺向宽4.2m。为布置墩顶转体系统，顶帽采用矩形截面，横向宽9.6m，顺向宽7.2m，倒角半径2.1m。墩顶以下3.5m采用C50混凝土，其余采用C35混凝土。

连续梁固定支座设在224号墩位置。

（2）转体结构

224号墩、225号墩顶设转动体系，转体结构由下转盘、球铰、上转盘、转体牵引系统组成。每联连续梁转体选用两套四台 ZLD100 型液压，同步自动连续牵引系统，形成水平旋转力偶，通过拽拉锚固且缠绕于直径 7.2m 的转盘周围上的 19 根 $\phi s15.2$ 钢绞线，使得转体系统转动。

1）下转盘

下转盘为支承转体结构全部重量的基础，中墩顶帽设计为下转盘。下转盘采用 C50 混凝土。下转盘设直径为 1.76m 的下球铰及中心直径为 4.3m 的环形下滑道。

2）球铰

球铰由上下两块钢质球面板及钢护筒组成，上面板为凸面，直径 1.8m，通过外径 1.8m 的钢护筒与上部的牵引转盘连接。下面板为凹面，嵌固于下转盘顶面。上下面板均为 40mm 厚的钢板压制而成的球面。每个铰布置 182 片直径 7cm 和 4 片直径 15cm 的 MGB 滑动片，定位中心轴直径为 130mm。

3）上转盘撑脚与滑道

上转盘共设有 4 组撑脚，每组撑脚由 2 个 500mm×24mm 的钢管组成，下设 30mm 厚钢板，撑脚与下滑道的间隙为 24mm，撑脚中心线直径为 4.3m。在撑脚下方（即下转盘顶面）设有 0.8m 宽的滑道，滑道中心直径为 4.3m。

4）上转盘

上转盘直径为 7.2m，高度为 0.6m，预埋牵引索固定端采用 P 型锚具，每根索埋入转台的长度大于 3.5m。

5）梁体结构

梁体采用 C50 预应力混凝土结构，单箱单室，变高度、变截面箱梁，桥面宽度 12.2m。共分 8 个悬臂浇筑节段，中支点 A0 号梁段长 8.0m，1 号～8 号梁段长 2×3m＋6×3.5m，边跨合拢段和中跨合拢段长均为 2m，边跨现浇梁段长 7.75m。全桥在端支点、中跨跨中及中点处共设 5 个横隔板，横隔板设有孔洞，供检查人员通过（图 2-1-1 和图 2-1-2）。

梁全长 145.5m，计算跨度为（40＋64＋40）m，中支点处截面最低点梁高 5.204m，跨中截面及边跨 7.75m 直线段截面最低点梁高 2.804m，梁底下缘按圆曲线变化。边支座中心线至梁端 0.75m，边支座横桥向中心距 4.60m，中支座横桥向中心距 4.20m。

纵向预应力筋采用抗拉强度标准值为 $f_{pk}=1860MPa$、弹性模量为 $E_p=195GPa$，7ϕ5 高强度钢绞线。横向预应力筋采用 $f_{pk}=1860MPa$ 预应力钢绞线。

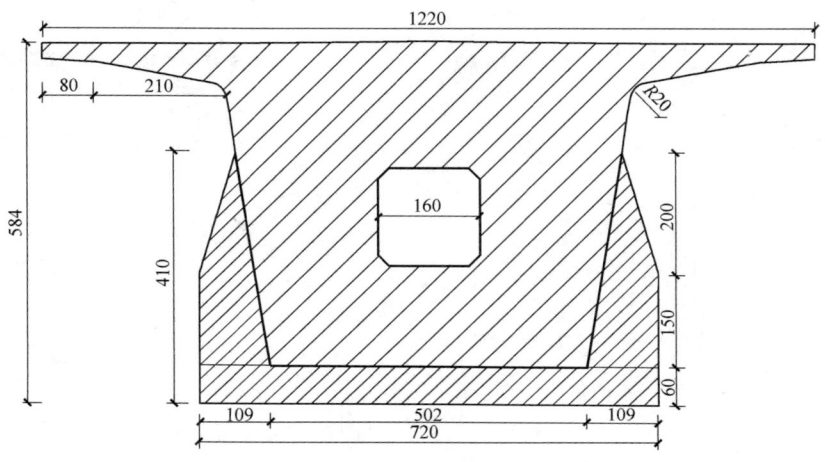

图 2-1-1　0 号块截面图

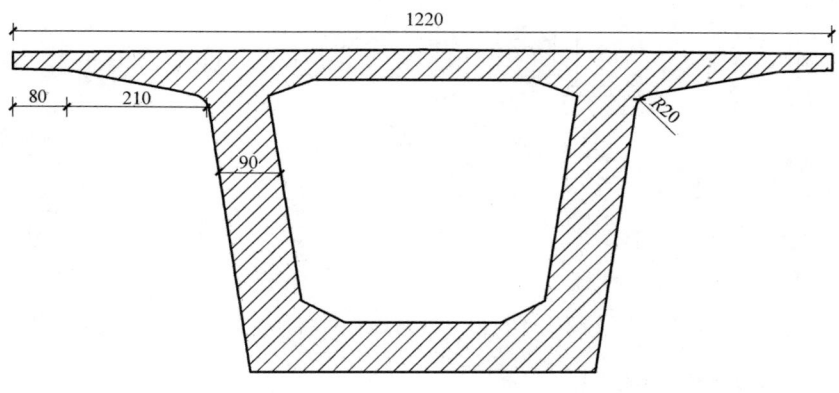

图 2-1-2　箱梁普通节段截面图

2. 交叉处空间位置关系

本桥在 DK24＋972.8 处跨越在建唐呼铁路路基，交叉角度为 68°。224、225 号墩距接触网支柱最外侧最近距离分别是 16.40、13.33m，承台距坡脚最近距离分别是 5.43、7.37m。

具体位置关系见图 2-1-3～图 2-1-6。

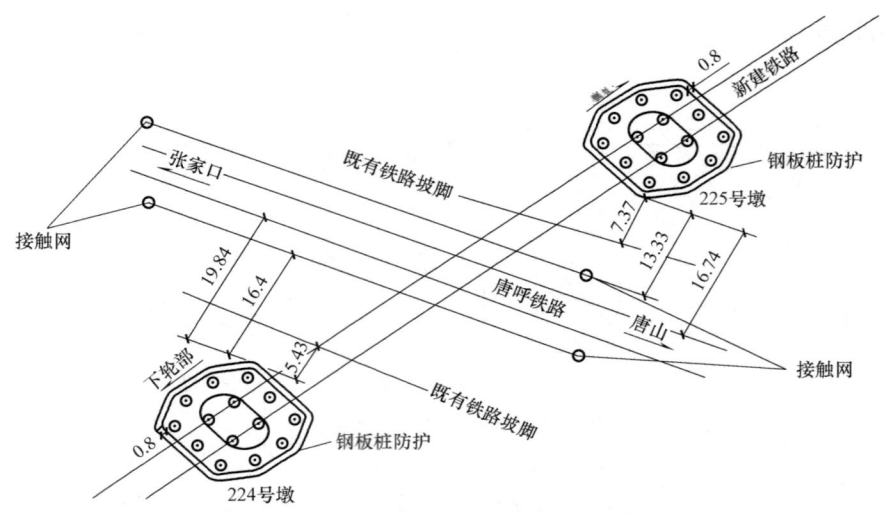

图 2-1-3　224 号墩和 225 号墩与唐呼铁路平面位置图

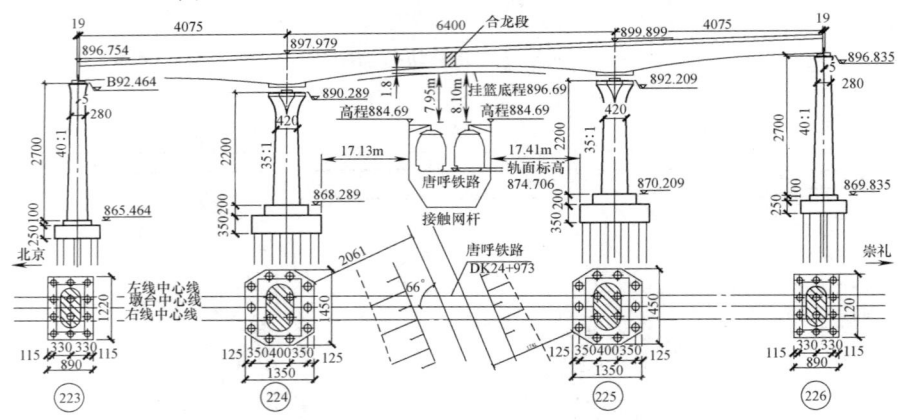

图 2-1-4　转体后连续梁（223～226 号墩）与唐呼铁路立面位置关系图

3. 总体施工流程

见图 2-1-7。

4. 转体结构施工工艺

该连续梁设计采用墩顶转体施工，转体系统核心构件布置于 224、225 号墩顶，转体结构由下转盘、球铰、上转盘、转体牵引系统组成。转体下转盘是支撑转体结构全部重量的基础，下转盘主要构件包括下球铰及其骨架、下滑道及其骨架、中心定位轴、千斤顶反力座，上转盘主要构件包括上球铰及其骨架（含钢护筒）、撑脚，牵引力系统主要包括牵引力反力座、牵引索（图 2-1-8）。

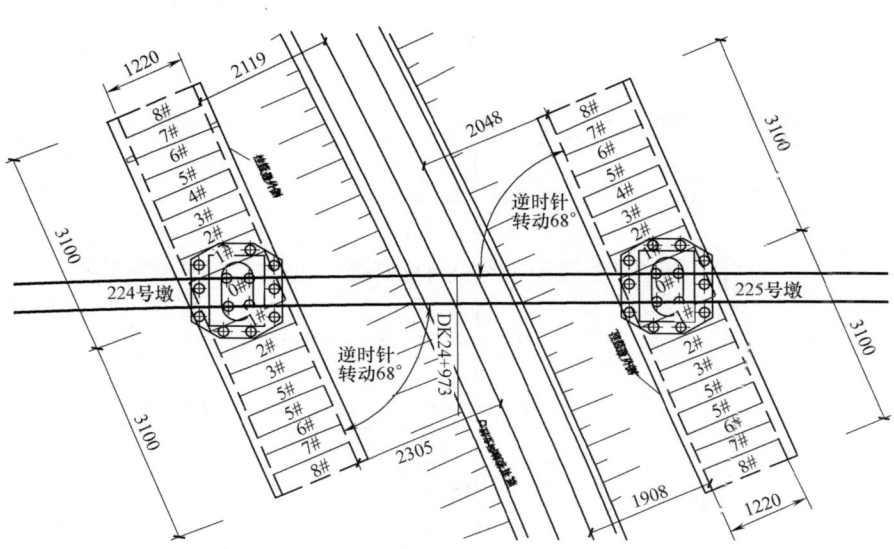

图 2-1-5 连续梁转体前与唐呼铁路平面位置关系图

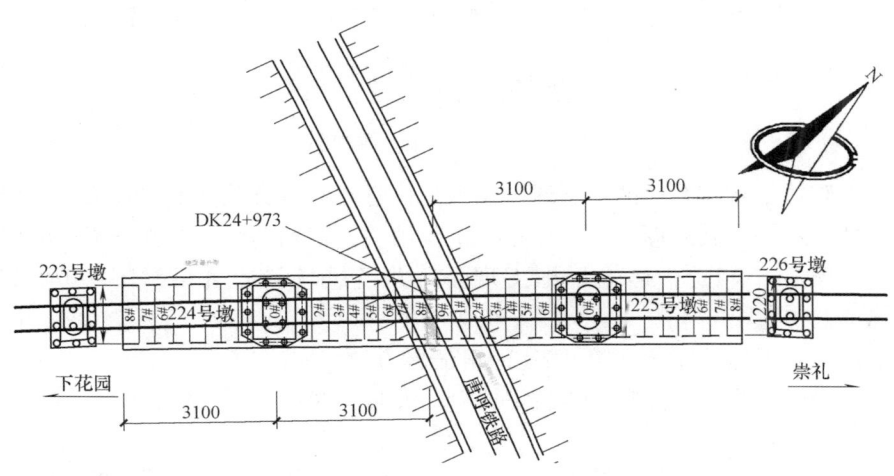

图 2-1-6 连续梁转体后与唐呼铁路平面位置关系图

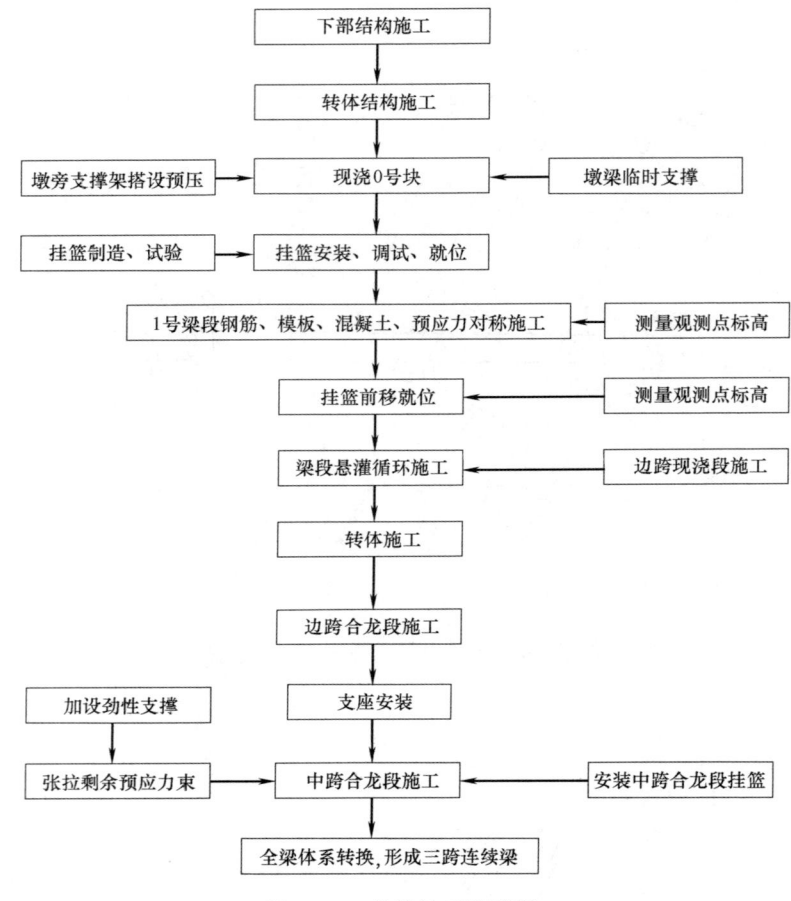

图 2-1-7　总体施工流程图

　　转体结构体系中的上下球铰及其定位骨架、滑道及其定位骨架、夹层钢板、撑脚及其预埋钢板、砂箱、定位销轴、销轴套筒均在具备资质的生产厂家加工制造，运输至施工现场，并经进场验收合格（图 2-1-9 和图 2-1-10）。

　　（1）下球铰安装（图 2-1-11 和图 2-1-12）

　　当墩身第二次混凝土浇筑完成后，安装下球铰及其定位骨架。

　　1）下球铰安装顺序

　　槽口清理→拼装下转盘球铰→初步定位→绑扎槽口内钢筋→安装调整固定支架→精确定位及调整→固定→浇筑混凝土。

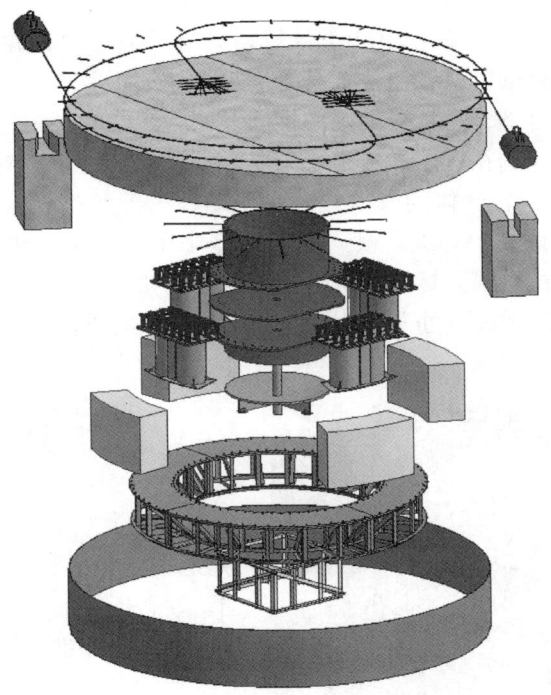

图 2-1-8 转体结构示意图

图 2-1-9 工厂转盘加工

图 2-1-10 工厂撑脚加工

2）安装

① 槽口清理：首先根据设计位置采用精确测量放样对槽口进行检查，对不满足设计的地方进行处理，然后对槽口内混凝土面进行凿毛处理，最

后将槽口内及混凝土表面的碎渣、水泥浆清除。

②拼装下转盘球铰：下转盘球铰运到现场后进行检查，主要检查下转盘球铰表面椭圆度及结构检查是否满足设计加工要求。下转盘球铰的现场组装，主要是下转盘球铰的锚固钢筋及调整螺栓的安装。此部分为螺栓连接，其他构件均在厂内焊接组装完成。

③初步定位：转体的成败关键在于球铰的安装精度，球铰顶面偏差小于±1mm，球铰中心纵、横向相对误差小于±1mm。确定下转盘球铰中心十字线，放出锚固螺栓位置。下转盘球铰初步定位的目的是保证槽口内钢筋与转盘的锚固钢筋不发生冲突。用起重机将下球铰骨架吊入，并进行粗调。

图 2-1-11　下球铰安装

④绑扎槽口内钢筋：在准备工作完成后，按照设计及规范的要求进行钢筋的绑扎。此项施工必须注意，当普通钢筋与下转盘球铰锚固螺栓发生冲突时，应适当移动普通钢筋。

⑤精确定位及调整：由测量人员根据施工图所示尺寸采用全站仪定出下转盘中心，并将以此点为中心画出下转盘、滑道边界线，待施工人员将下转盘安装完毕后，测量人员利用电子水准仪并利用固定调整架及调整螺栓将下转盘球铰悬吊，精确调整中心位置和高程，调整完成后将墩身架立钢筋与下球铰骨架焊接牢固。

⑥固定：精确定位及调整完成后，对下转盘球铰的中心、标高、平整度进行复查；中心位置利用全站仪检查，标高采用精度 0.01mm 的电子水准仪多点复测，经检查合格后对其进行固定；竖向利用调整螺栓与横梁之间拧紧固定，横向采用在墩身上预埋型钢，利用型钢固定。

（2）滑道安装

在撑脚的下方（即下转盘顶面）设有 0.8m 宽的滑道，滑道中心的半径为 4.3m，滑道钢板采取分节段拼装，在盘下利用调整螺栓调整固定，分节段浇筑混凝土。转体时保证撑脚可在滑道内滑动，以保持转体结构平稳。要求整个滑道面在同一水平面上，其相对高差不大于 2mm。

1）滑道组装

在工厂进行制作时，转体球铰滑道分成两部分，其中一部分为滑道骨架，一部分为环形滑道钢板，其中滑道骨架上下部环形角钢在厂家成型后分块运送至现场。

为保证环形钢板顶面的平整性，安装前将滑道钢板朝下，骨架焊接在环形角钢上面，焊接时应尽量保证各个骨架支腿能够均匀分布，先将支腿点焊在环形角钢上，

图 2-1-12 下球铰定位

然后焊外侧斜拉角钢，完成后进行满焊，焊接时采取措施避免变形过大（图 2-1-13）。

2）滑道的拼接

将焊接好骨架的 1/4 或者 1/8 滑道进行翻身，滑道钢板朝上，进行拼圆，翻身时所有人员站在一侧，避免滑道翻身伤人。拼圆时保证滑道钢板处于同一水平面，点焊滑道钢板，整圈点焊完成后对部分上翘或者下凹的钢板进行调节，保证所有滑道钢板处于同一水平面且接缝处平滑无 V 形波。

3）滑道钢板的焊接

滑道钢板厂内加工时开楔形坡口，相邻两块钢板应处在同一水平面上，焊接必要时用千斤顶将较低一侧滑道钢板顶起，焊接时采取必要措施防止焊接后钢板表面变形过大，焊缝顶面略高于钢板表面，焊接完成后使用磨光机进行打磨，保证表面平整、光滑。

4）钢筋处理

将墩帽上影响滑道安装的预埋钢筋作适当处理。

5）滑道吊装

滑道吊装根据现场情况可选取为整体一次吊装或分段吊装然后拼接。滑道吊装时，可拉两根相互垂直的线绳，通过线绳定出滑道中心，使滑道

中心和球铰转动中心重合。吊装后进行精调，然后固定滑道骨架，将侧边预埋锚筋和滑道骨架角钢焊接。滑道吊装人员、机具相互协调配合，保证滑道中心与球铰中心重合（图 2-1-14）。

6）滑道高度的调整

配合测量班进行高程测量，在滑道外固定水准仪，使用水准仪观察，调节滑道的螺栓，使滑道上平面高度与设计图一致。然后捆扎钢筋，准备灌注混凝土。

图 2-1-13　滑道安装

图 2-1-14　滑道吊装

（3）浇筑下转盘和牵引索反力座混凝土

下球铰及滑道完成后，采用微膨胀 C50 混凝土浇筑下转盘和牵引索反力座混凝土。混凝土的浇筑关键在于混凝土的密实度、浇筑过程中下转盘球铰应不受扰动、混凝土的收缩不至于对转盘产生影响。为解决这几个问题采取以下措施：

1) 下转盘、滑道板混凝土浇筑预留槽口原则上不宜过大，目的是保证球铰骨架和滑道骨架的稳定和定位准确，在混凝土浇筑前搭设工作平台，人员在工作平台上作业，避免操作过程对其产生扰动。

2) 下转盘混凝土浇筑要保证密实，浇筑前应对每一盘混凝土的和易性、流动性进行检验，前盘作业人员由一人统一指挥布料、振捣、观测和评价等工作，施工人员数 8～10 人；后盘混凝土供应数量一次不宜过大，满足前盘进度即可，掌握好拌合、运输、吊斗入模、振捣和质量检测的全过程协调性，使混凝土作业连续流畅、密实稳妥。

3) 下球铰预留槽混凝土浇筑时把整个球铰分成两半，在接近球面板后尽可能在一侧布混凝土，使其由一侧（前半部）向另一侧（后半部）流动灌注，避免出现气囊，把气泡减少到最低并充分利用下球铰面板上的振动孔和排气孔，分块单独浇筑各肋板区，混凝土的浇筑顺序由中心向四周进行。

4) 振捣工具选用大、小直径不同的振动棒、手工插捣扁铲和捣棒等组合使用。

5) 混凝土浇筑过程注意分层进行，观察球面板、滑道板的稳定情况和位置、平整度，保持浇筑前后一致。

6) 严格控制混凝土浇筑，加强混凝土的养护。混凝土凝固后采用中间敲击边缘观察的方法进行检查，对混凝土收缩产生的间隙用钻孔压浆的方法进行处理。

（4）上球铰及转动销轴的安装

下球铰中心套筒内的钢锭、销轴安装完成后，清理下球铰和滑板表面（滑板在厂内已安装），不得有任何杂物，并将球面吹洁净，滑板表面均匀涂抹黄油或硅脂（图 2-1-15、图 2-1-16）。

图 2-1-15　销轴安装　　　　　　　图 2-1-16　球铰涂黄油

　　将转动中心销轴表面涂满黄油后放入下转盘预埋套管中。注意销轴放入前需连接提拉绳索,转体完成后,通过提拉绳索将销轴从钢管通道内取出。所以,在梁体施工时,要着重注意不要堵塞、破坏钢管通道,以确保销轴的顺利取出。

　　将上球铰的下节钢护筒吊起,在凸球面上涂抹一层黄油或硅脂,然后将上球铰对准中心销轴轻落至下球铰上,吊装前需将销轴提拉绳索穿过钢管通道,用捯链微调上球铰位置,使之水平并与下球铰外圈间隙一致,去除被挤出的多余黄油或硅脂,并用宽胶带将上下球铰边缘的缝隙密封,严禁泥沙或杂物进入球铰造成摩擦损毁(图 2-1-17、图 2-1-18)。

图 2-1-17　上球铰安装　　　　　图 2-1-18　上球铰密封涂黄油

　　上球铰下节钢护筒安装就位后,通过钢护筒平面连接钢板预留的灌注孔灌注微膨胀混凝土,需保证钢板出浆口出浆,钢护筒内混凝土密实。然后调整上球铰与销轴间缝隙及与下球铰位置,安装水平位置误差不大于1.0mm,最后吊装上球铰上节钢护筒。吊装就位后,用高强螺栓连接上下节钢护筒。安装上节钢护筒外内钢筋,待上转盘混凝土浇筑时,一同浇筑。

　　(5)撑脚、砂箱吊装就位

　　上转盘下方对应滑道位置共设 4 组 8 个撑脚,设置于纵轴线两侧,以保证球体结构稳定。撑脚在工厂整体制造后运进现场,安装撑脚时确保撑脚与下滑道的间隙符合设计要求。转体前在滑道面内涂抹黄油并铺装MGE 滑板。转体前,梁体悬臂浇筑阶段用砂箱作为临时支撑,砂箱按照设计位置摆放,每个主墩设 8 组 16 个砂箱。砂箱在吊装上桥之前,选用标准、干燥的石英砂填装。根据上下转盘间的结构空间高度，精确控制装砂量，并对每个砂箱进行 175kN 的预压，消除其非弹性变形（图 2-1-19、图 2-1-20）。

图 2-1-19　砂箱吊装

图 2-1-20　砂箱预压

（6）上转盘施工

上转盘是转体时的重要结构，又是转体牵引时直接施加牵引力的部位。在整个转体过程中是一个多向、立体的受力状态，受力复杂。

砂箱、撑脚安装完成，搭设上转盘支撑体系。在上转盘底板，按照设计位置预埋撑脚预埋钢板、支座预埋钢板及转体用牵引索等。

转台是球铰、撑脚与上转盘相连接的部分，又是转体牵引索直接施加的部位。转台内预埋牵引索固定端采用 15～19 P 锚固，同一对牵引索的锚固端应在同一直径线上并对称于圆心，注意每根索的预埋高度应和牵引方向一致。每根索埋入转台的长度应大于 3.5m，通过 19 根 $\phi s15.2$ 钢绞线与油顶连接。每根索的出口点也应对称于转盘中心。牵引索外露部分应圆顺地缠绕在转台周围，互不干扰地搁置于预埋钢筋上，并做好保护措施。

安装好上转盘钢筋及与 0 号块连接钢筋，完成上转盘混凝土的浇筑（图 2-1-21）。

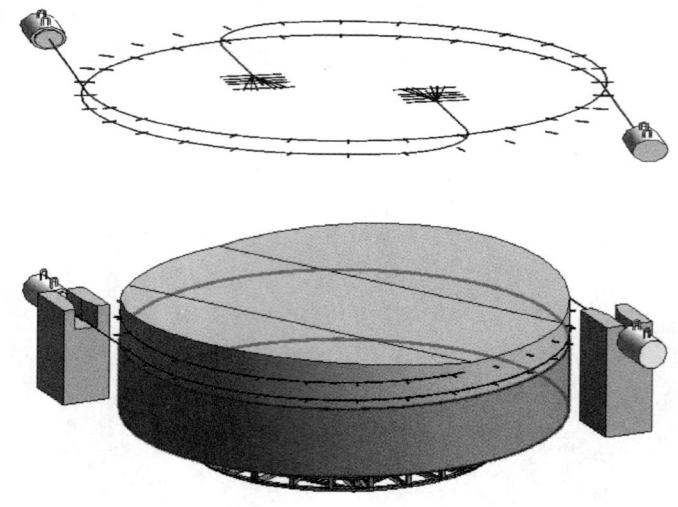

图 2-1-21 上转盘结构示意图

第二节 BIM 技术在桥梁设计方面的应用与突破

随着桥梁项目建设的规模、形态、功能越来越复杂化，桥梁投入的资本也在不断增大，其建设周期不断增长，工程地质环境条件愈加复杂，参与建设单位、人员数量也在逐步增加。工程项目的设计工作往往需要由多行业领域共同参与完成。通常情况下，一个桥梁项目的施工建设工作需要勘察、设计、施工、建筑、结构、电气等多个部门、多个专业共同参与。在整个桥梁设计、建设阶段，各部门各专业之间都需要各类信息的相互传递，各专业在考虑自身设计满足规范要求的同时，各专业之间也要进行协同，否则将会引起各专业设计方案的冲突，由此引起设计方案变更、项目的投资、进度、质量成本的大大增加，甚至出现停工、返工等现象。传统桥梁工程设计主要基于二维 CAD 的平面设计，由于参与设计的单位较多，各专业相互独立，许多设计无法协同设计，这就导致信息传递出现误差，沟通出现障碍，协同性较差，出现空间构件的布局不合理、管线碰撞等问题。协同设计效率低下成为常规二维设计的主要难题之一。随着建筑系统日益复杂，人们对建筑的要求也在不断提高。由建筑、结构和设备共同完成的协同设计不再是简单的文档参考，而是数字传输和设计信息的共享。在传统的设计方法中，利用二维图纸进行各种专业协同设计的方法已经不能适应提高建筑信息化速度的趋势。只有基于 BIM 技术的三维协同设计才能及时、合理地解决相应的问题。

由此看出，在建筑全生命周期的第一步——设计阶段就应该开始实施应用 BIM 技术。设计方案的优劣，决定了建筑全生命期后续阶段的成败。例如，设计方案中的瑕疵，有可能造成施工阶段的技术难度增加，同时有可能造成运营维护阶段的较高成本。因此，开发建设单位对施工阶段的关注度一般都很高。设计单位应用相关的信息技术，可以提高设计效率和质量，降低设计成本。

20 世纪 80 年代以来，计算机辅助设计（CAD）技术已经逐步被我国设计单位所接受，至 2000 年，绝大部分设计单位已经实现了"甩掉图板"。从 2000 年至今，随着 BIM 技术的应用，将进一步提高设计单位的设计水平。BIM 技术给设计单位带来的应用价值，主要有如下几个方面。

1. 方案设计和初步分析

在建筑全生命期中，最重要的阶段是设计阶段，而在设计阶段中，最重要的环节是方案设计和初步分析。因为，方案设计的质量直接决定最终设计的质量。在大型建筑工程的设计过程中，往往需要形成多个设计方案，并进行初步分析，在此基础上对外观、功能性能等进行多方面比较，确定最优方案作为最终设计方案或在最优方案的基础上进一步调整形成最终设计方案。

BIM 技术对方案设计和初步分析的支持主要体现在两方面。一是利用基于 BIM 技术的方案设计软件，在设计的同时就能在软件中立即以立体模型的形式直观地展示方案。设计者可以将模型展示给设计委托单位的代表进行设计方案的讨论，如果后者提出调整意见，设计者当场就可以修改模型，并现场展示，从而可以加快设计方案的确定。二是支持设计者快速分析，得到需要的设计指标，例如，能耗、交通状况、全生命期成本等，如果没有 BIM 技术，这一工作往往需要设计人员采用不同的计算机软件分别建立不同的模型然后进行分析。BIM 技术的使用，免除了建模这一极其烦琐的工作，只要重复利用方案设计过程中建立的模型就可以了。

2. 详细设计及其分析和模拟

详细设计是对方案设计的深化，并形成最终设计结果。与方案设计类似，通过基于 BIM 技术的详细设计软件，可以快速得到设计结果；然后，通过基于 BIM 技术的分析和模拟软件，可以高效地进行各种建筑功能和性能分析，包括日照分析、能耗分析、室内外风环境分析、环境光污染分析、环境噪声分析、环境温度分析、碰撞分析、成本预算、垂直交通模拟、应急模拟等。通过定量分析和模拟，设计者可以更好地把握设计结果，并对设计结果进行调整和优化。相对于传统的设计方法，由于采用 BIM 技术以及基于 BIM 技术的相应的应用软件，即使设计工期很紧，也可以快速地完成设计分析和模拟，大幅提高设计质量。

3. 施工图绘制

从理论上讲，一旦获得了基于三维几何模型的 BIM 工程数据，就可以通过基于 BIM 技术的工具软件，自动地生成二维设计图，实际上，也已经实现了这一点。多年来，绘制施工图是设计人员最为繁重的工作。现在，利用基于 BIM 技术的设计软件，使设计人员免除了绘图工作，从而使得他们更多地将精力集中在设计本身上。

值得一提的是，在传统的设计中，如果发生设计变更，设计软件需要找出设计图中所有关联的部分，并逐个修改。如果利用基于 BIM 技术的设计软件，只需对设计模型进行修改，相关的修改都可以自动完成，避免了修改的疏漏，从而可以提高设计质量。

4. 设计评审

在设计单位中进行的设计评审主要包括设计校核、设计审核、设计成果会签等环节，传统的设计评审是使用二维设计图完成的。如果利用 BIM 技术进行设计，设计评审都可以在三维模型上进行，评审者一边直观地查看设计结果，一边进行评审。特别是，进行设计成果会签前，可以利用基于 BIM 技术的碰撞检查软件，自动完成不同专业设计结果之间的冲突检查，相对于传统做法，不仅可以成倍提高工作效率，而且可以大幅度提高工作质量。

基于传统 CAD 现行二维的设计流程在桥梁工程设计过程中的问题具体表现为以下几点：

（1）各个单位之间相互独立。桥梁工程由建筑、结构、机械、勘察方、设计方、监理方、施工方等多专业多单位共同协作完成，在设计过程中各设计单位、各专业间较为独立，仅仅通过传统 CAD 图纸会签很难解决所有管线、结构交叉打架的问题。

（2）信息表达不完善。传统二维的设计模式相较于三维模型，很难对桥梁的信息进行更精确的数字化表达，如后续的工程信息、施工进度、安全管理、物料管理等方面。通过平面设计很难了解相关专业构件、设备、钢筋等物体的物理特性，例如设计安全间距、施工间距、维修间距等参数，导致后期的返工。

（3）传统二维模型，特别是复杂构件缺乏立体感。对于桥梁复杂结构的布局、典型构件等，仅依靠二维平面图和剖面图很难了解整个桥梁的布置情况。

（4）图元与图元之间的相互独立性。设计对象的修改（例如钢筋图元加厚和改变颜色）不会影响另一个对象，例如，当整个设计图纸的相同属性的图元被修改时，需要对每一个对象属性进行修改，这将导致烦琐和巨大的工作量。

这些问题会导致大量的重复性设计，甚至会影响设计的总体进度和总体质量，导致设计周期长、效率低下等问题。

相对于二维平面绘图，BIM 三维设计可以通过相关软件的参数设置，对复杂建筑物的形体特征进行直观精确表达，不存在二维图纸中由于建筑物形体复杂而出现表达障碍的问题。随着桥梁施工工艺、建设难度的加大，桥梁的设计过程也变得越来越复杂，无法通过二维设计软件充分地表达出设计者的意图和直观地展现设计成果。随着虚拟现实技术、三维数字化技术及计算机应用技术的发展，通过 BIM 技术对建筑项目进行全生命周期的协同设计已经日益成熟，目前国际上建筑行业已进入三维信息管理模式，较现行的二维平面管理发生了巨大的突破。结合第一章第二节第 2 款的内容，可见与现行的二维设计相比，BIM 设计具有如下突破：

（1）可视化设计。三维建筑模型作为桥梁模型建设中的主要载体，整个项目的各类信息（如构件的类型、场地的大小、施工的进度等）均可在模型中得到体现。这些信息与实际桥梁件筑信息相匹配，使模型和真实建筑能够保持一致性。在模型中任何建筑构件的几何形态、空间位置等属性都可以直观地展现在人们面前，可有效帮助业主方、各设计方和施工方进行沟通、讨论与决策。

（2）参数化设计。作为 BIM 技术的重要特点，参数化设计指设计人员在建筑物设计的阶段赋予建筑物相关参数信息（如某构件的长宽高、面积、体积等信息），该参数信息作为样板信息，当该参数信息改变时，整个建筑中相同构件的相应参数也会自动调整，使得建筑设计模型与实际模型由参数模型统一起来。

（3）优化设计。作为建筑领域第三次革命的关键技术，BIM 设计是一种全新的设计理念。通过创建的信息模型可以三维直观地描述建筑物的所有信息，并能够利用这些信息对设计方案进行一个动态的部署、分析与模拟。从而对整个建筑信息模型不合理的设计方案进行优化和完善。此外，BIM 技术可以对建筑全生命周期的各个阶段，如前期规划、建筑设计、结构设计、管线设计等进行多方案设计，并从中选取最优设计方案，从而提高设计质量，并从整体上降低设计成本。在施工方面，可以通过 5D 模拟进行现场施工模拟以及模型漫游等功能，从而优化施工进度方案，以及设备、材料等采购方案，大大降低施工成本。

（4）协同性。桥梁工程属于大型工程，在设计阶段涉及专业、部门、单位较多，导致参与人员众多，在设计过程中设计人员都以不同的角色参与到项目设计当中，通过技术手段使这些主体高效、顺畅地共同完成项目设计目标是协同设计主要的任务之一。BIM 技术将现行设计过程中绘制二维平面图纸的方式转变为构建信息模型的方式，各参与方通过统一的标准和规范，对同一模型进行相关操作，各类信息资源共享。通过信息模型使工程项目各参与方关联在一起，及时高效地沟通，从而提高各参与方工作的效率和质量。

第三节　桥梁构件标准化建模

崇礼铁路赵川镇特大桥转体连续梁主要施工步骤可分为以下几步：钻孔桩施工、承台施工、主墩墩身施工及转体结构体系施工。根据 Autodesk Revit 的建模规则，我们将转体桥的每一个结构构件当成是一个"族"，依次建立桩基础、承台、桥墩、转盘、主梁 A0～A10、B0～B8 块等参数化族，并将这些族载入到项目文件中，根据各构件的空间位置关系，赋予其平面坐标、标高及其他参数，最终形成桥梁的整体模型。且整体模型中的各子构件的位置及高程可以通过更改轴网位置及标高值来实现更新。在建立施工模型时，也是根据此原理，建立各类施工用临时构件的参数化族，并经过整合得到最终施工模型。模型建立完毕后，可将 Revit 文件导入到 Navisworks 中进行碰撞检查、净高控制、施工模拟、进度关联等各种分析工作。利用 Revit 软件平台建模的具体流程，如图 2-3-1 所示。

通过审阅图纸，可以把桥梁结构族分为上部（主梁块）、下部（桥墩、承台、桩基础）以及转体结构（上下球铰、滑道、撑脚等）三个部分，分

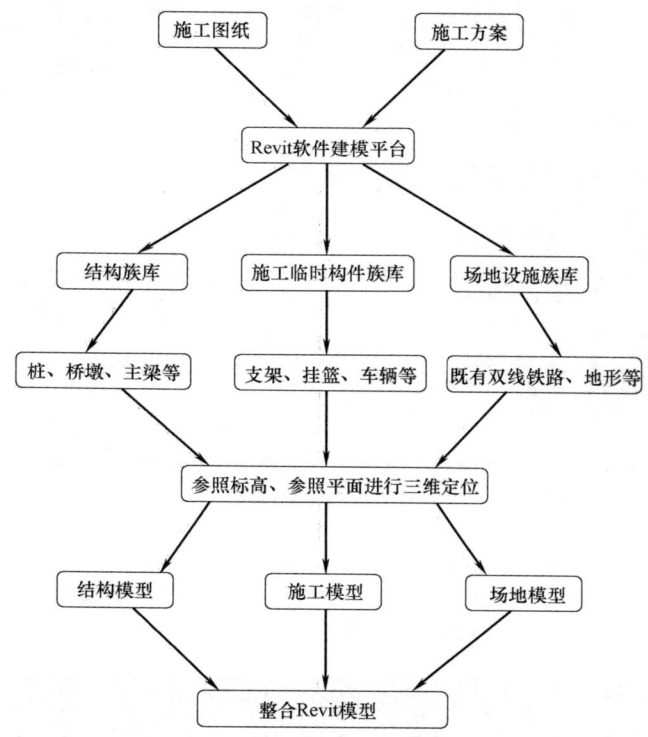

图 2-3-1　BIM 建模流程图

别建立对应的族块。考虑到后期要把所建族导入到项目中进行钢筋及预应力孔道布置，所以采用外建族，选择公制常规模型进行各结构族块的建立。建模流程遵循从底部到顶部的原则进行。

1. 桩基础

本项目转体连续梁所跨越的桥墩为 223、224、225 及 226 号桥墩，四组桥墩之间的距离分别为（从 223～226 号桥墩）40、64、40m，转体梁段分别在 224 及 225 号桥墩上进行转体施工。依据设计图纸，223～226 号桩长分别为 65、86、74、63m，223 及 226 号桩直径为 1.25m，224 及 225 号桩直径为 1.5m，建模流程如下：

（1）打开 Revit 软件，选择"族"命令栏下的"新建"命令，选择"公制常规模型"，点击"打开"进入族编辑状态（图 2-3-2）。

（2）首先以 224 号桩为例进行建模。根据设计图纸中每根桩截面圆心的位置作出相应的参照线（或参照平面），使用参照平面快捷键 rp 可快速

图 2-3-2　选择样板文件

绘出各参照平面。然后使用"拉伸"命令，作出各桩截面，拉伸起点设置为"0"，拉伸终点设置为"86000"，由于桩基础为对称结构设计，因此建模时可使用"镜像"命令以简化建模步骤（图 2-3-3、图 2-3-4）。

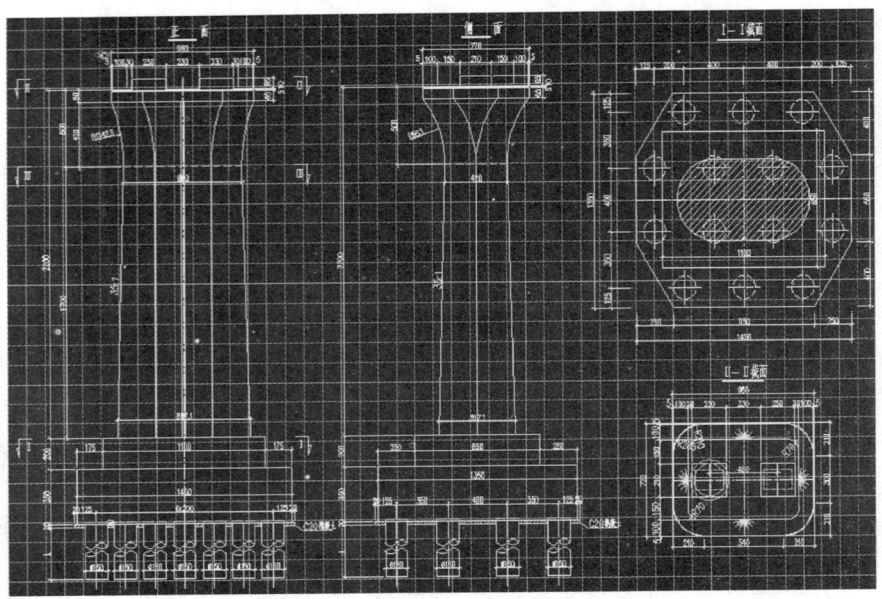

图 2-3-3　224 号桥墩构造图

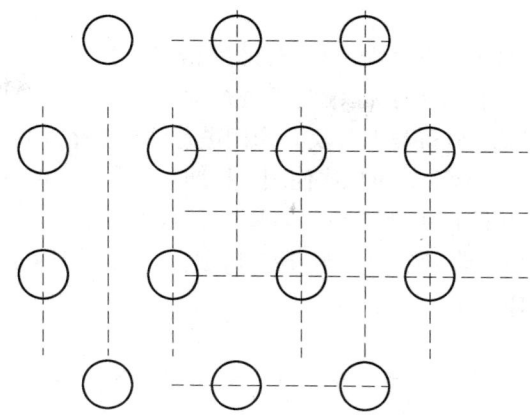

图 2-3-4　创建桩基础的拉伸

　　创建完成后点击 ✓ 即可。点击"项目浏览器"中的"三维视图",双击"视图 1"可出现 224 号桩基础的三维图形,从 Revit 活动窗口的左下角可以选择改变视觉样式。图 2-3-5 所示为视觉样式为"真实"情况下的224 号桩的三维视图。

　　(3) 紧接着可对其他 3 个桥墩下的桩基础进行建模,建模流程与 224号桥墩桩基础建模流程相同,只需对尺寸作出相应的调整即可。4 组桩基础建模完成后三维视图,如图 2-3-6 所示,随后对文件进行保存。

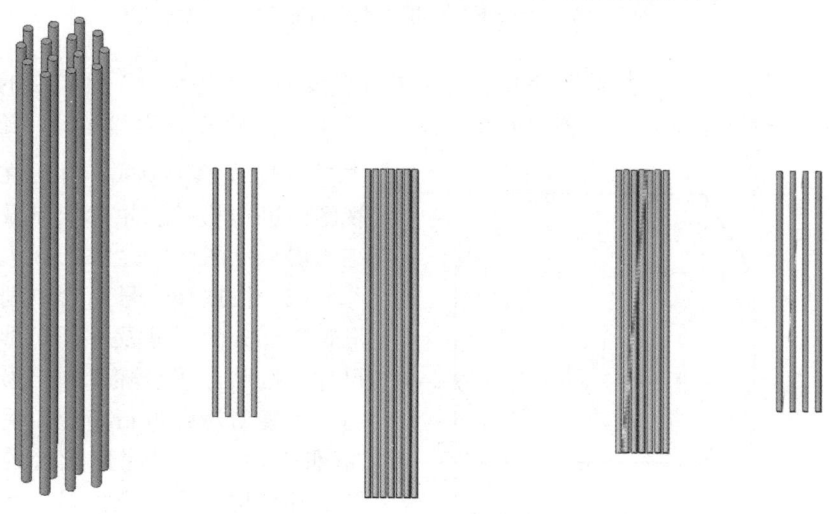

图 2-3-5
224 号桩三维视图

图 2-3-6　4 组桩基础三维视图

2. 承台

本项目中 224 与 225 号桥墩承台采用相同设计，223 与 226 号桥墩承台采用相同设计，因此承台建模时只需构建 223 及 224 号桥墩承台即可。

（1）继续以 224 号桥墩承台模型为例进行建模。依据设计图纸可知，承台自下而上可分为三部分，可依次使用"拉伸"命令对三部分进行逐个建模。

打开 Revit 软件，选择"族"命令栏下的"新建"命令，选择"公制常规模型"，点击"打开"进入族编辑状态。承台下部垫层参照平面搭建位置（虚线），如图 2-3-7 所示。

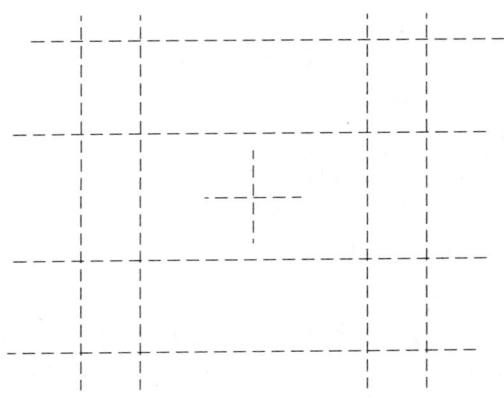

图 2-3-7　承台下部垫层参照平面搭建位置（虚线）

随后使用"拉伸"命令，通过创建直线的方式将承台下部垫层的水平截面轮廓绘制好，并将拉伸起点设为"0"，拉伸终点设为"200"，随后点击，完成编辑模式，并可在三维视图中进行检验。轮廓绘制及模型三维展示见图 2-3-8、图 2-3-9。

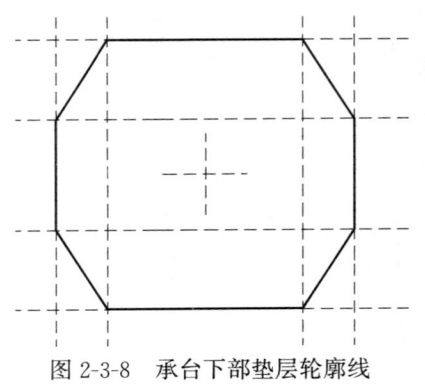

图 2-3-8　承台下部垫层轮廓线

（2）根据 224 号承台中间八边形轮廓部分的尺寸及上部矩形截面尺寸，按照上述步骤，画出参照平面，对模型轮廓进行定位，后利用"拉伸"命令分别创建承台的中部及上部结构。需注意的是，承台中部结构轮廓绘制完成后拉伸起点应设为"200"，拉伸终点依据设计图纸应设为"3700"；承台上部结构轮廓绘制完成后拉伸起点应设为"3700"，拉伸终点应设为"5700"，从而保证了承台上、中、下三部分结构模型能够保持相接。绘制完成后三维视图效果如图 2-3-10 所示。

（3）223、226 号桩承台建模流程同 224、225 号桩承台建模流程一致，根据四组桥墩之间的距离确定好每组承台的位置，建模完成后对文件进行保存。四组承台建模俯视图，如图 2-3-11 所示。

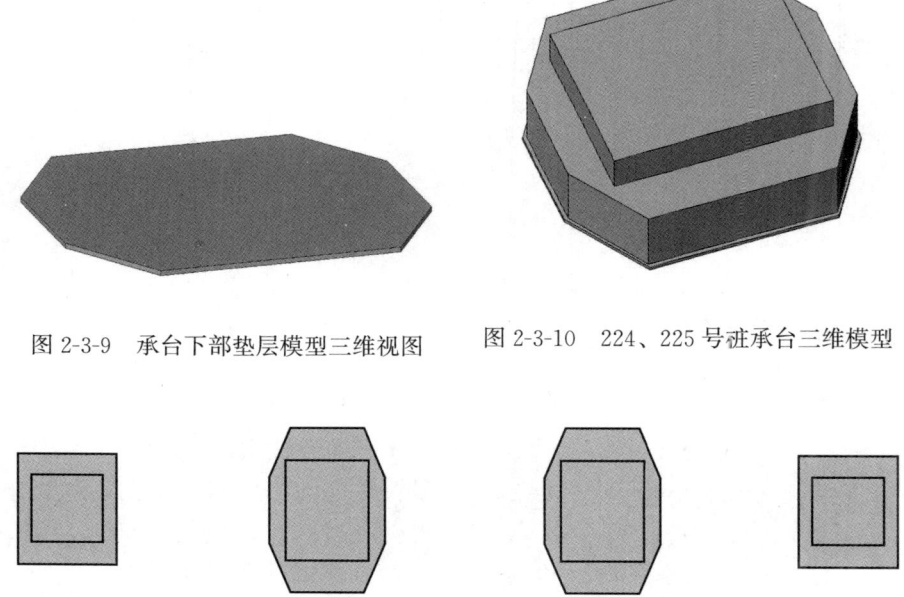

图 2-3-9　承台下部垫层模型三维视图　　图 2-3-10　224、225 号站承台三维模型

图 2-3-11　四组承台建模俯视图

3. 桥墩

本项目 224 与 225 号墩身采用相同设计方案，223 与 226 号墩身采用相同设计方案，因此建模时只需做出 223 及 224 号墩身模型即可，225 与 226 号墩身使用"复制"命令便可完成。

首先进行 224 与 225 号墩身的建模，墩身设计图，如图 2-3-12 所示。

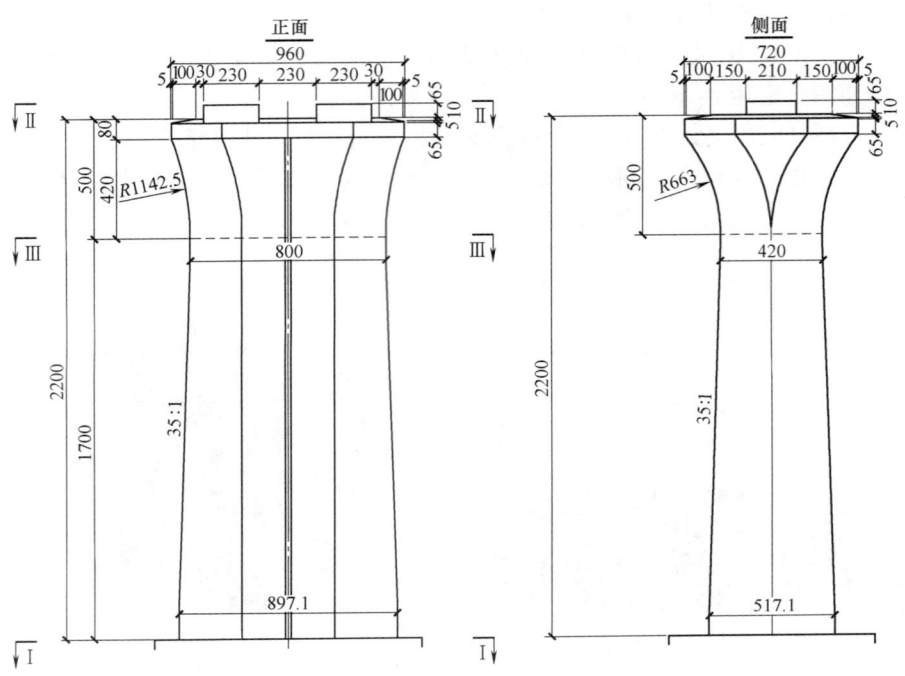

图 2-3-12　224 及 225 号墩身设计图

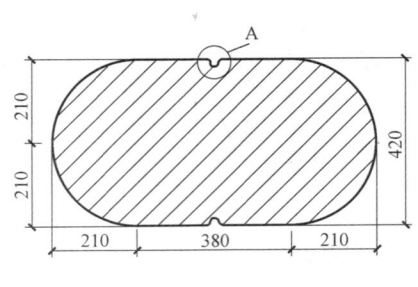

图 2-3-13　墩身Ⅲ—Ⅲ截面图

根据设计图纸，从墩身底部到顶部共 2265cm，可分别在距离墩身底部 1700、2120、2185、2190、2200 处将墩身分为构件 1～构件 5 五部分，墩身顶部两支承垫石可对称绘制。

（1）首先绘制构件 1。从图 2-3-13 所示可知，其轮廓由左右两个半径为 2100mm 的半圆＋4 条长度为 1700mm 的直线＋4 个半径为 100mm 的 1/4 圆＋2 个半径为 100mm 的半圆构成，由于构件 1 上下截面尺寸不同，上截面略小于下截面，所以构件 1 在建模时应采用"融合"命令进行作图。具体操作如下：

打开 Revit 软件，选择"族"命令栏下的"新建"命令，选择"公制常规模型"，点击"打开"进入族编辑状态。根据上下截面尺寸，画出定位参照线，随后点击"创建"任务栏下的"融合"命令，绘制构件 1 底部轮廓，使用"圆心—端点弧"命令以及"直线"命令进行绘制，底部绘制完成后点击"编辑顶部"进行顶部轮廓的绘制，绘制方法与底部轮廓相同。桥墩墩身轮廓如图 2-3-14 所示。

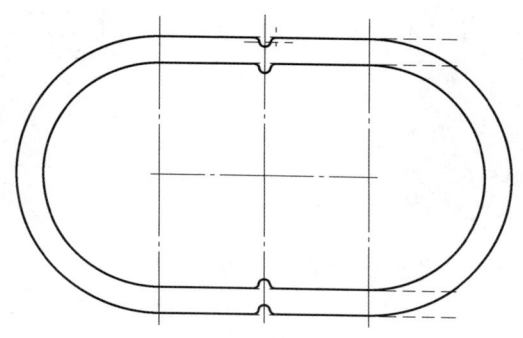

图 2-3-14　桥墩墩身轮廓

上下轮廓绘制完成后，在属性任务栏将第一端点设为"0"，第二端点设为"17000"，随后点击✓完成构件 1 的绘制。构件 1 三维视图如图 2-3-15所示。

（2）绘制构件 2。根据Ⅱ—Ⅱ截面图，在顶棚平面的参照标高视图下，绘制出构件 2 顶部轮廓定位参照线。然后使用"融合"命令，绘制构件 2 底部轮廓时，可直接拾取构件 1 的顶部轮廓线，随后点击"编辑顶部"，根据已绘出的顶部轮廓定位参照线完成顶部轮廓，点击✓完成"融合"命令。进入前立面（或任何一个方向的立面）视图中，从构件 1 顶端向上作出距离为"4200"的参照平面，将构件 2 的底部拉伸到与构件 1 顶部相重合，将构件 2 的顶部拉伸至刚刚作出的参照平面的位置，三维视图如图 2-3-16 所示。

随后使用"空心拉伸"和"空心放样融合"命令对构件 2 进行切割，切割后三维视图见图 2-3-17。

（3）绘制构件 3。进入前立面视图，在"创建"任务栏中点击"设置"，选择"拾取一个平面"（图 2-3-18），点击"确定"后，拾取构件 2 顶部的参照平面，打开视图。

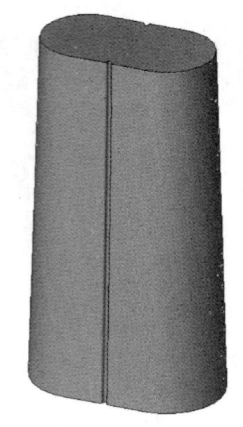

图 2-3-15 构件 1 三维视图

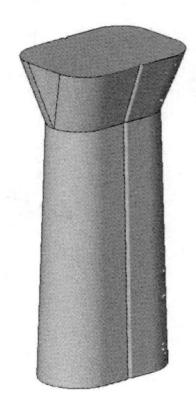

图 2-3-16 构件 1 与构件 2 三维视图

点击"拉伸"命令，由设计图纸可知，构件 3 的水平横截面轮廓与构件 2 的顶部轮廓相同，但是没有了引水槽，因此选择"拾取线"，拾取构件 2 的顶部轮廓，在引水槽的位置直接用直线连接，拉伸起点为默认值"0"，拉伸终点设为"650"，点击 ✔ 完成构件 3 的绘制。三维视图如图 2-3-19 所示。

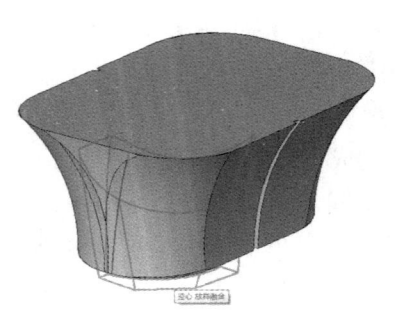

图 2-3-17 构件 2 切割后三维视图

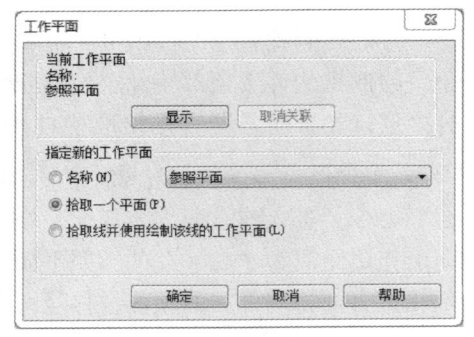

图 2-3-18 拾取工作平面

（4）绘制构件 4。进入前立面视图，沿着构件 3 顶部作出参照平面，点击"设置",选择"拾取一个平面",拾取该参照平面,打开视图。

　　点击"融合",使用"拾取线"命令,拾取构件3的轮廓线,然后选择"编辑顶部",根据设计图纸尺寸绘制顶部轮廓线,绘制完成后将第二端点设为"50",第一端点为默认值"0",点击 ☑ 完成融合。构件4和构件3、4组合三维视图如图2-3-20、图2-3-21所示。

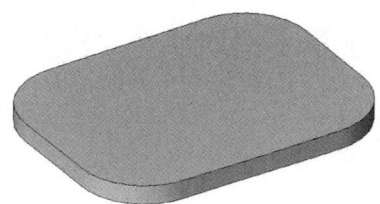

图 2-3-19　构件 3 三维视图

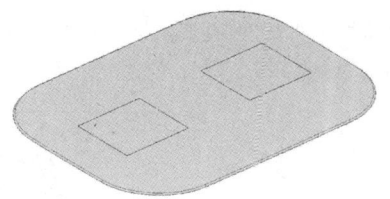

图 2-3-20　构件 4 三维视图

　　(5)绘制构件5。进入前立面视图,作出构件4顶部的参照平面,拾取该参照平面,打开视图。

　　继续使用"融合"命令,绘制出构件5的顶部与底部轮廓,并将第二端点设为"100",完成融合。构件5和构件3、4、5组合三维视图如图2-3-22和图2-3-23所示。

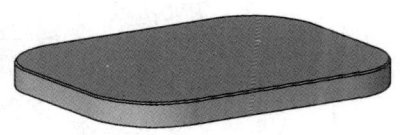

图 2-3-21　构件 3 与构件 4 三维视图

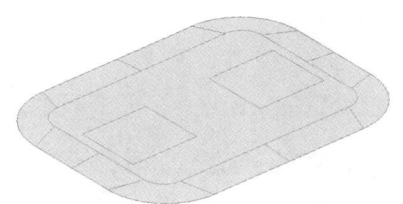

图 2-3-22　构件 5 三维视图

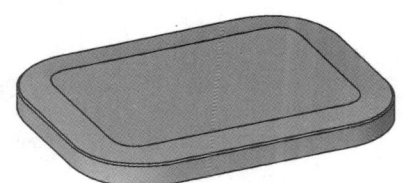

图 2-3-23　构件 3、构件 4、构件 5 三维视图

　　(6)此时,根据设计图纸中墩顶混凝土浇筑顺序,在墩顶中部有两处后浇部分,形状分别为圆台和空心圆台,按照设计图纸(图2-3-24、

图 2-3-25），可分别使用"融合"命令及"旋转"命令进行绘制。

　　进入前立面图，绘制距离构件 5 顶端"700"处的参照平面，拾取该平面，进入视图。

　　使用"融合"命令，绘制出圆台底部轮廓与顶部轮廓，并在"属性"栏中将第二端点设为"700"，完成编辑模式。

　　进入参照标高视图，拾取桥墩平面上下对称的对称轴所在的平面，进入视图。点击"旋转"命令，先将边界线根据图纸尺寸绘制出，然后选择桥墩中轴线所在的轴为对称轴，完成编辑模式。后浇部分三维模型如图 2-3-26 所示。

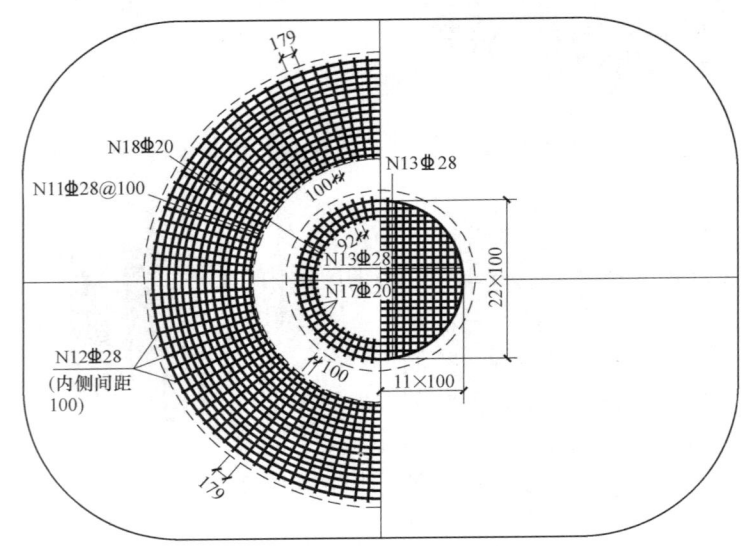

图 2-3-24　墩顶后浇部分平面图

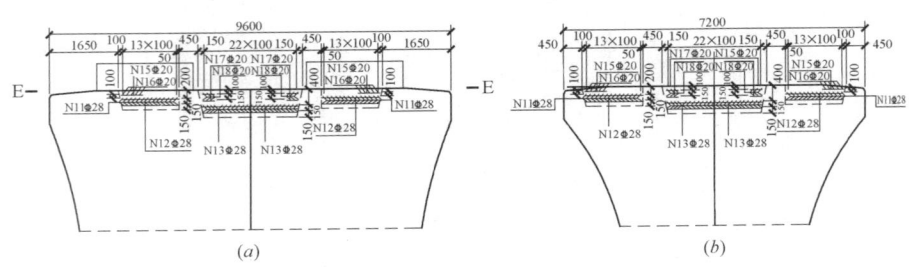

图 2-3-25　墩顶后浇部分立面图及侧面图

(a) 墩顶后浇部分立面；(b) 墩顶后浇部分侧面

（7）绘制墩顶支承垫石。进入前立面视图，拾取构件4顶部所在的参照平面，打开视图。

使用"拉伸"命令创建墩身顶部两块支承垫石，绘制完成后三维视图如图2-3-27所示。

224及225号桥墩墩身建模完成后三维模型，如图2-3-28所示，类似地可建出223及226号桥墩墩身。

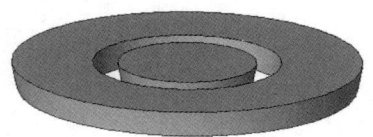

图2-3-26　墩顶后浇部分三维视图

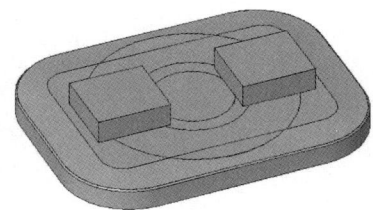

图2-3-27　墩顶支承垫石三维视图

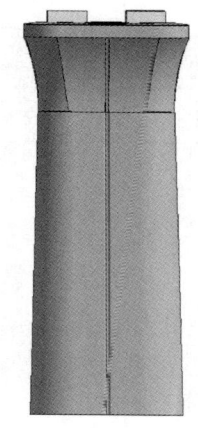

图2-3-28　224及225号
墩身三维模型

4. 转体结构

由于223、226号桥墩以上桥梁结构不涉及转体部分，224及225号桥梁为转体桥梁，因此223、226号桥墩以上结构建模过程不再详细介绍，其建模流程可参考224、225号桥墩以上结构，下面重点介绍224、225号桥墩上部转体结构体系建模流程。

根据图2-3-29可知，224、225号桥墩上部转体结构体系可分为下球铰、定位销轴、上球铰、撑脚、滑道、砂箱、牵引反力座、牵引系统等几部分。上球铰下面板为凸面，通过钢护筒与梁底转盘连接；下球铰上面板为凹面，嵌固于支撑骨架上，表面排布滑片嵌槽。上下球铰面板均为40mm厚的钢板压制而成的球面，背部设置纵横肋条，防止在加工、运输过程中变形，并方便球铰的定位、加强与周围混凝土的连接。球铰中央设置销轴套筒，内置定位销轴，用于球铰定位及抗剪作用。上下球铰之间设置滑片，滑片嵌于下球铰面板的预留槽中，并通过沉头螺钉固定。下面首先建立下球铰模型。

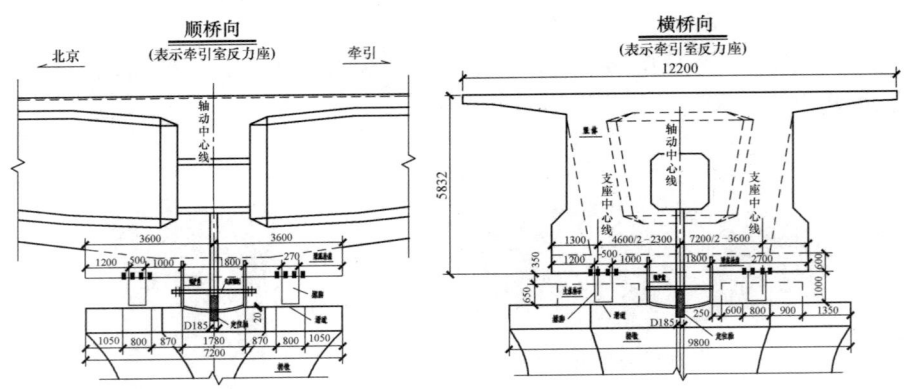

图 2-3-29　桥梁转体系统总图

（1）下球铰建模

下球铰组装立面图，如图 2-3-30 所示，下球铰 A—A 剖面图，如图 2-3-31 所示。

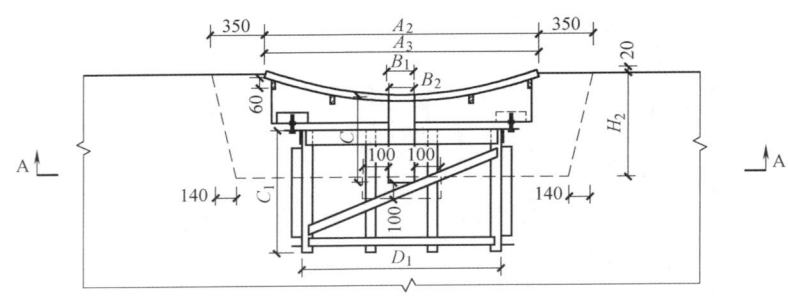

图 2-3-30　下球铰组装立面图

依据设计要求，下球铰安装前，首先要安装调平下球铰定位支架，其顶面角钢相对高差应小于 5mm。先进行下球铰定位支架模型的构建。打开 Revit 软件，选择"族"—"新建"—"公制常规模型"—"打开"，进入族编辑状态。

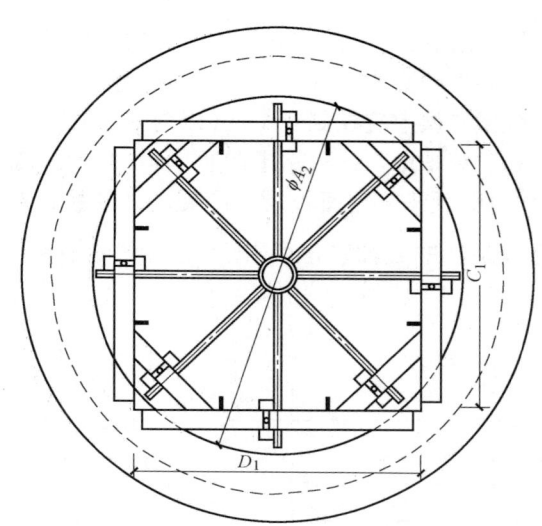

图 2-3-31 下球铰 A-A 剖面图

由于下球铰定位支架各部分均为等截面构件，因此可使用"拉伸"命令进行绘制。在绘制时应注意选取合适的参照平面，特别是斜向角钢，在绘制前应先绘制出角钢截面所在的参照平面，在其参照平面上对其截面轮廓进行绘制，角钢的截面轮廓绘制如图 2-3-32 所示，建模完成后下球铰定位支架三维模型如图 2-3-33 所示。

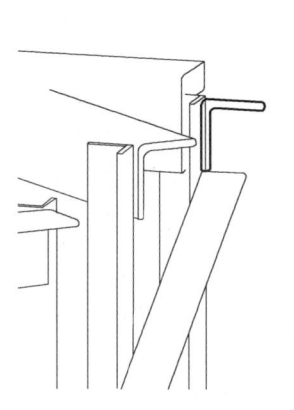

图 2-3-32 角钢截面轮廓绘制

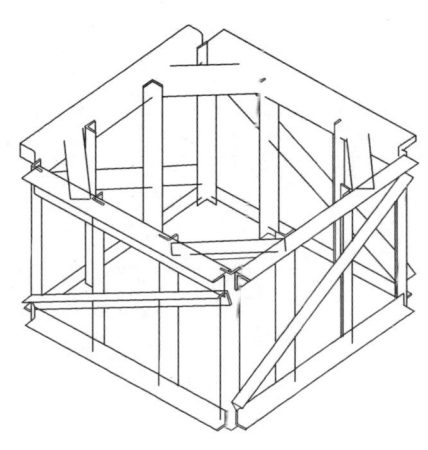

图 2-3-33 下球铰定位支架三维模型

随后，吊装安放直径 1.76m 的下球铰，并使用定位支架细牙螺栓精确调整，下球铰顶面任两点误差不大于 1mm，球铰转动中心要精确位于设计位置，且其纵横向误差应控制在 1mm 以内。

在"参照标高"视图中，拾取水平参照平面，进入前立面视图。使用"旋转"命令，绘制出下球铰钢面板及支座旋转的轮廓图（图 2-3-34～图 2-3-36），然后选择旋转中心轴线，点击✅完成旋转命令，保存模型。下球铰三维模型如图 2-3-37 所示。

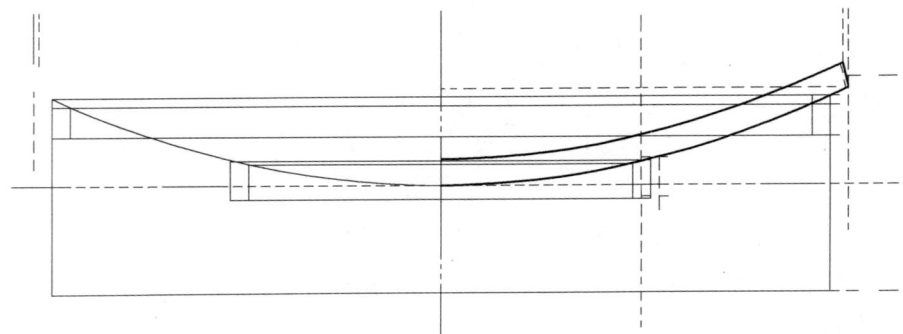

图 2-3-34　下球铰钢面板旋转轮廓图

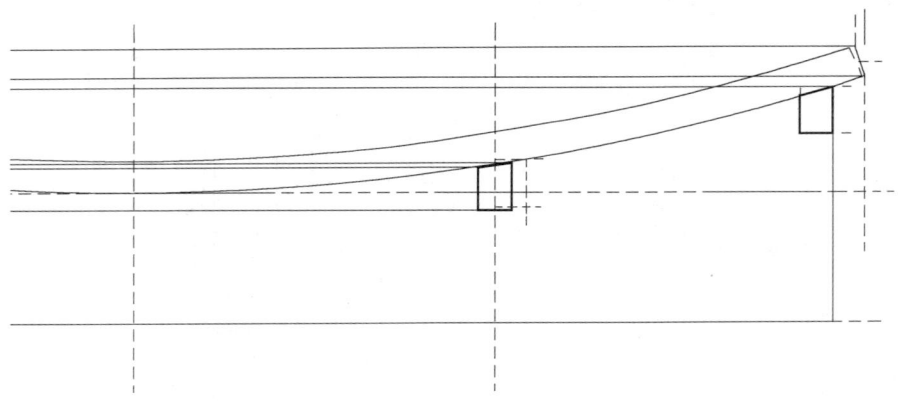

图 2-3-35　下球铰钢面板支座旋转轮廓图

（2）滑道模型

分节吊装中心直径 4.3m 的环形滑道，滑道宽 0.8m，调整定位支架上的螺栓使其精确水平，滑道相对高差控制在 2mm 以内，其滑道及支架

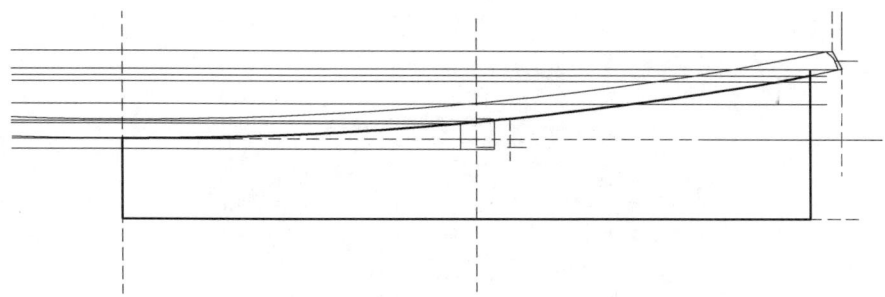

图 2-3-36 下球铰底座旋转轮廓图

图 2-3-37 下球铰三维模型

剖面图如图 2-3-38 所示。

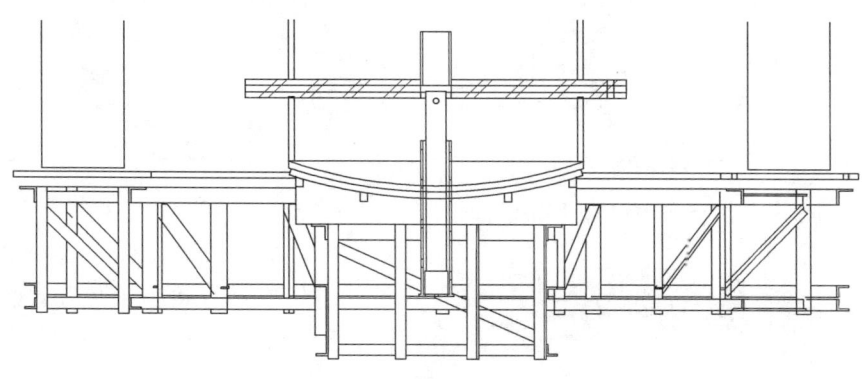

图 2-3-38 滑道及支架剖面图

使用"旋转"命令，首先作出滑道下部支架的四组角钢环，如图 2-3-39所示。随后，使用"拉伸"命令，任选一个视图，在四组角钢环之间建立一组角钢架，如图 2-3-40 所示。将这一组角钢架作径向阵列，共 16 组角钢架，阵列后其俯视图及三维视图，如图 2-3-41 及图 2-3-42 所示。

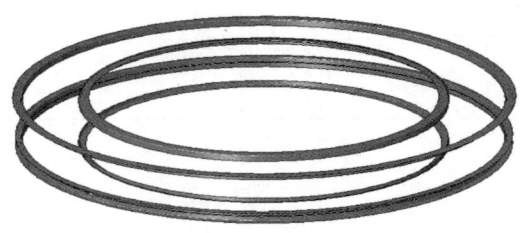

图 2-3-39　滑道支架角钢环三维图

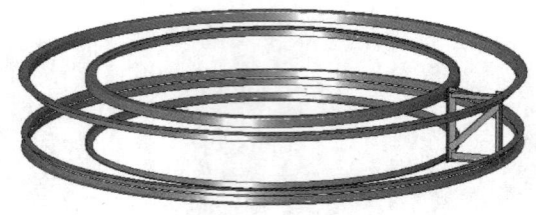

图 2-3-40　滑道支架角钢环及一组角钢架

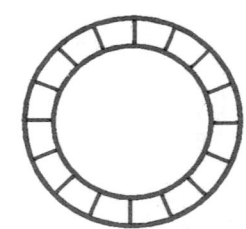

图 2-3-41　滑道角钢架俯视图

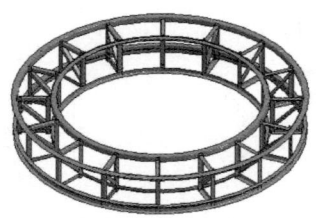

图 2-3-42　滑道角钢架三维视图

随后，在支架上方使用"旋转"命令将滑道模型及滑道支架建立模型并保存，其三维模型如图 2-3-43 所示。

（3）牵引反力座建模

下球铰及滑道安装完成后，进行钢筋绑扎及混凝土浇筑，

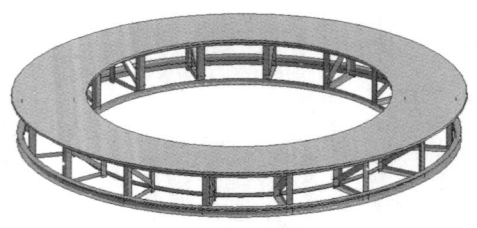

图 2-3-43　滑道及滑道支架三维模型

同时完成牵引反力座浇筑。

下转盘轮廓图如图 2-3-44 所示，牵引反力座 A、B 大祥图，如图 2-3-45、图 2-3-46 所示。

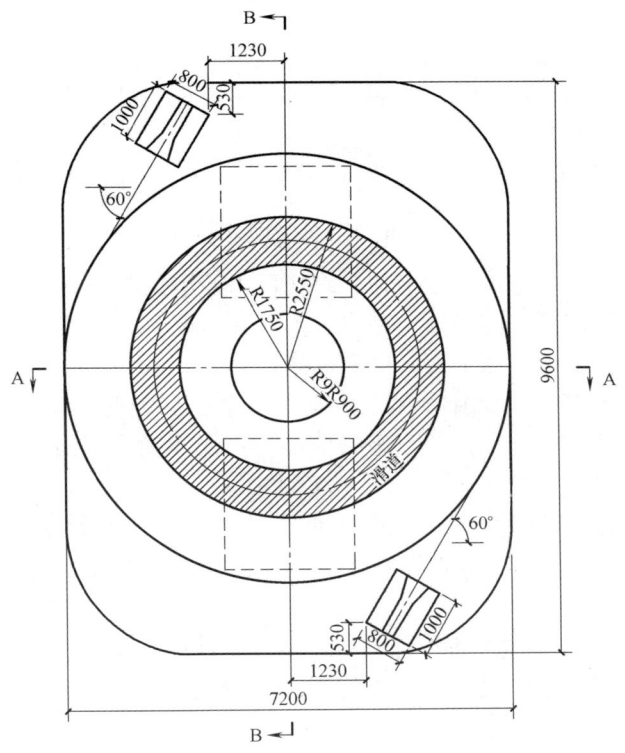

图 2-3-44　下转盘轮廓图

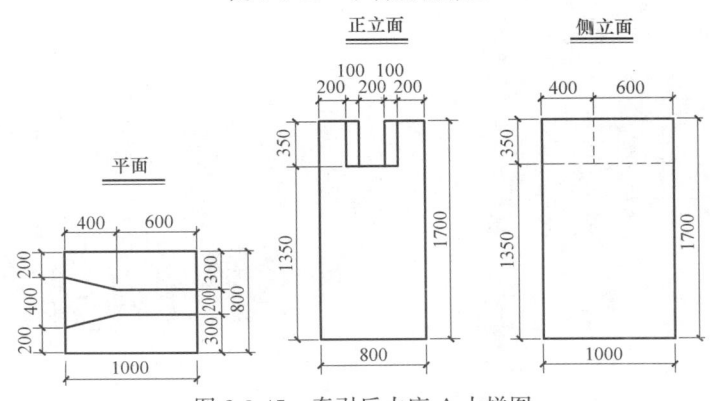

图 2-3-45　牵引反力座 A 大样图

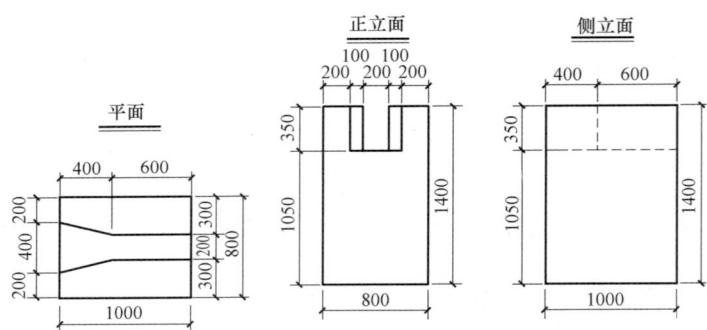

图 2-3-46　牵引反力座 B 大样图

　　由于牵引反力座设置在墩顶,因此可以在墩顶模型上进行牵引反力座的建模。打开已建好的墩顶模型,进入前立面视图,绘制墩顶所在平面的参照平面,拾取该参照平面,进入视图。

　　从设计图纸中可看出牵引反力座 A 与牵引反力座 B 为对称布置,因此只需建出其中一个牵引反力座的模型,再使用镜像作出另一个反力座,并对尺寸作出相应调整即可。

　　依据设计图纸中牵引反力座 A 所在的位置,画出定位参照线,之后使用"拉伸"及"空心拉伸"命令,建立牵引反力座 A 的拉伸模型,如图 2-3-47 所示。

　　随后,使用"镜像"命令作出牵引反力座 B 的模型,并对其高度进行调整,建模完成后牵引反力座 A、B 三维模型如图 2-3-48 所示,最后保存模型。

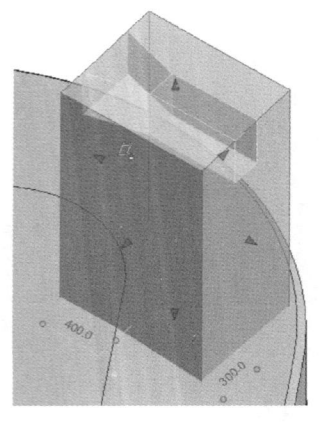

图 2-3-47　牵引反力座
A 拉伸及空心拉伸

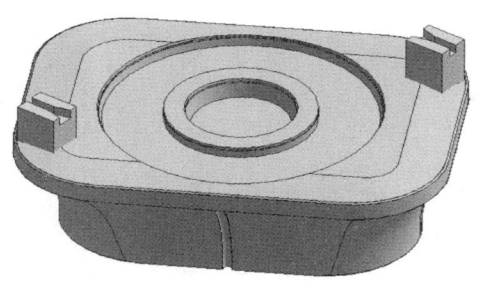

图 2-3-48　牵引反力座 A、B 三维视图

（4）安装定位销轴

在下球铰的销轴套筒内，先插入直径 150mm 的 Q345 圆柱钢锭，再插入直径 125mm、长 114cm 的定位销轴，销轴孔端连接直径 2cm 的钢丝绳，用于转体后拔出销轴。

钢锭及定位销轴模型可使用"拉伸"命令进行构建，定位销轴上端圆孔使用"空心拉伸"命令即可完成，随后保存模型。钢锭及定位销轴模型如图 2-3-49、图 2-3-50 所示。

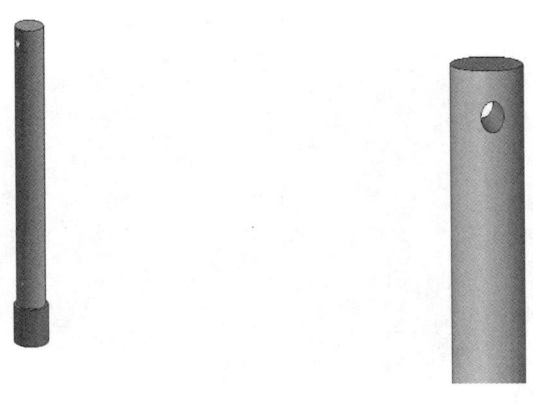

图 2-3-49　钢锭及定位销轴模型　　　图 2-3-50　定位销轴顶端圆孔模型

（5）上转盘及牵引锁建模

上球铰通过钢护筒与连续梁上转盘连接，上球铰由上节钢护筒、夹层钢板、下节钢护筒组成，并采用高强螺栓锁紧连接。安装时顺序为：吊装上球铰的下节钢护筒并穿入定位销轴、在下节钢护筒内浇筑自密实补偿收缩混凝土、安装夹层钢板、吊装上节钢护筒。然后将上球铰正反试转 3～5 圈，精确定位上下球铰转动轴，使其务必重合。随后，上转盘沿梁体轴线对称布置 4 组撑脚，对称安放 8 组砂箱，以保持转体结构稳定。安装永久支座预埋钢板，安装上转盘模板，绑扎上转盘钢筋，安装钢绞线牵引锁，浇筑混凝土。

首先建立上球铰下节钢护筒模型。打开 Revit 软件，选择"族"—"新建"—"公制常规模型"—"打开"，进入族编辑状态。

依据设计图纸，下节钢护筒以及上节钢护筒均可用"旋转"命令进行建模，夹层钢板可使用"拉伸"命令进行建模。点击"旋转"命令，绘制下节钢护筒底座，其边界线绘制完成后如图 2-3-51 所示。之后使用同一轴线绘制下节钢护筒旋转轮廓，其三维模型如图 2-3-52 所示。

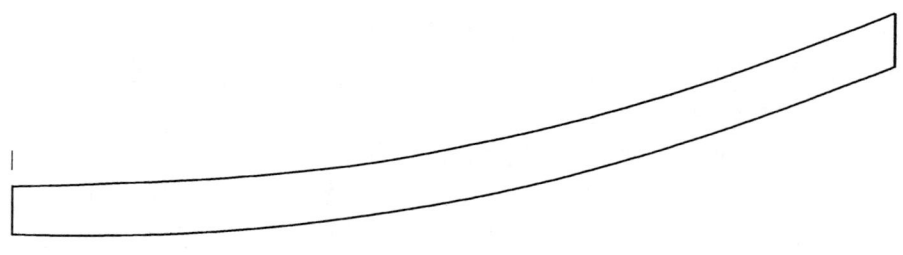

图 2-3-51　下节钢护筒底座轮廓绘制

图 2-3-52　下节钢护筒模型

　　进入前立面视图，在下节钢护筒顶端作出参照平面，拾取该参照平面，进入视图。使用"拉伸"命令，作出三片夹层钢板模型，随后使用"空心拉伸"命令作出中央销轴套孔、入浆口、排气口以及螺栓口，螺栓孔可采用阵列方式成组建模，夹层钢板建模完成后三维模型见图 2-3-53。

　　上节钢护筒同样使用"旋转"命令进行建模，建模过程同下节钢护筒，建模完成后，上球铰三维模型，如图 2-3-54 所示。

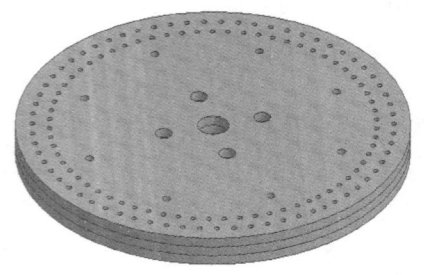

图 2-3-53　夹层钢板三维模型

图 2-3-54　上球铰三维模型

　　撑脚平面布置图如图 2-3-55 所示，撑脚建模可在已建完的滑道模型上进行。打开滑道模型文件，拾取滑道上表面所在的参照平面，进入视图。使用"拉伸"命令以及"对称"命令，建立四组撑脚模型；在四组撑脚顶端使用"旋转"命令作出上球铰转盘模型，并使用"空心拉伸"命令作出销轴套孔模型，建模完成后三维模型如图 2-3-56 所示，然后将模型保存。至此，转体结构建模基本完成。

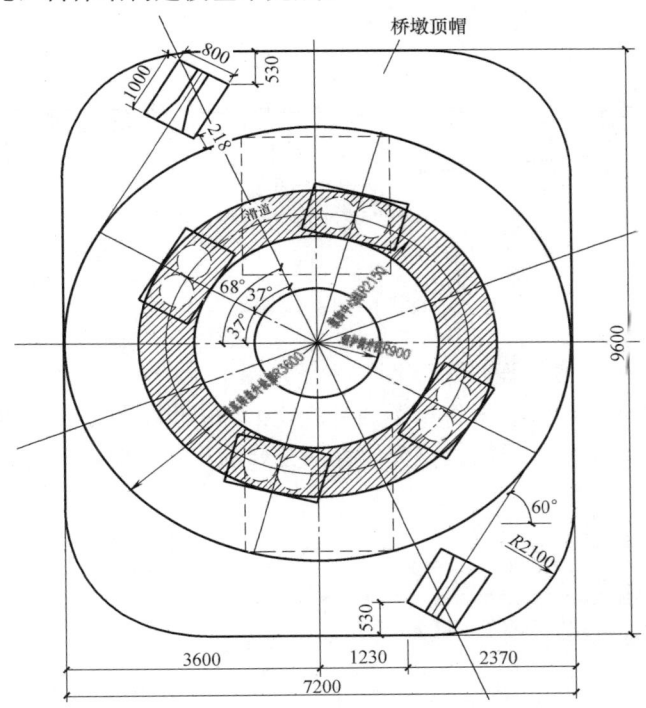

图 2-3-55　撑脚平面布置图

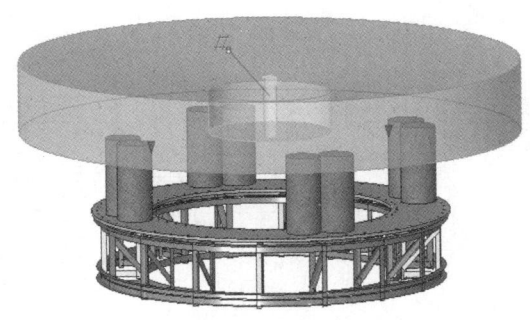

图 2-3-56　四组撑脚及上球铰转盘三维模型

5. 桥梁主梁

连续梁施工前，搭设 0 号块支架，进行预压浇筑 0 号块混凝土。在 0 号块上对称安装菱形挂篮，进行挂篮预压后，悬臂浇筑 1 号块，对称移动挂篮至下一节段，悬臂浇筑 2 号块混凝土，重复以上步骤，悬臂浇筑 3～8 号节段。

连续梁的建模流程同样按照 0～8 号块的顺序进行，0～8 号块箱梁示意图如图 2-3-57 所示。下面首先建立 0 号块模型。

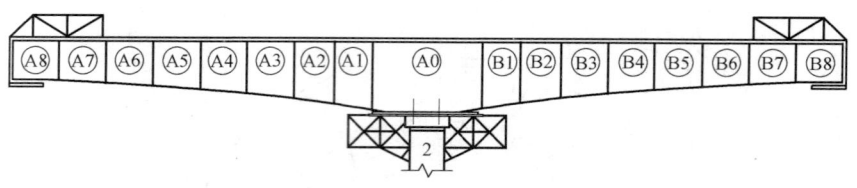

图 2-3-57　0～8 号块箱梁示意图

（1）根据 0 号块设计图（图 2-3-58、图 2-3-59），使用"融合"命令建立 0 号块实心模型（未将箱梁内部掏空）。由于箱梁为变截面结构，根据其截面变化可将 0 号块箱梁分成 6 部分分别建立模型，其实心模型如图 2-3-60 所示。

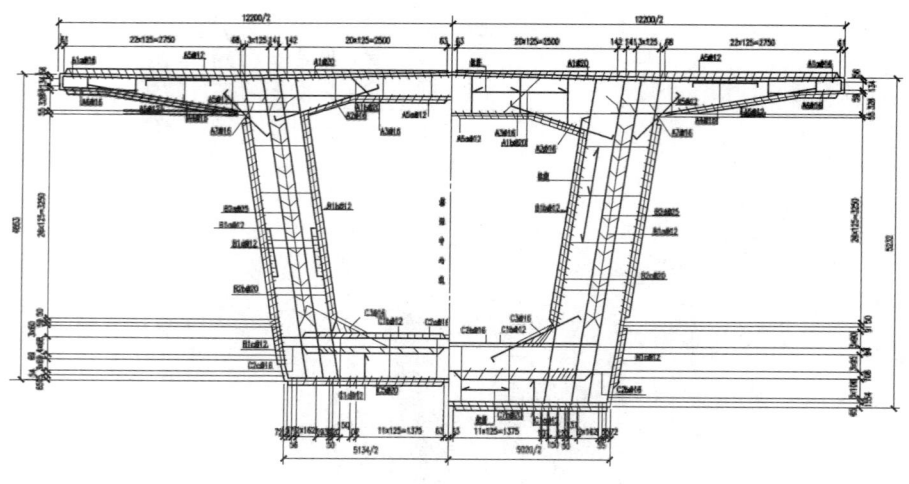

图 2-3-58　0 号块横截面设计图

随后，需根据箱梁内部各空心部分截面在 0 号块箱梁内部使用"空心拉伸"命令将其内部进行掏空，掏空后 0 号块箱梁三维模型，如图 2-3-61 所示。

（2）由 0～8 号块箱梁示意图可知，除 0 号块外，A1～A8 号梁段与 B1～B8 号梁段为对称结构，因此只需建立 A1～A8 号梁段模型，B1～B8 号梁段使用"镜像"命令即可完成。

点击"融合"命令，先建立 A1 号梁段实心模型，然后使用"空心拉伸"命令将 A1 号箱梁内部掏空，其三维模型，如图 2-3-62 所示。

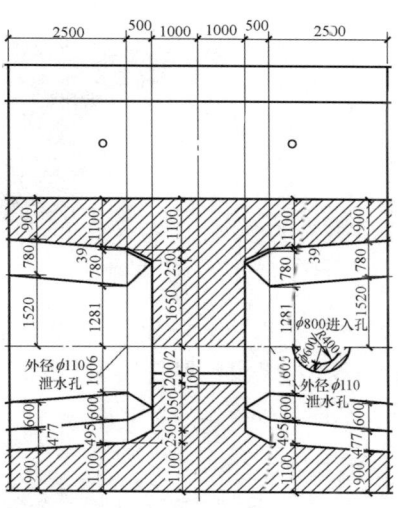

图 2-3-59　0 号块纵截面设计图

图 2-3-60　0 号块箱梁实心模型

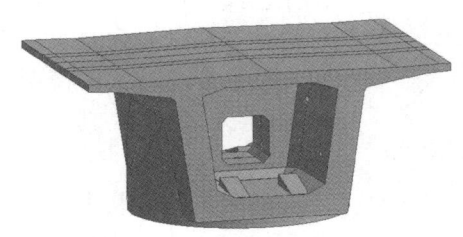

图 2-3-61　0 号块箱梁三维模型

51

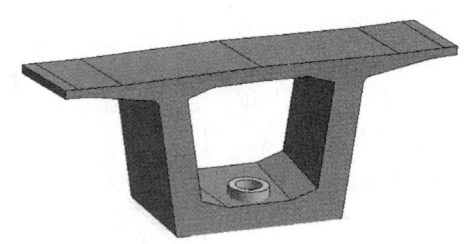

图 2-3-62　A1 号梁段三维视图

A2～A8 号梁段建模流程与 A1 号梁段建模流程类似，依次建立起 A2～A8 号梁段，然后使用"镜像"命令对称建立起 B1～B8 号梁段，梁段三维模型如图 2-3-63 所示。

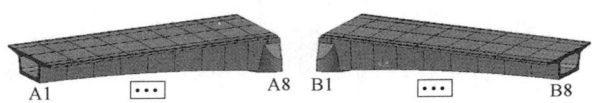

图 2-3-63　A1～A8 号梁段用"镜像"命令建立 B1～B8 号梁段三维模型

6. 钢筋及预应力筋建模

（1）桩基础钢筋建模

打开之前已建好的桩基础模型，在属性菜单栏下勾选"可将钢筋附着到主体"选项（图 2-3-64），之后点击 Revit 界面左上角的下拉菜单图标

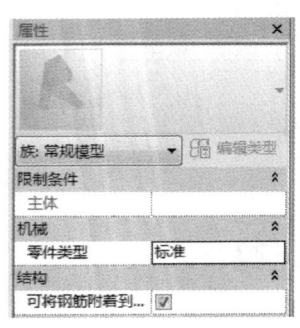

图 2-3-64　"可将钢筋附着到主体"勾选

，选择新建一个项目。在英文状态下按"wt"，使打开的文件窗口平铺于 Revit 软件中，点击桩基础所在的窗口，选择已建好的桩基础模型，点击载入到项目，此时进入刚刚新建的项目窗口中，点击"结构"命令栏中的"构件"命令，点击"放置构件"即可在项目中将桩基础模型导入。将桩基础族模型导入项目后其三维视图如图 2-3-65 所示。

随后在项目中进入"标高 1"平面视图，选择"视图"命令栏中的"剖面"命令，沿最外侧的三根桩进行剖切，如图 2-3-66 所示，之后进入桩基础剖面图（图 2-3-67）。

图 2-3-65 桩基础族模型导入项目三维模型电脑视图

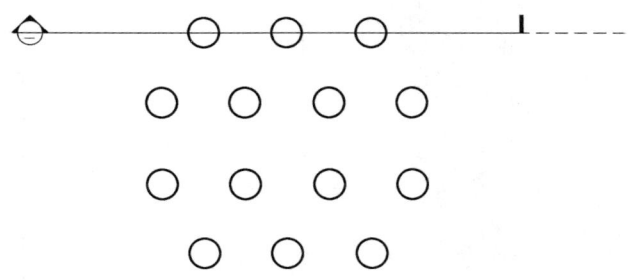

图 2-3-66 桩的剖切面

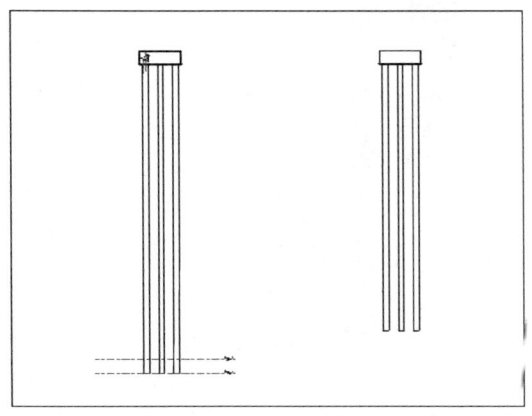

图 2-3-67 桩基础剖面图

依据桥墩桩基础钢筋布置图（图 2-3-68），在桩基础剖面图中进行钢筋的绘制。选择"结构"命令栏下的"钢筋"命令，若此时项目中未载入"钢筋形状"族，需自行载入族文件（若已载入"钢筋形状"族，可直接选择"绘制钢筋"进行绘制）。载入后，点击"绘制钢筋"，根据桥墩桩基础钢筋布置图中的钢筋设计要求进行绘制，钢筋的弯钩可在属性栏中进行设置。单根桩基础钢筋建模完成后如图 2-3-69 所示，剩余桩基础的钢筋可使用"镜像"或"复制"命令进行绘制。

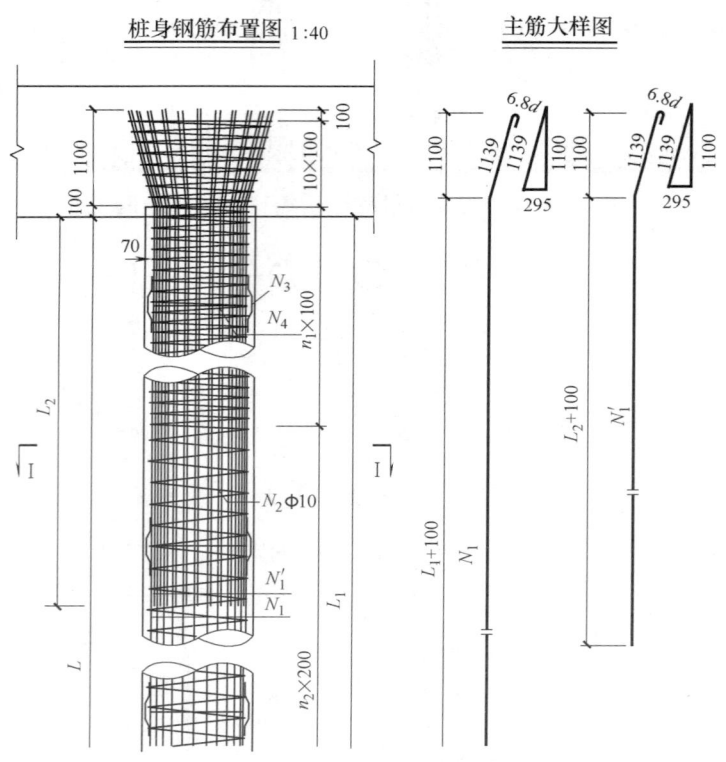

图 2-3-68　桥墩桩基础钢筋布置图

（2）承台及上部结构钢筋建模

承台、墩身、转体结构、连续梁等结构的钢筋建模流程同桩基础钢筋建模流程类似，因结构中钢筋数量较多，可根据设计图纸对钢筋进行分类后再行建模，建模完成后承台、墩身、转体结构、0 号段梁段三维视图，如图 2-3-70～图 2-3-73 所示。至此，桥梁钢筋建模基本完成。

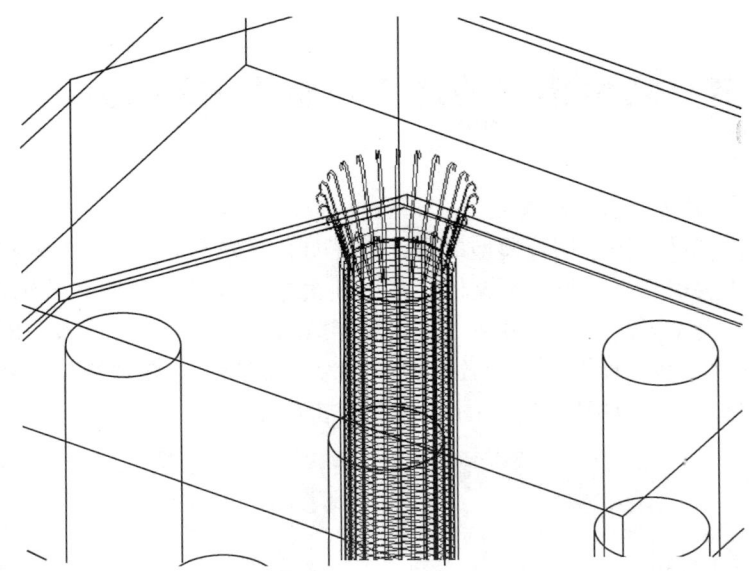

图 2-3-69　单根桩基础钢筋建模三维视图

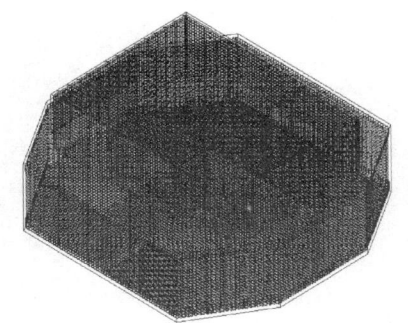

图 2-3-70　承台钢筋建模

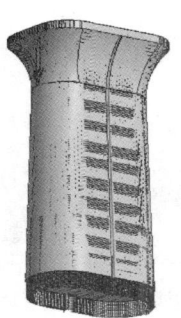

图 2-3-71　墩身钢筋建模

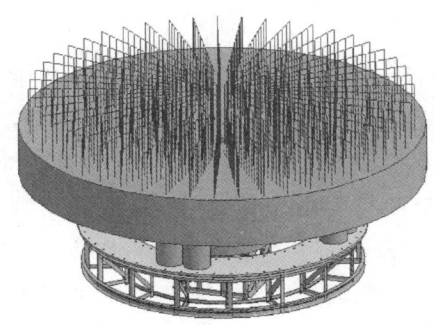

图 2-3-72　转体结构钢筋建模

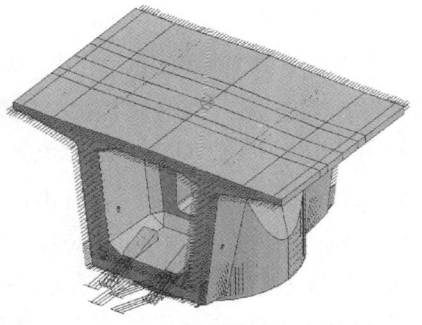

图 2-3-73　0 号块梁段钢筋建模

第四节　场地模型的建立与整桥拼装

1. 模型相关参数设置

以桩基础为例，进行模型参数设置说明。首先选中某一根桩，双击该桩进入族编辑状态，再选中该桩，在属性菜单下找到"材质和装饰"，点击材质栏最右侧的矩形小方块"关联族参数"，见图 2-4-1，点击"添加参数"，在"参数属性"中，参数类型选择为"族参数"，参数数据中名称可定为"材质 1"，如图 2-4-2 所示，之后点击确定。

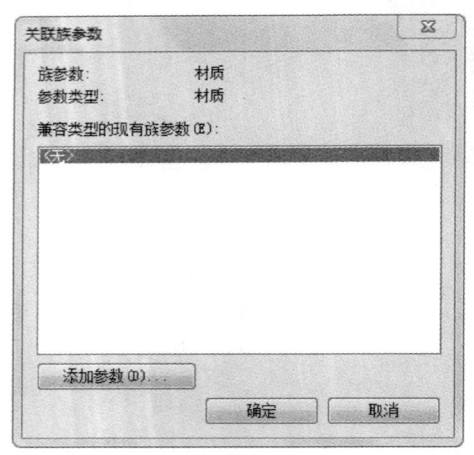 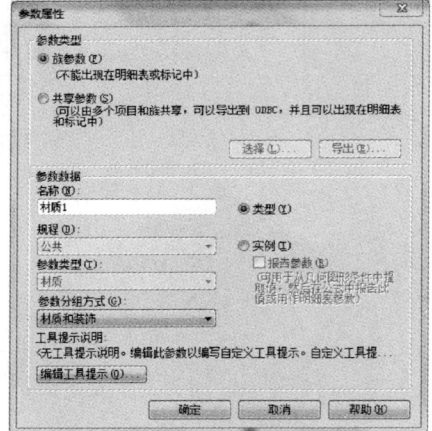

图 2-4-1　关联族参数设置　　　　图 2-4-2　参数属性设置

随后点击上方菜单栏中的"载入到项目"命令，并在弹出的对话框中点击"覆盖现有版本"，此时在项目中选择该桩，点击属性菜单下的"编辑类型" 编辑类型，弹出"类型属性"窗口，如图 2-4-3 所示，点击"材质 1"右侧方框的最右端小矩形方框，则会弹出"材质浏览器"窗口，如图 2-4-4 所示。点击"材质浏览器"左下方的"创建并复制材质"命令 ，选择"新建材质"，右击该新建材质将其重命名为"C35 混凝土"，在右侧"图形"选项下可对表面填充图案及截面填充图案等进行修改，全部参数修改完成后点击"确定"，在"类型属性"对话框中也点击"确定"，该桩的材质便设置完成。其他结构的材质设置过程与上述过程相同，但应注意不同结构构件的材质各个参数的不同，可依次对其他结构材质进行修改。

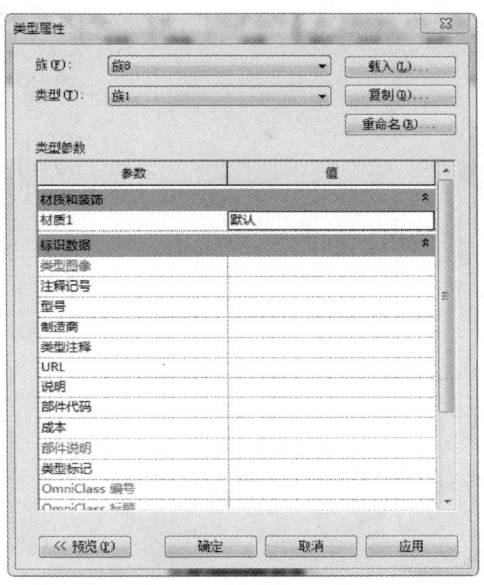

图 2-4-3　类型属性设置

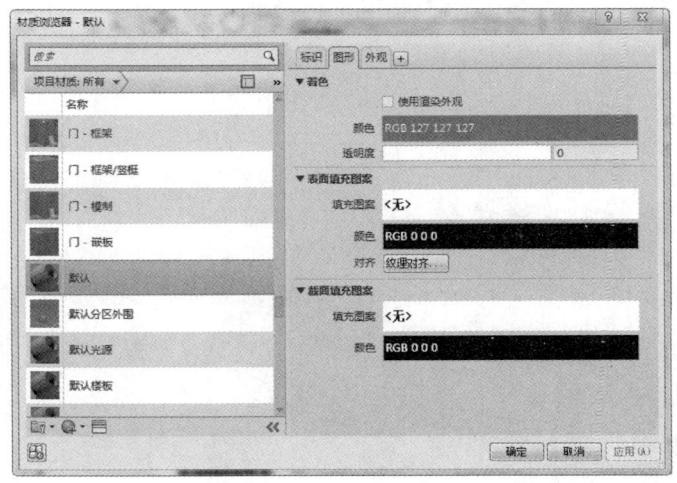

图 2-4-4　材质浏览器

2. 项目场地模型

依据现场情况，建立相应的临时设施族。包括桥墩托架、相关车辆、现场办公室、塔式起重机等族块。如图 2-4-5 所示。

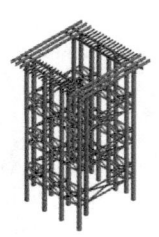

图 2-4-5　车辆、现场办公室、塔式起重机族

　　施工现场场地模型使用无人机拍摄鸟瞰图及现场手机拍照的方式绘制。为方便绘图，对既有铁路进行定位，明确桥墩与交通道路的位置关系。通过把临设族导入场地模型中来丰富和完善。场地效果图及场地模型如图 2-4-6、图 2-4-7 所示。

图 2-4-6　场地效果图

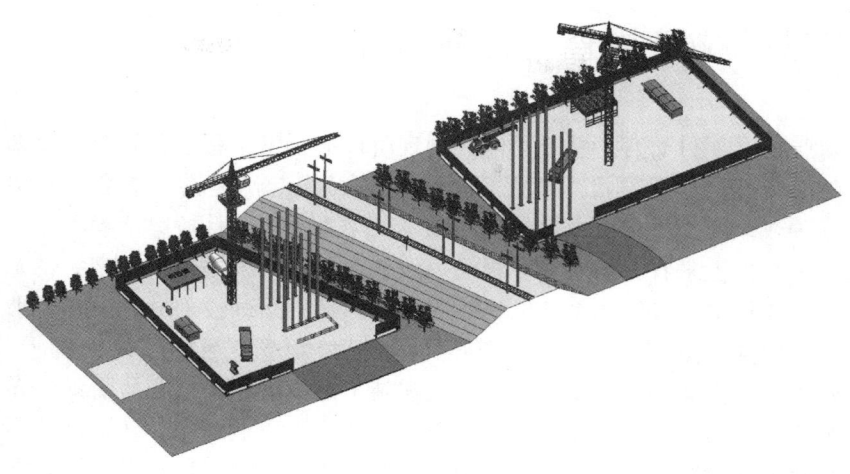

图 2-4-7　场地模型图

3. 模型组装

进行模型组装时，需将之前建立的族模型（桩基础、承台、墩身、转体结构、连续梁）逐个打开，然后新建一个项目，族模型的导入过程同桩基础钢筋建模时的模型导入过程相似，族模型全部导入项目组装完成后如图 2-4-8 所示。

图 2-4-8　全桥拼装三维视图

第五节　碰撞检查与协同管理

对于桥梁项目而言，基于当前我国现阶段的桥梁工程项目施工建设来看，相对于其他工程项目，其表现出来的最大特点就是施工难度比较突出，这种较大的施工难度主要体现在以下两个方面：①从桥梁工程项目自身规模和结构上来看：桥梁整体规模一般较大并且各个构件体积庞大，尤其作为转体桥梁，其转体系统结构较为复杂，特别是球铰部分，设计要求较高，要更加注重于安全以及稳定性的分析和营造项目的整体结构上。②从施工环境方面来看，桥梁工程项目在施工建设过程中很容易受到外界各种影响因素的干扰，进而也就容易造成一些施工质量问题、施工进度问题以及施工安全问题的出现，这无疑也增加了桥梁工程项目施工建设和管理的难度。由此可见，桥梁工程项目的施工建设复杂性和难度都是极为突出的，要想提升其实施效果，就必须加强管理和控制，这也就成为了BIM 技术应用的一个重要条件和需求表现。

与传统的设计优化流程相比，最大的区别是前者的设计优化是贯穿项目设计的整个阶段的，是一个不断优化的过程，而优化受到两个因素的制约。第一是信息，没有准确的信息，很难作出适当的调整，以获得最佳的结果，而 BIM 模型提供了建筑物的实际存在（几何、物理、规则信息），并包括在变化之后的实际存在。第二是复杂性。一旦事物在一定程度上是复杂的，人类掌握所有信息的能力，必须依靠技术和设备的帮助，现代建筑桥梁的复杂性大多超出了人类能力的极限，而 BIM 及其相关的优化工具使得对复杂项目的优化变得可能。BIM 技术有助于实现实时优化，基于 BIM 可以实现项目优化、特殊设计优化以及施工方案优化等。

1. 碰撞检查

下面以碰撞检查为例，进行桥梁项目方案优化的详细介绍。

（1）模型导出

将在 Revit 软件中建好的 rvt 格式的模型文件转换成".nwc"格式的文件，然后将".nwc"格式的文件导入到 Navisworks 软件中，对设计的模型进行碰撞检查。

1）打开 Revit 所示界面的应用程序菜单，弹出如图 2-5-1 所示菜单。

2）单击导出按钮。弹出如图 2-5-2 所示界面。

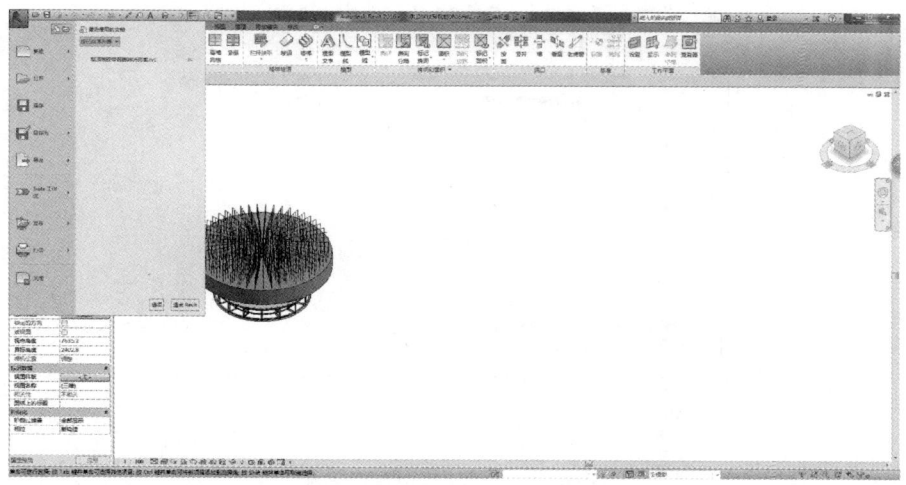

图 2-5-1 Revit 菜单界面

图 2-5-2 Revit 导出界面

3）单击图 2-5-2 所示 ".nwc"，弹出 Revit 导出，界面如图 2-5-3 所示，单击保存按钮便可生成 ".nwc" 格式文件。

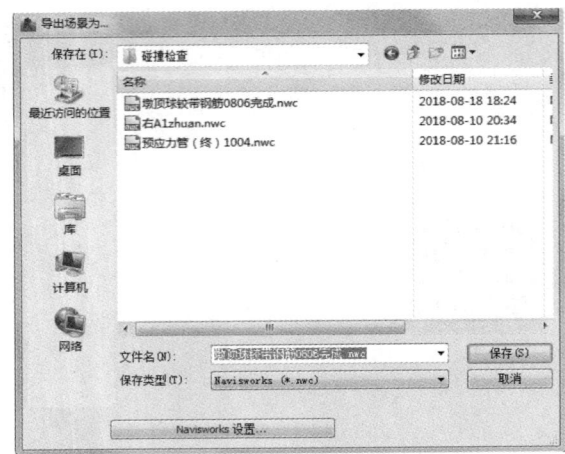

图 2-5-3　Revit 导出场景界面

（2）碰撞检查测试

将建好的".nwc"格式的文件导入到 Navisworks Manage 软件当中的 Clash Detective 模块，按照指定的条件对选择的图元进行碰撞测试，并对碰撞的结果进行编辑管理。具体过程如下：

1）打开 Navisworks Manage 软件，将所需要的模型文件打开和链接进软件。软件显示界面如图 2-5-4 所示。

图 2-5-4　Navisworks Manage 界面

2）单击应用程序菜单，打开 Navisworks Manage 界面，如图 2-5-5 所示，单击"打开"，将之前转换的".nwc"格式的文件打开，选择文件将文件打开，打开文件 Navisworks Manage，如图 2-5-6 所示。

3）单击图 2-5-7 所示文件界面的常用按钮，然后单击"Clash Detective"按钮，弹出如图 2-5-8 所示界面。

4）单击图 2-5-9 所示"添加检测"按钮，在此碰撞模块中，可对整个模块进行碰撞检查，也可对部分构件进行碰撞检查，由于整个模型信息

图 2-5-5　打开 Navisworks Manage 界面

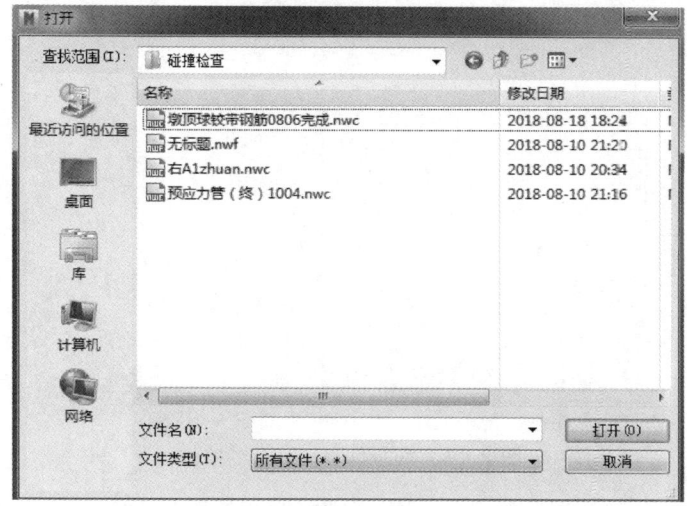

图 2-5-6　Navisworks Manage 文件打开

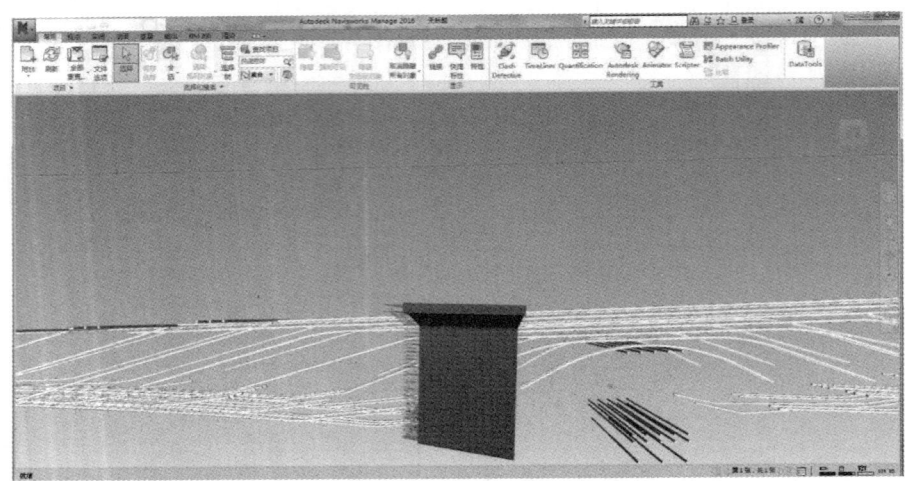

图 2-5-7　Navisworks Manage 模型界面

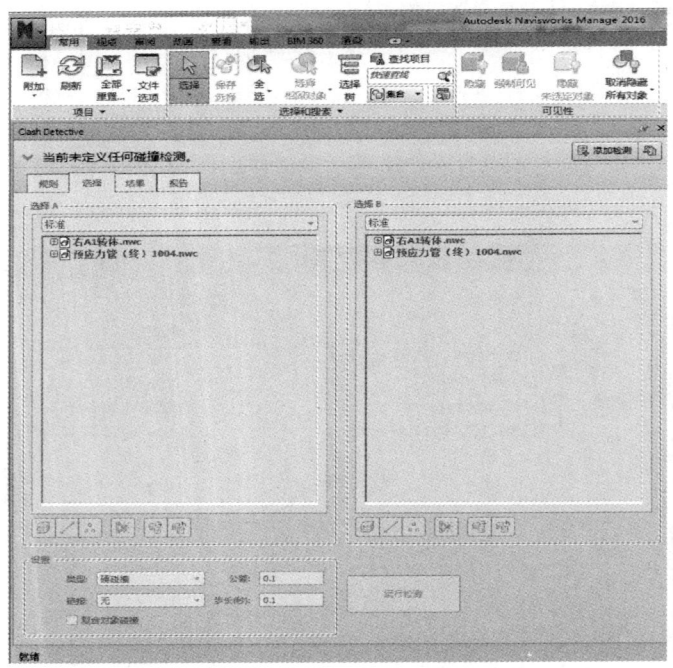

图 2-5-8　"Clash Detective" 按钮

量较大以及电脑配置问题，为了提高碰撞检测的质量和效率，一般都是对部分模型进行碰撞检测。

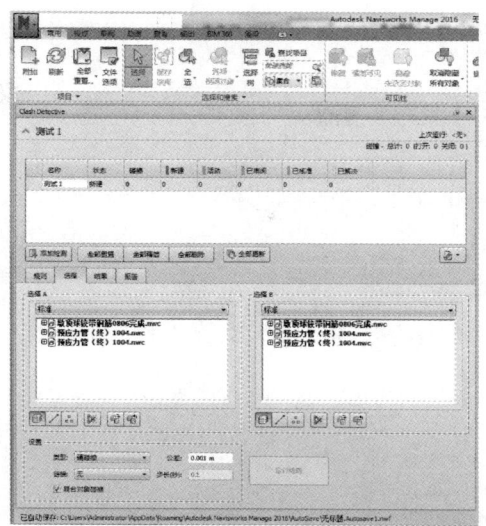

图 2-5-9　"添加检测"按钮

5）首先进行球铰钢筋与预应力管道的碰撞检测。双击图 2-5-10 显示的测试 1，对此次碰撞名进行命名，命名为右 A1 转体钢筋 vs 预应力管道，单击图 2-5-9 测试的"规则"对碰撞测试规则进行设置。如图 2-5-11 所示。

图 2-5-10　碰撞测试 1

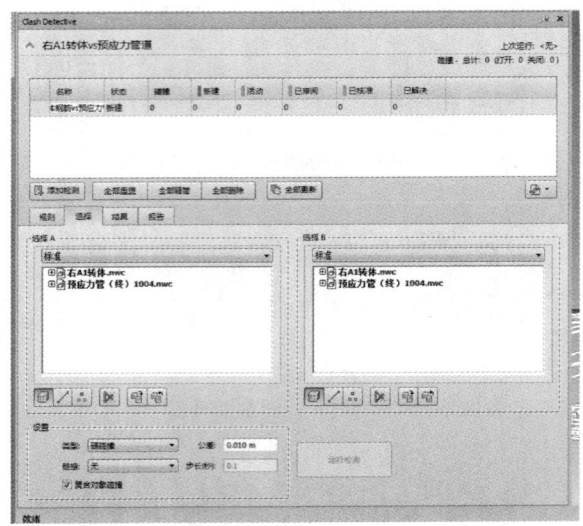

图 2-5-11　碰撞测试 1 设置

6）在界面选择 A 中选择"右 A1 转体 . nwc"文件，选择 B 中选择 "预应力管（终）1004. nwc"文件，单击底部的曲面按钮。界面选择如图 2-5-12 所示。

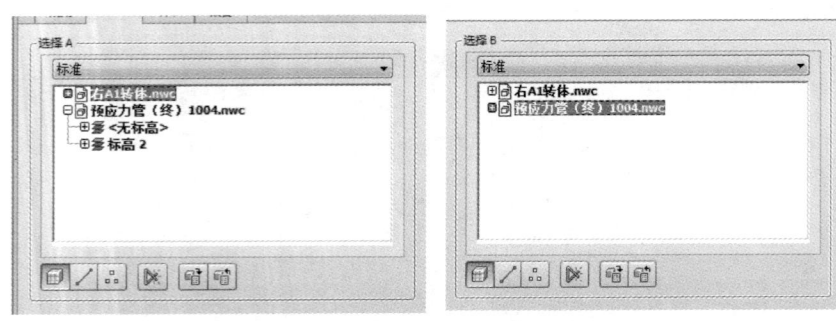

图 2-5-12　选择碰撞构件

7）设置碰撞的类型为硬碰硬，公差为 0.01m，勾选"复合对象碰撞"，如图 2-5-13 所示。

8）最后设置好的界面如图 2-5-14 所示。单击"运

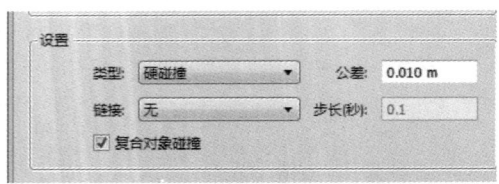

图 2-5-13　类型与公差设置

行检测"，软件便会自行运算，碰撞结果如图 2-5-15 所示。从检测结果中可以看出右 A1 转体钢筋 VS 预应力管道，共有 42 处碰撞，单击"碰撞"，可在模型中显示出该碰撞的具体位置和具体构件。如图 2-5-16 所示。

图 2-5-14　运行检测界面

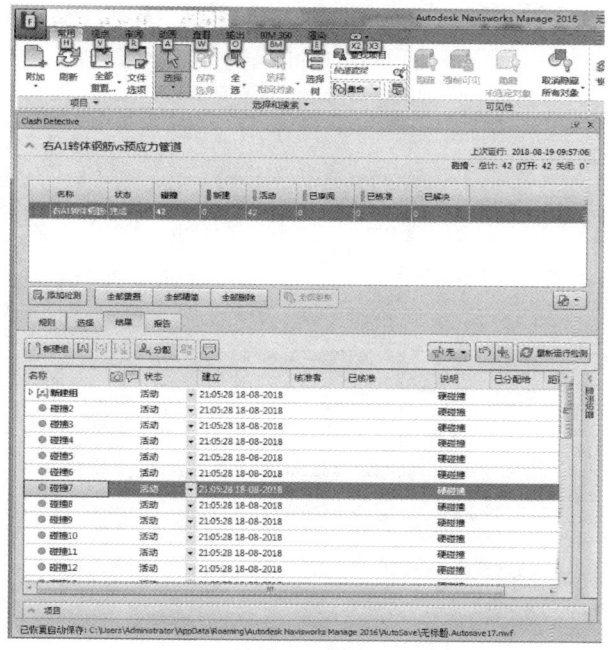

图 2-5-15　碰撞结果

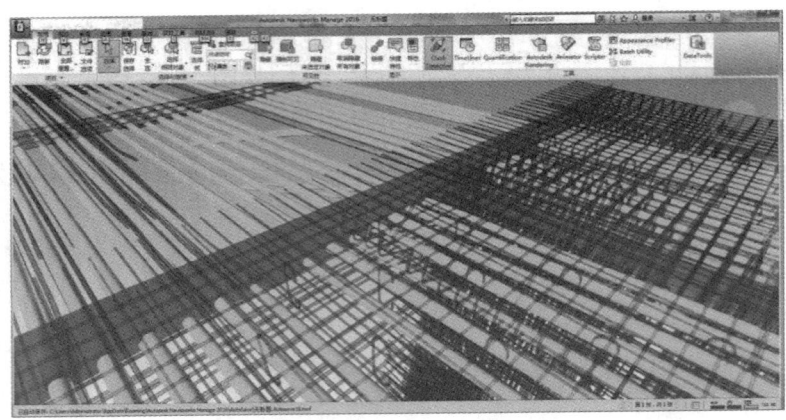

图 2-5-16　碰撞查看

9）单击右键选择"分配"按钮，将碰撞的问题分配给需要修改的人员，如图 2-5-17 所示。设计师在解决这个碰撞问题时，根据进展可以将碰撞的状态改为活动、已审阅、已核准、已解决等状态。

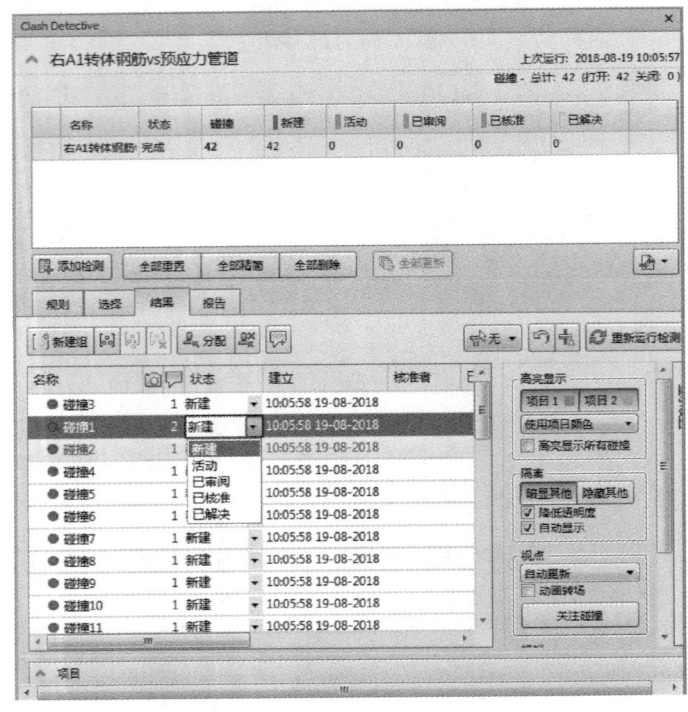

图 2-5-17　碰撞的状态改动

10）单击"报告"按钮，得出碰撞报告格式，如图 2-5-18 所示，然后设置报告的相关格式，单击"写报告"按钮，便可生成碰撞检测报告，如图 2-5-19 所示。

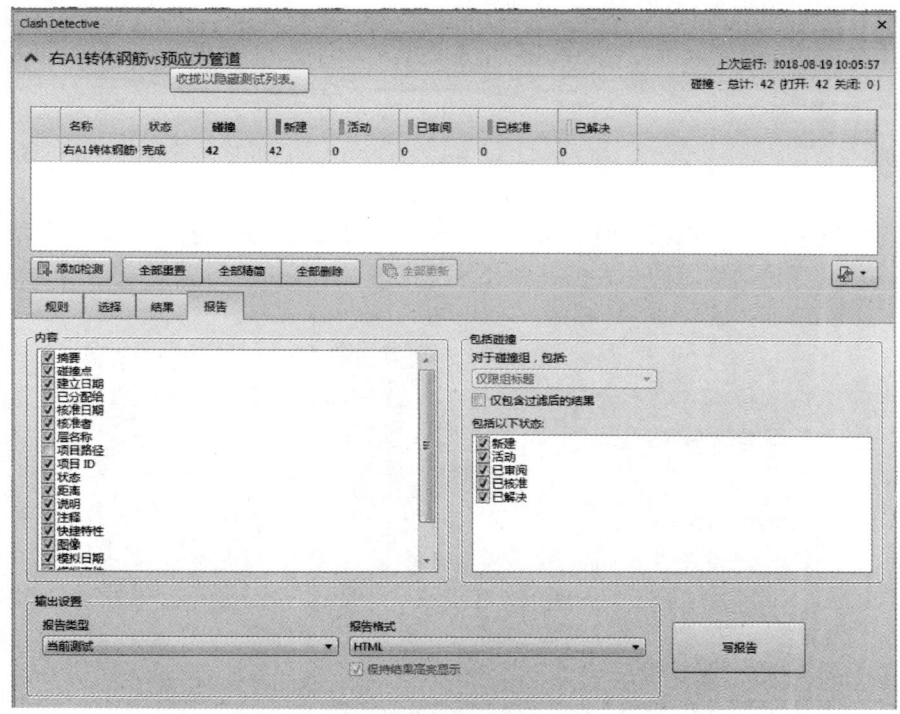

图 2-5-18　碰撞报告格式

图 2-5-19　碰撞检测报告

本桥梁将碰撞检查工作运用于实际应用中。依据设计图纸，建立全桥的预应力管道模型，预应力管道的外径有两种，分别为 80mm 和 90mm。将每部分的管道模型建立完成后，导入到同一个项目中进行组装，其全桥预应力管道模型，如图 2-5-20 所示。

图 2-5-20　全桥预应力管道模型

在浇筑梁段混凝土时，需要插入振动棒对混凝土进行振荡，以 0 号块为例，在桥面确定的布置的振动孔显示位置，如图 2-5-21 所示。

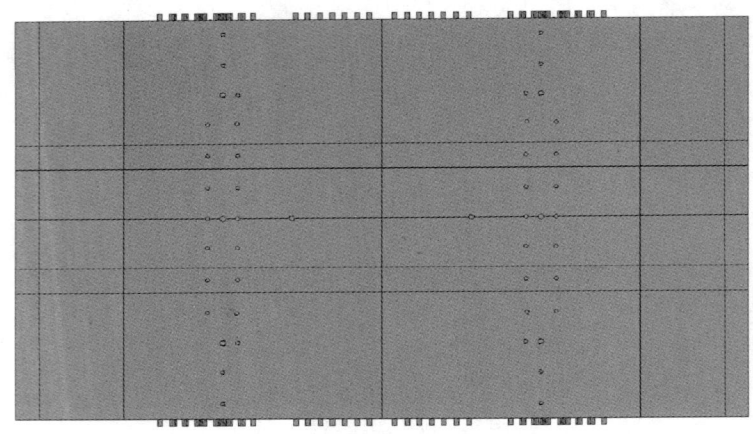

图 2-5-21　0 号块桥面振动孔显示位置

根据工程需要，对振动孔和预应力管道进行碰撞检查，用来判断振动孔的位置布置是否合理。具体步骤如下：

1）将 0 号块带有振动孔的模型和预应力管道的模型转换成 ".nwc" 格式的文件。

2）将 ".nwc" 格式的 0 号块预应力管道模型导入到 Navisworks 中，然后用"附加"命令导入 0 号块带有振动孔的模型，如图 2-5-22、图 2-5-23 所示。

3）选择需要检查碰撞的两个部分，碰撞公差设为 0.01m，运行检测。部分碰撞检查报告如表 2-5-1 所示。

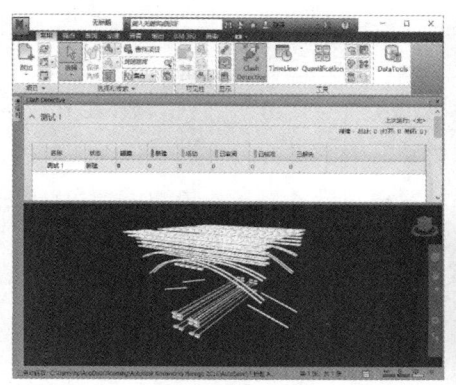 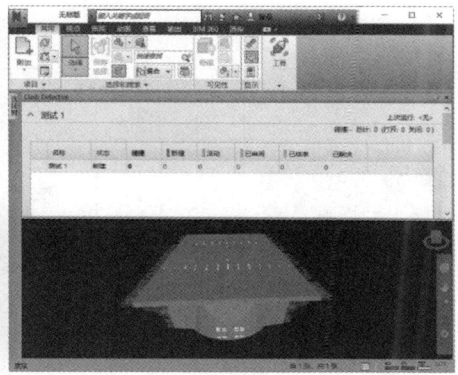

图 2-5-22　导入的 0 号块预应力管道模型　图 2-5-23　导入带有振动孔的 0 号块模型

碰撞检查报告　　　　　　　　　　　　　　　　　　表 2-5-1

图像	碰撞名称	距离（m）	说明	碰撞点	项目 1		项目 2	
					项目 ID	项目名称	项目 ID	项目名称
	碰撞 14	0.012	硬碰撞	x:2.669、y:1.172、z:0.662	元素 ID：858269	A0 预应力孔	元素 ID：888001	021
	碰撞 13	0.012	硬碰撞	x:−1.609、y:−4.146、z:1.695	元素 ID：858269	A0 预应力孔	元素 ID：910778	6
	碰撞 12	0.012	硬碰撞	x:−0.362、y:1.670、z:1.768	元素 ID：858269	A0 预应力孔	元素 ID：887991	010

71

续表

图像	碰撞名称	距离（m）	说明	碰撞点	项目 1		项目 2	
					项目 ID	项目名称	项目 ID	项目名称
	碰撞 11	0.012	硬碰撞	x:0.188、y:1.631、z:1.440	元素 ID：858269	A0 预应力孔	元素 ID：910764	8
	碰撞 10	0.012	硬碰撞	x:2.159、y:1.220、z:0.996	元素 ID：858269	A0 预应力孔	元素 ID：910799	023
	碰撞 9	0.013	硬碰撞	x:−4.071、y:1.268、z:1.363	元素 ID：858269	A0 预应力孔	元素 ID：903986	1
	碰撞 8	0.013	硬碰撞	x:−3.451、y:1.161、z:0.659	元素 ID：858269	A0 预应力孔	元素 ID：910758	021
	碰撞 7	0.013	硬碰撞	x:2.065、y:−3.675、z:1.044	元素 ID：858269	A0 预应力孔	元素 ID：910801	023

图像	碰撞名称	距离（m）	说明	碰撞点	项目1		项目2	
					项目 ID	项目名称	项目 ID	项目名称
	碰撞6	0.014	硬碰撞	x：−0.439、y：−2.705、z：2.785	元素 ID：858269	A0 预应力孔	元素 ID：910785	022
	碰撞5	0.014	硬碰撞	x：−2.844、y：−3.671、z：0.974	元素 ID：858269	A0 预应力孔	元素 ID：910786	023
	碰撞4	0.015	硬碰撞	x：−1.610、y：1.670、z：1.769	元素 ID：858269	A0 预应力孔	元素 ID：887987	6
	碰撞3	0.017	硬碰撞	x：−2.847、y：1.225、z：0.968	元素 ID：858269	A0 预应力孔	元素 ID：895345	023
	碰撞2	0.019	硬碰撞	x：−0.349、y：−3.897、z：2.178	元素 ID：858269	A0 预应力孔	元素 ID：910787	024

续表

图像	碰撞名称	距离(m)	说明	碰撞点	项目 1		项目 2	
					项目 ID	项目名称	项目 ID	项目名称
	碰撞 1	0.020	硬碰撞	x：-0.355、y：1.433、z：2.178	元素 ID：858269	A0 预应力孔	元素 ID：898142	024

通过利用 Navisworks 软件提前对预应力管道和振动孔的碰撞情况进行检查，可以及时对振动孔位置的设置进行合理的调整，优化了连续梁墩顶现浇段振动孔及横向预应力管道布置，解决了竖向振捣不畅的问题。确保了施工作业的顺利进行，对施工具有很好的指导作用。

2. 协同管理

协同设计是指多个个体或部门共同协作，为了同一个设计目标而完成不同阶段性设计任务的设计过程。其真正含义是：在一个完整的组织机构中共同完成一个项目，项目信息、文档、文件从项目起始就存放在同一个共享的平台上，除机密文件外，所有文件都可以被项目组成员查看和使用。协同设计的过程是设计信息共享和改进的过程，包括不同设计学科之间的协作，设计方与施工方之间的协作，还包括三维设计过程中对二维设计图纸的参照利用，它甚至包括在设计、施工和操作的整个生命周期中传输信息。由此可以看出，协同设计就是将所有建筑信息不断完善、管理、传递的过程，不仅包括设计师之间信息的实时共享，不同软件平台之间的数据转化，也包括项目前后阶段之间信息的传递与衔接。与传统二维设计相比，BIM 协同设计也被冠以更深的含义，就是在建筑全生命周期内的各阶段工作都要协同。

（1）软件协同功能

Revit 软件是 BIM 技术相关软件中的一种，其本身有两种协同设计工作模式：工作集模式以及模型链模式。

1）工作集模式

工作集模式是一种信息实时共享的协同设计模式。设计组成员在局域网内的计算机上搭建同一个建筑信息模型，每个成员在自己的工作集内进行设计，设计内容实时地同步到服务器的项目中心服务器。设计师之间可以互相借用对方的模型文件或图元，来完成交叉设计，实现各成员之间的信息实时共享。为防止项目过程中的图元冲突（如建筑专业工作集多为墙、门、窗的图元集合；结构专业工作集多为梁、柱的图元集合；MEP专业多为水管、风管的图元集合），采用工作集模式时，一定要加强设计师之间互相配合的意识，在规定的时间节点内只能一名设计师进行编辑，其他设计师可以查阅，但不能编辑。

如果不得不修改其他设计师的工作集，需要通过借用的方式，即设计师释放编辑极限，借用者编辑完成后再保存到项目中心服务器时，将编辑极限还给原来的设计师。除了释放权利的方式外，还有一些设计企业通过网络辅助手段，用工作集签入签出的方式达到信息实时共享。通常由具有较高权限的负责人针对项目客观情况进行拆分，每位设计师编辑其中的一部分并保存至项目中心服务器，负责人将设计师保存在项目中心服务器的文件编辑权限释放，设计师便可通过局域网与其他设计师沟通。如果设计师上传至中心文件后又对工作集重新修改，只需要再次上传，其他设计师重新加载即可同步信息。如此，设计师在需要时签出文件，不会因为工作时间的不同影响工作效率。

但这种权限过量地释放，也常造成图元被别人错误修改等问题。为了保证BIM协同设计的顺利进行，项目负责人需要针对项目各部分特点、类型、复杂程度等制订合理的项目拆分计划，将工作集平均分配至项目参与设计师，一般一名设计师只分配一个工作集，完成后并保存至中心服务器。当设计出现交叉时，设计师在中心服务器下载至本地计算机，另存副本后再作修改。期间每隔一段时间保存一个新的文件到中心文件，实时更新工作集，使得团队其他参与者也能够及时地了解项目的进度情况，保持项目信息的实时性和一致性。但项目规模通常都较大，需要在分工后再将项目拆分，每个设计师负责其中的一部分。项目的拆分越细致越好，在各自负责的工作集内工作。如：有人专门负责场地的设计，有人负责交通核的设计，有人负责室内的设计等。由此可以看出，工作集的优缺点为：

① 模型编辑便捷。项目被拆分至不同的工作集中，在权限允许的情况下，可以对建筑所有信息进行编辑。工作集式是更接近协同设计思想的工作方式，多名设计师可以在同一个模型上分别完成各自的设计任务。工

作集的划分可以依照项目具体情况灵活划分，尽量保证设计师能够在相同时间节点同时完成设计，协同率较高。随时上传信息至中心文件，保证信息实时共享，工作效率提高的同时，也减少了设计成本。操作复杂：Revit 中没有图层的概念，设置选项比 CAD 多，在项目过程中经常有疏漏或错选。如：在此次项目过程中常出现显示不全的问题，多是因为视图深度设置不正确，或是标高错误导致添加的建筑构件在视图范围内不显示或显示不完整。

② 工作集管理。参与项目的每个设计师都负责一个工作集，工作出现交叉时，释放工作集权限后，其他设计师才能借用。工作权限如果自己握太紧，会浪费大量时间在应付借用者的请求上，如果完全释放了工作权利，可能会造成其他设计师的错误修改或误删。

③ 等待时间长。工作集模式下文件同步时间较长，Revit 模型文件都比较大，对中心文件服务器造成较大压力，本地计算机与中心文件同步等待时间较长，特别是多人同时存入时。另外，工作集模式下对计算机硬件要求较高，常因为计算机内存不足导致软件崩溃。

2）模型链接式

模型链接式是通过导入外部模型链接的方式将模型整合，模型链接的过程与 CAD 导入外部参照的方式十分相似，使得专业之间的信息模型得到可视化的共享。但设计师不能对被链接的模型进行编辑，所以这种方式占用计算机内存较少，通常用于专业之间的模型整合。这个步骤在设计的各个时间节点能发挥不同的作用，如设计过程中的质量检测、管线综合、综合出图等阶段性工作。模型链接式主要用于：①基地内互相不关联或关联较少的单体建筑，建筑规模不宜过大，一人可以独立完成的建筑。②建筑较复杂，形体较大，需要将建筑项目拆分为几部分，由多名设计师共同完成的建筑项目。每个设计师各自完成一部分，并将所有模型链接在一起。③各专业之间的协调和整合后的综合出图。另外，通过这种方式也可以较快地对模型进行修改。需要注意的是，由于模型链接式类似于外部导入，所以在主体模型和被链接模型之间拼接时，相同图元不能链接，且不能修改，需要后期出图时在二维模式下进行区域遮盖。另外，主体模型和被链接模型的构建，特别是族文件的名称相同时，链接后易出现错误。由此可以看出，链接式的优缺点：

① 工作较稳定。稳定性较工作集式稳定，在模型链接和项目拆分的过程中均表现出比较稳定的性能。

② 计算机工作效率高。模型链接相当于导入一个外部参照，模型就像一个巨大的"块"，通过模型链接的整合后，计算机的工作效率与工作集式相比较有较大优势，信息交换便捷：将模型链接的文件夹直接复制，链接路径不变，即可轻松完成数据转移和信息交换。

③ 使用方便。模型链接式没有工作权限的问题，设计师只要能访问局域网文件即可达成协同设计，项目参与者之间使用比较方便。

④ 团队工作要求高。被链接的模型不能被使用者修改，如果想要对模型进行修改，需要绑定链接。绑定链接对计算机工作负担较大，一般用时较长，而且在此过程中易出现错误，出现绑定解组后与原来模型不一致的问题，也会出现一些无法绑定的情况。另外，如果团队对构件命名不统一，名字重复时，会有一部分构件出现错误或消失。

⑤ 本项目协同模式选择：根据项目的大小、复杂程度、设计企业客观条件和团队工作习惯等，进行合理的项目拆分和协同模式的选择。工作集式和模型链接式各有长短，模型链接式协同性不如工作集式，但对计算机硬件要求较低，计算机运行较快，且更接近当下二维设计模式，设计师更容易接受；工作集式虽然协同性较强，但我国大部分设计企业计算机硬件还达不到一个比较高的标准。为最大限度地发挥各自优势，国内项目根据 BIM 现状和操作习惯，大部分都采用了混合式的工作模式。以此为依据，应用于本次施工图设计中。即：同专业内继续使用这种方式配合新的协同设计办法，即专业内部采用工作集式，不同专业之间采用模型链接式。

（2）高程与坐标的协同

坐标和高程是 Revit 平台上实现建筑、结构、机电全专业间三维协同设计的工作基础和前提条件。由于在 Revit 项目中没有坐标原点的概念，为方便各构筑物和总图场地模型的整合，必须先借助"在点上制定坐标"的方式为建筑物设定共享坐标体系。Revit 通过使用"共享坐标"记录链接文件相对位置，在重新制定链接文件时，可以通过使用"共享坐标"达到快速定位的目的，提高合模的效率和精度；并且，所有模型文件应采取统一的高程体系，否则合模后的模型会出现建筑物各专业高程不统一的问题。根据项目的二维施工图纸，确定了本项目的项目基点和轴网，项目创建标高如图 2-5-24、图 2-5-25 所示。

（3）标准化及样板设计的协同

在 Revit 中新建项目时，Revit 会自动以后缀名为".rte"的文件作为

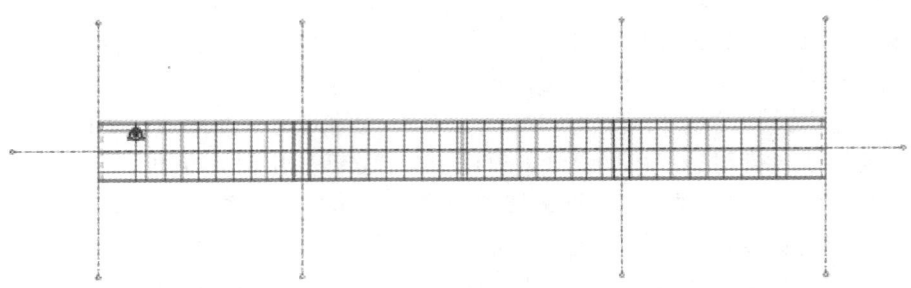

图 2-5-24　项目基点及项目轴网

图 2-5-25　项目创建标高

项目的初始条件。该".rte"格式文件又称为"样板文件"，其功能相当于 AutoCAD 的".dwe"文件。项目样板定义了项目的初始状态，如项目的单位、材质设置、视图设置、可见性设置、载入的族等信息。合适的项目样板是高效协同的基础，可以减少后期在项目中的设置和调整，提高项目设计的效率。

在 Revit 中创建项目样板有几种方式。其中一种是在完成设计项目后，单击"应用程序菜单"按钮，在列表中选择"另存为项目样板"命令，可以直接将项目保存为".rte"格式的样板文件，如图 2-5-26 所示。另一种方法是通过修改已有项目样板的项目单位、族类型、视图属性、可见性等设置形成新的样板文件并保存。通过不断地积累各类项目样板文件，形成丰富的项目样板库，可以大大提高设计工作的效率。

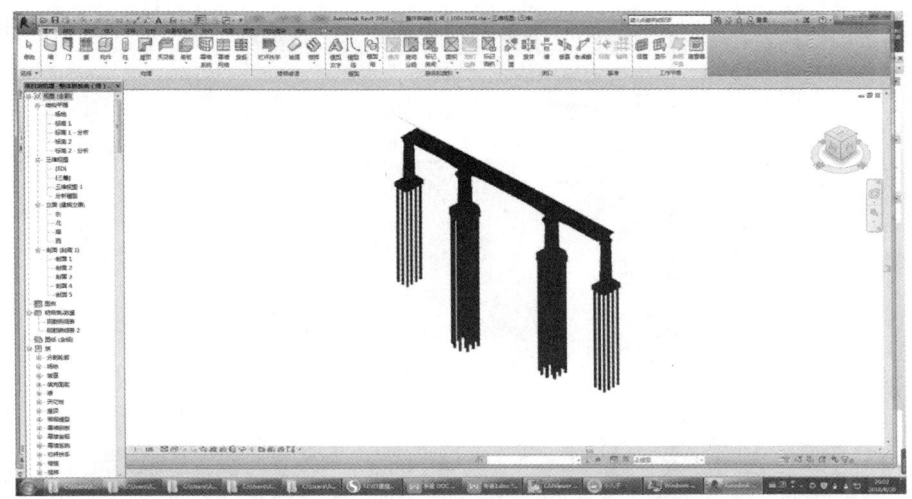

图 2-5-26　项目样板文件

第六节　BIM 设计成果的统计与输出

1. 明细表的归类统计

通过 Revit 软件，可将项目模型中的各类信息以表格的形式导出，即用 Revit 软件制定相关明细表，用作项目相关方对项目信息的查阅和管理。明细表的统计分为创建明细表和导出明细表两部分。下面以墩顶球铰为例创建一个实例明细表。具体操作如下。

（1）明细表的创建

1）打开 Revit 软件，将"墩顶球铰"模型文件打开，单击视图选项卡下的"明细表"按钮。

2）选择"明细表/数量"按钮，弹出新建明细表对话框，如图 2-6-1 所示，构件类别选择"结构钢筋"，名称改为"墩顶球铰钢筋明细表"。

3）单击"确定"按钮进入明细表属性中，如图 2-6-2 所示，单击"字段"选项卡，将可用字段中的"钢筋编号""钢筋长度""钢筋直径""合计"依次添加到明细表字段中，如图 2-6-3 所示。

4）单击"排序/成组"选项卡，排序方式选择"钢筋编号""降序"，勾选总计按钮，不勾选"逐项列举每个实例"，如图 2-6-4 所示。

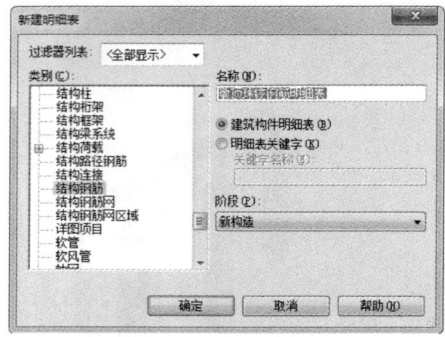

图 2-6-1　新建明细表

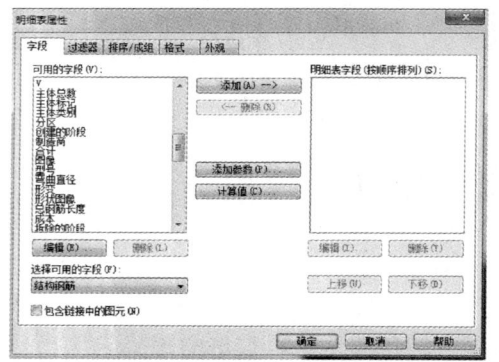

图 2-6-2　明细表属性

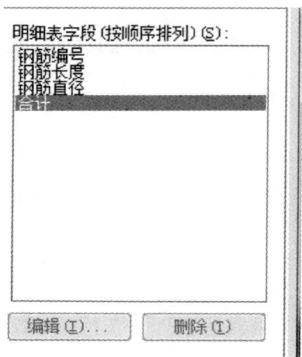

图 2-6-3　明细表字段

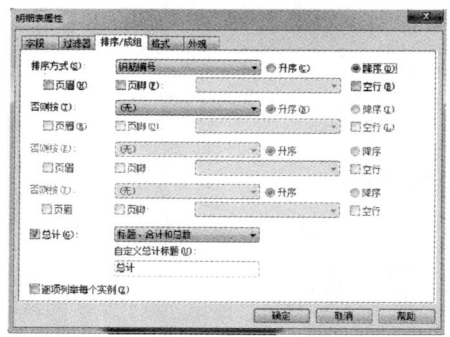

图 2-6-4　"排序/成组"选项卡

　　单击"确定",便生成了"墩顶球铰钢筋明细表",如图 2-6-5 所示。

<墩顶球铰钢筋明细表>			
A	B	C	D
钢筋编号	钢筋长度	钢筋直径	合计
285	3140 mm	12 mm	11
284	3160 mm	12 mm	6
283	3150 mm	12 mm	7
282	3130 mm	12 mm	1
281	3160 mm	12 mm	4
280	3160 mm	12 mm	1
279	3160 mm	12 mm	2
278	160 mm	20 mm	1
277	6880 mm	20 mm	2
276	1030 mm	12 mm	1
275	1030 mm	12 mm	2
274	910 mm	12 mm	1
273	910 mm	12 mm	1
272	970 mm	12 mm	1
271	1040 mm	12 mm	1
270	1810 mm	12 mm	1
269	1540 mm	12 mm	1
268	1610 mm	12 mm	1
267	1630 mm	12 mm	1
266	1890 mm	12 mm	1
265	1400 mm	12 mm	1
264	1400 mm	12 mm	1
263	1380 mm	12 mm	1
262	1390 mm	12 mm	1
261	1600 mm	12 mm	3
259	980 mm	12 mm	1
258	990 mm	12 mm	2
257	1910 mm	12 mm	1
256	1690 mm	12 mm	1
255	1910 mm	12 mm	1
254	1920 mm	12 mm	1
253	1570 mm	12 mm	1
252	1870 mm	12 mm	1
250	1420 mm	12 mm	1
249	1210 mm	12 mm	1
248	1390 mm	12 mm	1
247	1680 mm	12 mm	1
246	1070 mm	12 mm	1
245	1880 mm	12 mm	1
244	1920 mm	12 mm	1
243	1910 mm	12 mm	1

图 2-6-5　墩顶球铰钢筋明细表

（2）明细表的导出

单击"应用菜单"选项卡，选择"导出"按钮，选择"报告"中的"明细表"并导出，如图 2-6-6 所示。弹出保存明细表对话框，单击确定，保存明细表，如图 2-6-7 所示。

2. 图纸输出

现行建筑行业大多以二维图纸为主，再利用 Revit 创建好三维模型后，为满足需求，也可将三维图纸转化为二维图纸，下面以河北唐呼高铁特大转体桥的墩顶球铰为例进行图纸输出具体操作说明。

（1）设置项目信息

打开 Revit 软件，打开"墩顶球铰"文件，单击"管理"选项卡下的"项目信息"，如图 2-6-8 所示，对项目属性进行修改。也可在图纸中对项目信息直接修改。

图 2-6-6　导出明细表

图 2-6-7　保存明细表

（2）创建图纸

单击"视图"选项卡下的"图纸"按钮，选择"A1 公制"创建图纸，如图 2-6-9 所示。

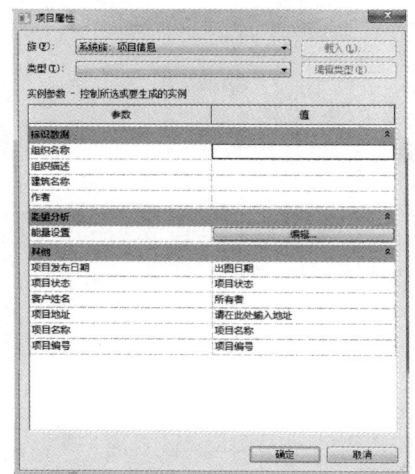

图 2-6-8 项目属性

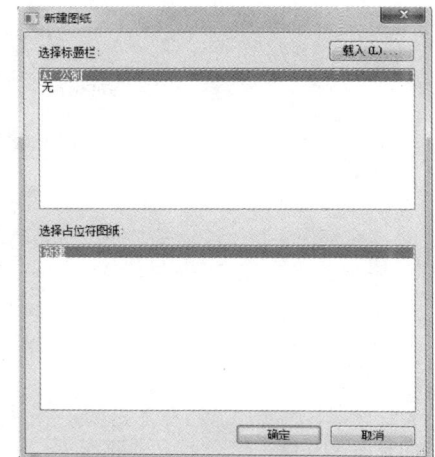

图 2-6-9 创建图纸

单击"确定"按钮，进入图纸界面，如图 2-6-10 所示。

图 2-6-10 图纸界面

（3）视图布置

将项目管理器中的立面图拖到图纸中，如图 2-6-11 所示。

（4）打印和导出

完成图纸创建之后，可对图纸进行打印，或者导出为".dwg"格式的文件。具体操作过程如下：

1）单击应用菜单下的"打印"按钮，弹出打印对话框，如图 2-6-12

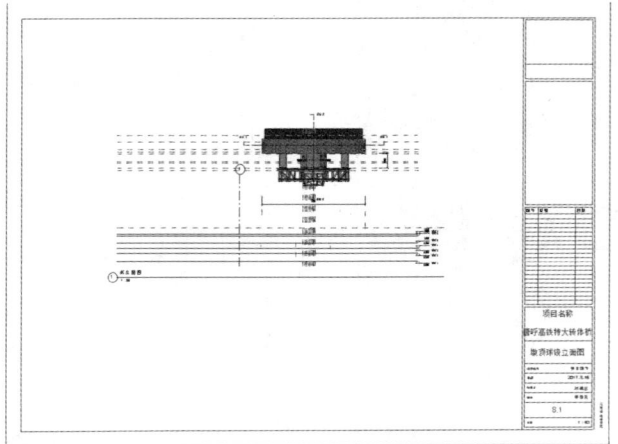

图 2-6-11　墩顶球铰立面图

所示。

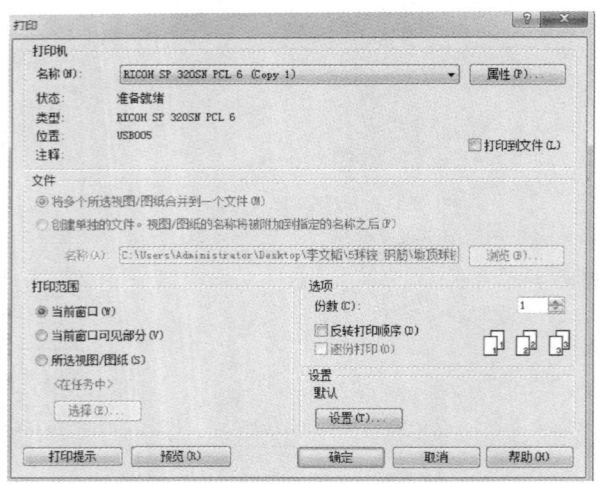

图 2-6-12　打印对话框

2）单击"属性"按钮，可设置纸张方向、纸张质量、是否添加水印等信息，设置结束后单击"确定按钮"即可完成打印。

3）图纸导出：单击"应用程序菜单"下的"导出"按钮，选择"CAD"格式下的"DWG"格式，如图 2-6-13 所示。

4）单击"DWG"，弹出 DWG 导出界面，如图 2-6-14 所示。单击

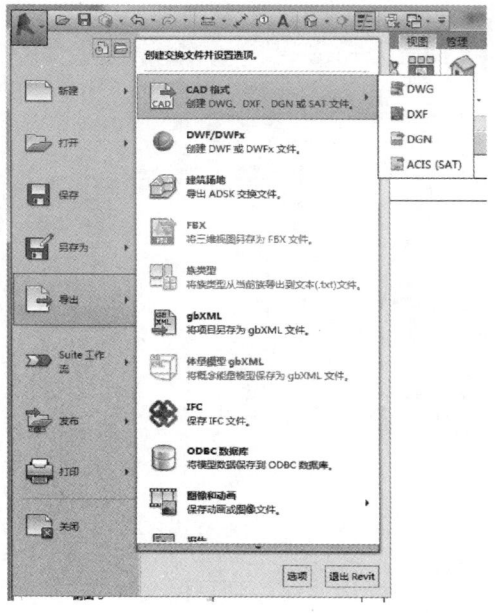

图 2-6-13　CAD 格式的导出

"修改导出设置"按钮，如图 2-6-15 所示，可对"层""线""颜色""填
充图案"等进行设置，设置完成后，单击"确定"按钮。

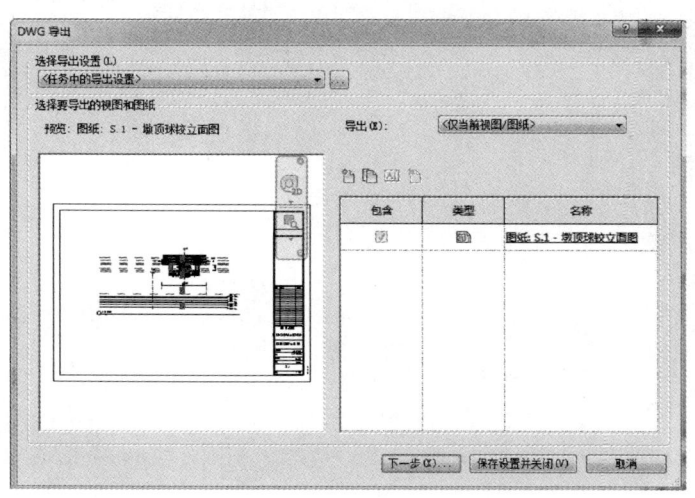

图 2-6-14　DWG 导出

图 2-6-15　修改导出设置

5）单击"下一步"，弹出"保存到目标文件夹"对话框，如图 2-6-16 所示，将设置好保存路径，单击"确定"按钮即可完成"DWG"格式文件的导出。

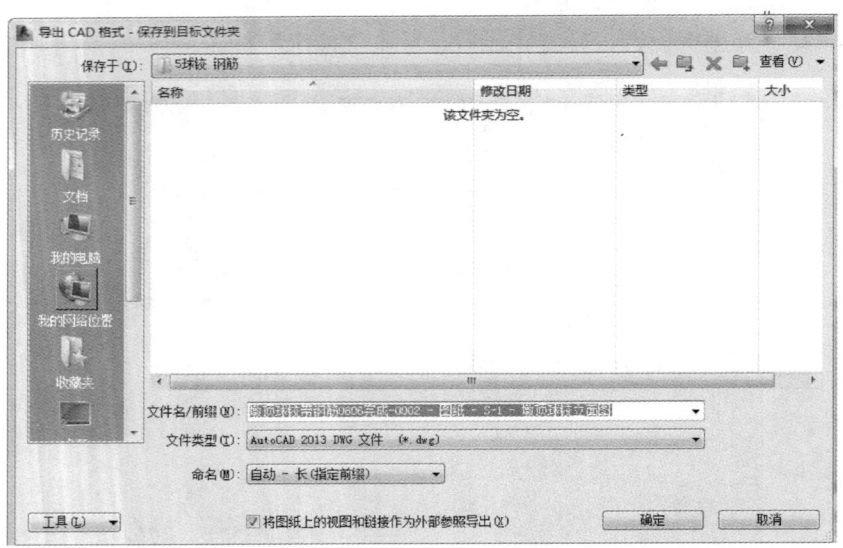

图 2-6-16　文件的导出

第七节　本章小结

崇礼铁路赵川镇特大桥为曲线连续梁跨既有双线铁路转体桥，根据本工程的主梁截面、挂篮悬臂、转体施工等特点，综合比较国内外多种 BIM 软件的优缺点及适用性，最终选择了当前国内使用最广泛的 BIM 软件 Autodesk Revit 来进行建模工作。本章详细叙述了 BIM 模型的可视化建模方法与流程，介绍了 BIM 技术在设计阶段的应用、协同设计的功能以及 BIM 成果的统计与输出。通过将模型导入 Navisworks 软件，可进行碰撞检查工作。同样，本章在详细介绍碰撞检查操作步骤后，也介绍了现场波纹管与振捣装置的碰撞检查实际应用工作，帮助了项目技术人员进行施工指导应用。通过对碰撞问题的提前排查，起到了在实际振捣箱梁混凝土的过程中保护预应力波纹管道的作用。

第三章　基于 BIM 技术虚拟仿真系统的转体桥施工数值计算

第一节　引言

在众多的数值模拟软件中，桥梁博士和 Midas Civil 是运用较广的桥梁施工仿真分析软件。桥梁博士的主要功能有直线桥和弯桥的设计计算，能开展桥梁截面设计、荷载施加、桥梁计算等工作。Midas Civil 软件操作界面亲切直观、建模方便，高校等应用此软件开展研究工作较多。Midas Civil 因为其能与 CAD 和其他有限元程序具有良好的数据交换功能，所以广泛适用于土木结构、建筑结构。利用 Midas 建模助手，可以快速地建立包含梁单元在内的有限元模型，但这种模型仅包含梁单元，不能作细部分析。可利用 Midas Civil 的一般建模功能建立三维板（壳）单元或块体单元的有限元模型进行细部分析工作。此外，Midas Civil 结合了国内外多种规范，在建模、分析、后处理、设计等方面提供了便利的功能，目前在公路、铁路等工程领域广泛使用。其中，胡娟在某跨越既有线大跨径预应力混凝土连续箱梁悬臂施工中应用 Midas Civil 程序软件，对主梁的内力、应力、挠度等进行仿真分析，精确模拟实际受力情况；张建锋等在府河特大桥中通过建立模型，验证了在极端偏载工况下，支架体系的强度与刚度满足要求，能够抵抗极端偏载情况；孙波等应用软件，对某城市公路桥梁上部结构的预应力混凝土空心板进行了动力特性模拟，分析了不同地震作用下，桥梁几个控制截面的抗震性能，并提出抗震措施；宋建平、邓志芳利用 Midas Civil 空间有限元软件来具体计算荷载布置，得到了合理的试验加载方案，并研究了方法的精确性与快速性的特点。

本文采用 ANSYS Workbench 进行球铰处受力仿真分析，该平台便于设计人员随时进入不同功能模块进行双向参数互动调用，使与仿真相关部门协同工作。赵军利用 ANSYS 系列软件进行数值模拟，研究球铰的应力分布模式，总结球铰处应力数值特征，为球铰的设计提供参考依据；马朝旭结合郑州至徐州客运专线两条转体桥项目施工情况，建立桥梁 T 构的整体模型，进行 T 构转动动力分析工作。通过对设计球铰作模拟验证，证实了匀速与加速转动情形下，工程设计球铰安全可靠，保证了桥梁转体顺利实施。王立中根据材料力学、弹性力学的计算理论，初步推导计算了结构在静止状态下接触面上的受力情况，并采用大型通用空间有限元程序 ANSYS 进行动力状态下仿真分析计算，解决转动结构转盘接触面上的应力、应变问题。

　　本书采用 FLAC 3D 软件对桩身在施工过程中的沉降规律进行模拟分析。现国内已有不少专家学者在此方面做过很多工作。曹日跃运用 FLAC 3D 软件模拟单桩在竖向荷载作用下的桩侧摩阻力、桩体轴力的分布，得出桩侧摩阻力随着桩顶荷载的增大而减小、桩身轴力随着桩深表现出先增大后减小的规律，并探讨地表周围的土体的沉降大于桩侧土体的沉降的原因。结合天津某 LNG 接收站工程实例，王鹰采用 FLAC 3D 软件，模拟大型 LNG 储罐高承台桩基沉降及群桩基础在加入隔震垫前后的动力学特性。结合津塔工程现场实际，赵晨凯利用 FLAC 3D 软件对群桩基础进行数值模拟计算，同时对等效分层总和法和 FLAC 3D 数值模拟法得出的群桩沉降量与现场监测数据进行对比，得出 FLAC 3D 数值模拟法得出的最终沉降量与实际监测的误差比等效分层总和法计算值与实测值误差小，且位移云图的获得使得该方法更优越。

　　相对于普通的桥梁施工，转体桥技术要求较高，结构构造较为复杂，为了确保转体桥梁施工的顺利推进，满足质量和安全的要求，本专著利用 BIM、数值模拟与实际监测相结合的方法为桥梁施工提供技术和数据支持（图 3-1-1），对其进行全面的施工指导，以确保施工的顺利进行。利用

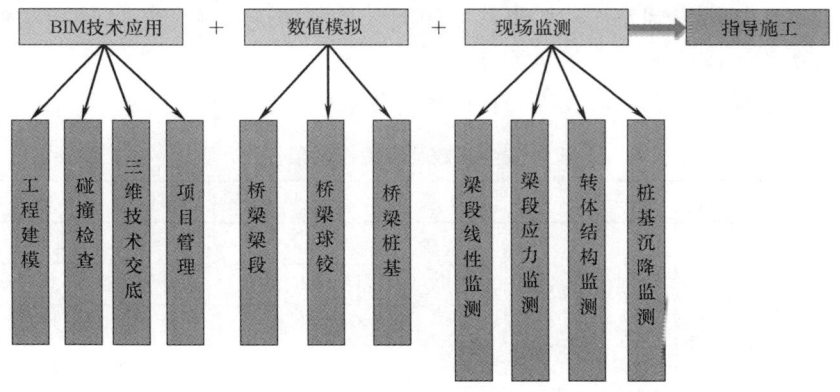

图 3-1-1　BIM+虚拟仿真+现场监测应用

BIM 建模的优势与数值软件计算的功能，实现 BIM ＋虚拟仿真技术对转体桥施工、管理的指导。通过精细的 BIM 结构模型，省略了数值软件中建模的复杂工序，通过数值模拟工作，可以给出施工各项指标参考值，方便项目管理人员进行施工过程指导与安全管控工作。该项目的 BIM ＋虚拟仿真应用对打造数字高铁、智能高铁具有重要的意义。

第二节　转体桥项目计算信息及相关参数

1. 本桥梁项目的设计标准

该桥梁设计标准如下：

（1）线路情况：双线，正线线间距为 4.6m；直、曲线，最小曲线半径 4000m。

（2）设计速度：客车 250km/h。

（3）桥梁宽度：该桥梁设计要求挡砟墙内侧净宽 9.0m，线路中心至挡砟墙内侧 2.2m，桥面板宽 12.2m，桥梁建筑总宽度 12.50m（按桥上设置插板式金属声屏障计算）。

（4）建筑高度：该桥梁中支点截面最低点梁高为 5.204m，边支点及跨中截面最低点梁高为 2.804m，边支点、中支点轨底至梁底高度分别为 3.514、5.914m。

（5）地震烈度：本桥梁结构地震动峰值加速度 $A_g \leqslant 0.2g$。

（6）桥梁设计使用年限：正常使用条件下梁体结构设计使用寿命为 100 年。

（7）环境类别及作用等级：一般大气条件下无防护措施的地面结构，环境类别为碳化环境，等级为 T2。

（8）设计安全系数及应力控制条件见表 3-2-1。

设计安全系数及应力控制条件　　　　　　　　　　表 3-2-1

序号	项目	检 算 条 件		控制条件
1	设计安全系数	强度安全系数	运营荷载下 主力	$K \geqslant 2.2$
			主力＋附加力	$K \geqslant 1.98$
			安装荷载下	$K \geqslant 1.8$
2		抗裂安全系数	运营荷载下	$K_f \geqslant 1.2$
			安装荷载下	$K_f \geqslant 1.1$

序号	项目	检 算 条 件		控制条件
3	预应力钢绞线应力（MPa）	预加应力时的钢绞线锚下控制应力		$\sigma_{con} \leqslant 0.75 f_{pk}$
4		传力锚固时的钢绞线控制应力		$\sigma_p \leqslant 0.65 f_{pk}$
5		运营荷载下钢绞线应力		$\sigma_p \leqslant 0.60 f_{pk}$
6		疲劳荷载作用下钢束应力幅		$\Delta\sigma_p \leqslant 14C$
7	钢筋应力（MPa）	疲劳荷载作用下带肋钢筋应力幅		$\Delta\sigma_s \leqslant \gamma_1 \gamma_2 \gamma_3 \gamma_4 \times 130$
8	混凝土应力（MPa）	传力锚固时混凝土压应力		$\sigma_c \leqslant 0.75 f_c'$
9		传力锚固时混凝土拉应力		$\sigma_{ct} \leqslant 0.70 f_{ct}'$
10		运营荷载下混凝土压应力	主力	$\sigma_c \leqslant 0.50 f_c'$
			主力＋附加力	$\sigma_{ct} \leqslant 0.55 f_c'$
11		运营荷载下混凝土拉应力		不允许出现拉应力
12		运营荷载下混凝土最大剪应力		$\tau_c \leqslant 0.17 f_c$
13		抗裂荷载下混凝土主拉应力		$\sigma_{tp} \leqslant f_{ct}$
14		抗裂荷载下混凝土主压应力		$\sigma_{cp} \leqslant 0.60 f_c$

（9）各项预应力损失计算：

预应力箍筋损失按预应力钢束锚外控制应力的 6% 计算，纵向预应力管道摩阻按圆形镀锌金属波纹管成孔计算，横向预应力管道摩阻按扇形镀锌金属波纹管成孔计算，管道摩擦系数取 0.26，管道偏差系数取 0.003。松弛损失、收缩徐变及其他各项损失按《铁路桥涵钢筋混凝土和预应力混凝土结构设计规范》TB 10002.3—2005 计算。

（10）梁体变形限值：

1）在竖向静活荷载作用下，梁体竖向挠度限值不大于 $1.1 \times L/400$；在中—活荷载作用下，不大于 $L/1000$；L 为计算跨度。

2）在中—活荷载作用下，梁段转角不应大于 0.3‰ rad，两梁之间的转角不得大于 0.6‰ rad；竖向静活荷载作用下梁端竖向转角不应大于 0.2‰，两梁之间转角不大于 0.4‰ rad。

3）在列车横向摇摆力、离心力、风力和温度的作用下，梁体水平挠度小于或等于梁体计算跨度的 1/4000。

4）在活载、横向摇摆力、离心力、风力和温度的作用下，桥跨结构横向水平位移引起的梁端水平折角不大于 0.1‰ rad。

5) 以一段 3.0m 长的线路为基准，静活载作用下，一线两根钢轨的竖向相对变形量不大于 1.5mm。在中—活荷载作用下，3.0m 梁长的扭曲变形不大于 3.0mm。

6) 轨道铺设后，有砟桥面梁的竖向残余徐变变形值不应大于 20mm。

(11) 动力性能指标：列车运行安全性及旅客乘坐舒适度指标应满足《高速铁路设计规范》TB 10621—2014 规定。

2. 转体桥主梁计算参数说明

(1) 材料说明（表 3-2-2）

1) 混凝土：梁体混凝土强度等级为 C50，桥墩墩帽采用强度等级为 C50 的混凝土，桥墩墩身混凝土强度等级为 C35。

2) 预应力体系：纵向、横向预应力筋采用 1×7-15.2-1860 预应力钢绞线，抗拉强度标准值为 $F_{pk} = 1860MPa$，弹性模型为 $E_P = 195GPa$。纵向预应力筋管道形成采用圆形镀锌金属波纹管成孔，锚固体系采用自锚式拉丝体系，张拉采用与之配套的机具设备；横向预应力筋管道形成采用扁形镀锌金属波纹管成孔，锚固体系采用 BM（P）15 锚具及配套的支撑垫板，张拉体系采用 YDC240Q 型千斤顶。合龙段处纵向预应力筋镀锌金属波纹管采用增强型，其他可采用标准型。

3) 普通钢筋：普通钢筋采用 HPB300、HRB400 钢筋。采用微合金化生产工艺。

材料说明　　　　　　　　　　　　　　　表 3-2-2

材料	构件		弹性模量(kPa)	泊松比	热膨胀系数	重度(kN/m³)
混凝土	主梁		3.55E+07	0.1	1.00E—05	25
	桥墩	墩帽	3.55E+07	0.1	1.00E—05	25
		墩身	3.3E+07	0.3	1.00E—05	25
钢绞线	主梁		1.95E+08	0.3	1.20E—05	78.5

(2) 边界条件说明

根据施工阶段不同支撑和约束形式，确定数值模型边界条件。

1) 桥墩底部节点固结，以模拟地基和基础对桥墩的约束作用。

2) 边跨支架现浇段，约束节点横桥向和竖向线位移以及绕横桥向的转角位移。

3) 0 号梁段支架浇筑，约束节点横桥向和竖向线位移以及绕横桥向的转角位移。

4）转体施工前，桥墩和主梁临时固结，采用弹性连接的刚性约束模拟。

5）转体过程中，桥墩和主梁采用球铰连接，采用弹性连接模拟，约束顺桥向、横桥向和竖向三向线位移以及绕纵桥向和横桥向的转角位移。

6）成桥后，主梁边界条件如图 3-2-1 所示。

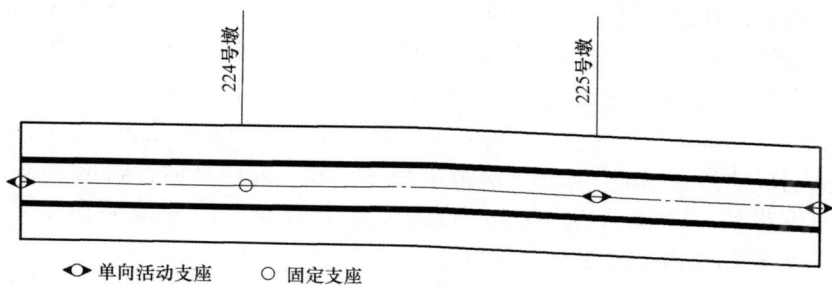

图 3-2-1　主梁边界条件

（3）荷载说明

1）恒载

结构构件自重：主梁和桥墩自重按其理论重量计算。

附属设施重（二期恒载）：

轨下枕底道砟厚度为 35cm。包括钢轨、道砟、轨枕、防水层、保护层、人行道遮板、栏杆或声屏障、挡砟墙、接触网支柱、电缆槽竖墙及盖板等重量，按有声屏障曲线梁按 209.0kN/m 计算。采用均布荷载等效，荷载集度见表 3-2-3。

荷载集度　　　　　　　　　　　　表 3-2-3

序号	荷载类型		荷载集度（kN/m）	备注
1	二期恒载		209	合计
其中	遮板		9.15	双侧
	挡砟墙	外侧	5.3	
		内侧	4.9	

基础不均匀沉降：相邻两支点不均匀沉降不大于 0.015m。

2）活载

列车竖向活载纵向计算分别采用标准活载和中—活载普通活载。

3）施工荷载

挂篮系统拟采用集中荷载进行模拟，取 429kN。

4）荷载组合

分别以主力、主力＋附件力进行组合，取最不利组合进行设计，并对特殊荷载进行检算。

3. 转体桥梁球铰参数

新建崇礼铁路赵川镇高架特大转体桥（40＋64＋40）m 采用挂篮悬臂现浇然后转体合拢技术。全桥长 145.5m，转体总重量 $W＝21093$kN。

在 224、225 号桥墩墩顶搭设转体工作平台。其中，224、225 号桥墩高 22m，顶部平台以下 3.5m 为 C50 墩帽，墩身采用 C35 混凝土。墩顶平台截面尺寸为 9.6m×7.2m，滑道半径 2.15m，为撑脚运行轨道。在 A0 块下方设直径 7.2m，厚 0.6m 的圆柱形上转盘，并等截面向上延伸 1.5m，再倾斜向上延伸与梁体相交。

转体球铰主要由上球铰、下球铰钢护筒、下球铰支架、销轴、滑片等结构组成。上球铰下面板为凸面，通过钢护筒与梁底转盘连接。下球铰上面板为凹面，嵌固于支架骨架上。上下球铰面板均为 40mm 厚的钢板压制而成的球面，背部设置纵横肋条，以防运输中变形，同时方便球铰定位安装。

下球铰上镶嵌 MGB 滑动片，其滑片厚度 15mm，嵌入深度 10mm，外露 5mm，并在上、下球铰间填充优质黄油四氟粉。球铰设计的静摩擦系数为 0.1，动摩擦系数为 0.05。

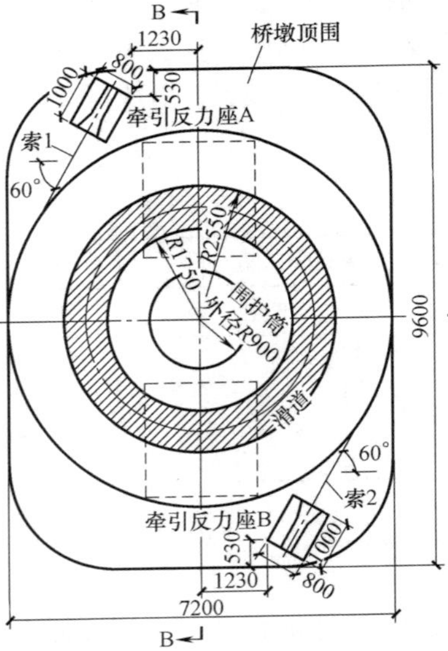

转体平面示意图如图 3-2-2 所示。

4. 桥梁桩基与土层参数

转体桥项目一共有 223～226 号墩 4 个桥墩，桩基长度分别为 65、86、74、63m，在施工过程中承受梁段重量的是 224 号墩和 225 号墩，本节选取 225 号墩的桩基作为研究对象。上承台是规则的长方体，下承台是一个平面图为八边形的十面

图 3-2-2　转体平面示意图

体，承台下呈梅花形布置 14 根桩。根据地质勘察资料，土体从上到下一共分为 8 个土层，分别是新黄土、粉质黏土、粉土、粉质黏土和粗细圆砾土，土层分布如图 3-2-3 所示，土层的参数信息如表 3-2-4 所示。

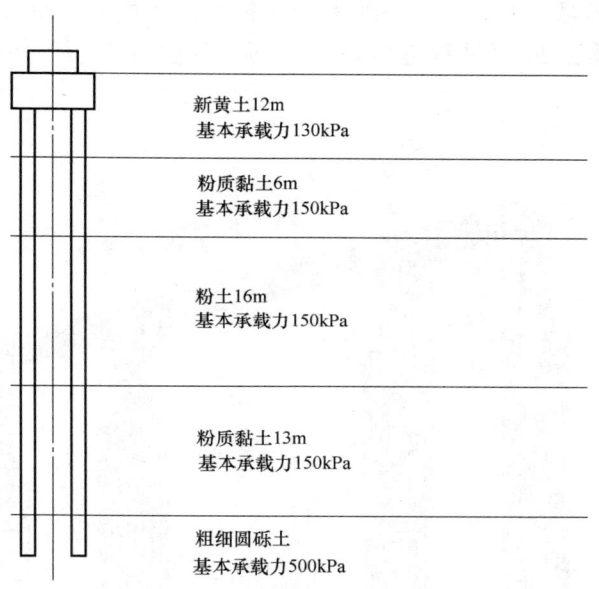

新黄土12m
基本承载力130kPa

粉质黏土6m
基本承载力150kPa

粉土16m
基本承载力150kPa

粉质黏土13m
基本承载力150kPa

粗细圆砾土
基本承载力500kPa

图 3-2-3   225 号墩桩基土层分布

各土层参数信息   表 3-2-4

参数 土层	体积模量 （Pa）	剪切模量 （Pa）	摩擦角 （°）	黏聚力 （Pa）	密度 （kg/m³）
新黄土	3.45e7	1.58e7	29	2.4e4	1750
粉质黏土	3.5e7	1.62e7	21	2.5e4	1900
粉土	1.54e7	9.24e6	33	1e4	1850
粉质黏土	3.7e7	1.7e7	25	3e4	2000
粗细圆砾土	1.25e8	1.04e8	35	6e4	2400

第三节   虚拟仿真软件应用流程与联系

新建崇礼铁路赵川镇特大转体桥（40＋64＋40）m 是预应力混凝土

连续箱梁桥，采用挂篮悬臂法施工。该桥梁体为单箱单室变截面变高度箱形结构。本桥采用墩顶转体技术，具有跨越能力大、受力合理、施工风险小等特点。运用 Midas Civil、ANSYS、FLAC 3D 等软件，结合连续梁桥施工要求与各项参数，建立三维有限元模型。依据施工阶段，对施工过程、转体过程、成桥过程进行仿真分析。其软件应用与解决问题，如图 3-3-1 所示。

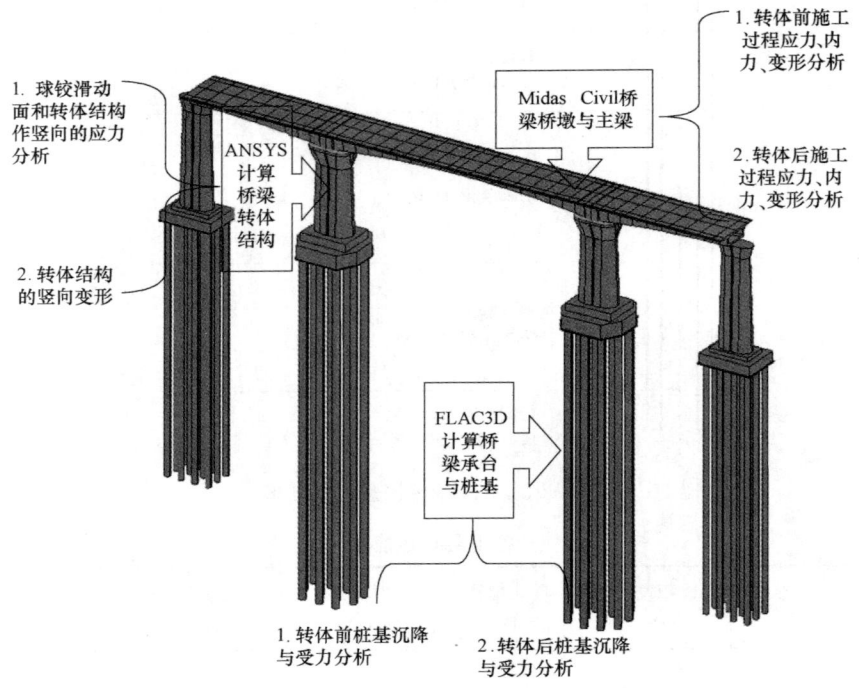

图 3-3-1　软件应用与解决问题

利用 Midas Civil 有限元软件，建立桥梁整体结构数值模型，计入实桥材料 C50、C35 混凝土和钢绞线的材料特性，施工和成桥后的支撑条件，以及各施工阶段，得到施工全过程的转体桥结构内力、应力和变形的变化规律和变化过程。

提取球铰部分，利用 ANSYS Workbench 建立转体结构模型。模型包括滑道、护筒、上下球铰、混凝土、A0 块、墩帽与 4 个撑脚部分。上下球铰是转体结构的核心构件，根据现场实测尺寸数据，将球铰进行精细化建模，并进行隔离显示。计算时参考 Midas 计算的内力结果，设置中间支座梁段两端面的受力荷载，通过数值计算得到结构的整体应力，球铰处应力以及墩帽处混凝土主应力分布规律。

由于 FlAC 3D 前期建模功能较弱，而且桩基的模型并不是很规整，利用软件内置的 13 种网格形式构建模型较为困难，十分不方便。因此，将 Revit 建立的桩基和土体模型导出为 SAT 格式后，分别导入到 ANSYS 软件中进行分析计算。以实现将 Revit、ANSYS 和 FlAC 3D 三款软件进行联用。

在现场施工过程中，采用将混凝土应变计埋入应力测试截面，使用应变仪测试各测点混凝土应变；针对温度监测，采用将温度传感器埋设在观测截面，使用温度测试仪测试截面各个观测点的温度值。监测各观测点平面坐标和高程来控制线形、基础沉降位移等以满足精度要求。通过实时跟踪、检测随工况变化结构关键部位的应力和变形情况，把实测值与理论值进行对比分析，通过误差控制来确保悬浇和转体的施工精度。

利用 Midas、ANSYS、FlAC 3D 等分析软件得到桥梁整体与局部的位移、应力及其影响因素，设定预警值。采用实测数据与理论数据对比分析的方法，实现对连续梁施工过程中线形及应力监测，转体过程中平衡与角度控制。

第四节　Midas Civil 对转体桥全桥数值模拟仿真计算

Midas Civil 是一款通用的有限元分析软件，适用于桥梁结构、地下结构、工业建筑、机场、大坝、港口等结构的分析与设计。特别是针对桥梁结构，Midas Civil 结合国内的规范与用户习惯，在建模、分析、后处理、设计等方面提供了很多便利的功能，目前广泛应用于公路、铁路、市政、水利等工程领域。

Midas Civil 的主要特点如下：

（1）提供菜单、表格、文本、导入 CAD 和部分其他程序文件等灵活多样的建模功能，并尽可能使鼠标在画面上的移动量最少，从而使用户的工作效率达到最高。

（2）提供刚构桥、板形桥、箱形暗渠、顶推法桥梁、悬臂法桥梁、移动支架/满堂支架法桥梁、悬索桥、斜拉桥的建模助手。

（3）提供中国、美国、英国、德国、日本、韩国等国家的材料和截面数据库，以及混凝土收缩和徐变规范、移动荷载规范。

（4）提供桁架、一般梁/变截面梁、平面应力/平面应变、只受拉/只受压、间隙、钩、索、加劲板轴对称、板（厚板/薄板、面内/面外厚度、正交各向异向）、实体单元（六面体、楔形、四面体）等工程实际所需的各种有限元建模。

（5）提供静力分析（线性静力分析、热应力分析）、动力分析（自由振动分析、反应谱分析、时程分析）、静力弹塑性分析、动力弹塑性分析、动力边界非线性分析、几何非线性分析（P-delta 分析、大位移分析）、优化索力、屈曲分析、移动荷载分析（影响线分析、影响面分析）、支座沉降分析、热传导分析（热传导、热对流、热辐射）、水化热分析（温度应力、管冷）、施工阶段分析、联合截面施工阶段分析等功能。

（6）在后处理中，可以根据设计规范自动生成荷载组合，也可以添加和修改荷载组合。

（7）可以输出各种结构的反力、位移、内力和应力的图形、表格和文本。提供静力和动力分析的动画文件；提供移动荷载追踪器的功能，可找出指定单元发生最大内力（位移）时，移动荷载作用的位置；提供局部方向内力的合力功能，可将板单元或实体单元上任意位置的节点力组合成内力。

（8）可在进行结构分析后对多种形式的梁、柱截面进行设计和验算。

利用 Midas 有限元软件建立分析模型，它是由连续的结构构件按有限元法划分而成的，充分反映结构受力特性。该结构分析模型是由节点、单元及边界条件三要素所构成的，其中节点用来确定构件的位置，单元用于表达结构构件的元素，边界条件用来表达结构与相邻结构或大地之间的连接方式。结构本来是连续的，有限元法将其离散成单元，各个单元只通过节点（或边界条件）连接。

Midas 软件都由三大模块组成：前处理模块、求解模块和后处理模块。

前处理模块用来建立结构有限元模型，包括确定单元的种类、材料特性、几何特性、单元之间的连接处理等。有的软件在前处理中可以建立几何模型（基本元素为点、线、面和体）和有限元模型，因为最终参与计算的是有限元模型，所以几何模型还必须通过网格划分得到有限元模型。Midas Civil 的前处理只能建立有限元模型，即便从 AutoCAD 导入 DXF 格式的几何模型，也可直接被转换成杆系有限元模型。

求解模块一般包含边界条件的施加、求解器的选择、荷载施加策略及一些求解选项的设置。

后处理模块用来将分析的结果按要求输出，比如输出位移、应力的云图、荷载—位移曲线等。

Midas Civil 有两个模式，一个是前处理模式，另一个是后处理模式。前处理模式中包括建模、定义材料、定义截面、定义荷载、施加边界条件、施加分析选项和求解等内容。模型修改必须在前处理模式下进行。后处理模式包括计算结果的输出等内容。

1. 创建节点

Midas Civil 提供了多种建立节点的方法，如捕捉栅格网、输入坐标、复制已有节点、分割已有节点等，还可以采用 Excel 电子表格来复制节点信息到软件中来创建节点。

本项目所结合的桥梁由于具有平曲线、纵坡、纵曲线，节点位置较难确定，因此通过对桥梁线形的手动计算，确定了 69 个节点。其中，1～61 节点为主梁节点，62～69 节点为 224、225 号桥墩节点。节点空间坐标详见附录 A。

2. 单元建立

Midas Civil 程序中提供了桁架单元、只受拉/钩/索单元、梁单元、板单元、实体单元等多种类型。考虑到本项目为预应力悬臂现浇桥梁，相比于斜拉桥、悬索桥等结构体系受力更简单，没有斜拉钢索等构件，所以项目建模采用的是梁单元。在此对一般梁/变截面梁单元作简要介绍。

一般梁/变截面梁单元是用于分析等截面或变截面杆系结构最常用的单元类型。Midas Civil 中的梁单元是由 2 个节点构成的 Timoshenko 空间梁单元，具有拉、压、弯、扭的变形刚度，并默认剪切变形。

Midas Civil 在分析变截面梁时，把该梁段的截面面积、有效抗剪截面及抗扭刚度都视为是沿 x 轴方向的线性函数，梁段截面惯性矩沿 x 轴方向上可以形成 1 次、2 次、3 次函数。本项目建模时，选择的是 2 次函数。

对于一般梁/变截面梁单元，可以施加在其上的荷载有：集中荷载、均布荷载、梯形荷载、三角形荷载、温度梯度荷载、预应力荷载等。

单元列表详见附录 B，得到的单元如图 3-4-1 所示。

3. 材料定义

Midas Civil 内置有常用的材料与截面特型数据库（DB），用户可以直

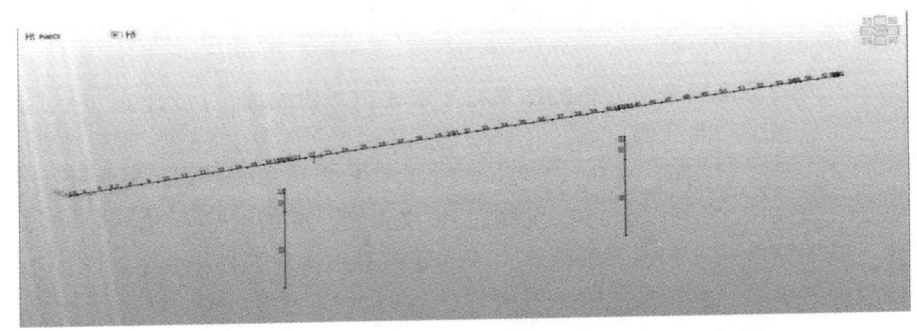

图 3-4-1　Midas Civil 单元建立

接使用这些数据库，也可以根据需要自行定义所需的材料和截面。同时，对于截面特性计算，Midas Civil 也提供了相应的计算功能程序。

Midas Civil 特性的工具界面，如图 3-4-2 所示。

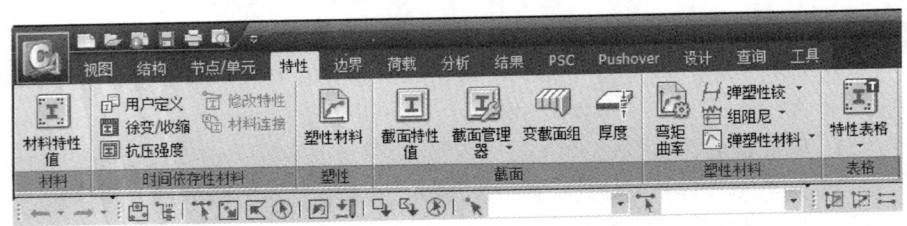

图 3-4-2　Midas Civil 特性工具界面

通过依次单击材料特性值—材料—添加，来定义该桥梁所需的各种材料信息。C50 混凝土、C35 混凝土、型钢、预应力钢束参数选择如图 3-4-3 所示。

Midas Civil 汇总得到桥梁材料各项参数，如图 3-4-4 所示。

本桥梁模型中，要开展桥梁的施工阶段分析，考虑到混凝土材料的收缩、徐变特性，因此要在材料的参数设置中进行混凝土收缩、徐变随材龄变化的时间依存特性的设置，具体操作步骤为依次单击特性—收缩徐变—添加，对 C50 和 C35 混凝土进行时间依存材料的参数定义，如图 3-4-5、图 3-4-6 所示。

在定义完毕时间依存性材料后，依次单击特性—材料连接，选择时间依存材料类型：收缩和徐变（C50、C35），选择对应指定的材料（C50、C35），单击操作中的添加/编辑按钮，进行混凝土材料的时间依存特性赋予指定材料功能（图 3-4-7）。

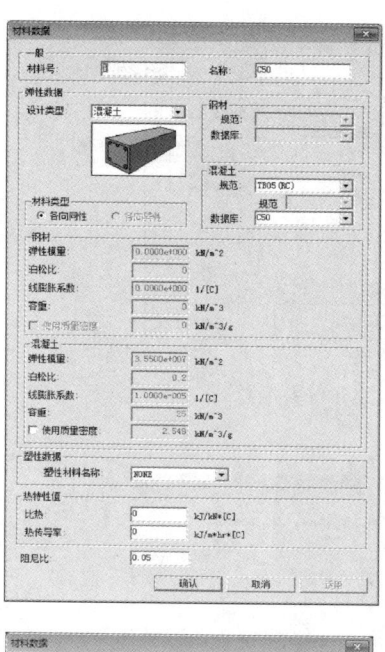 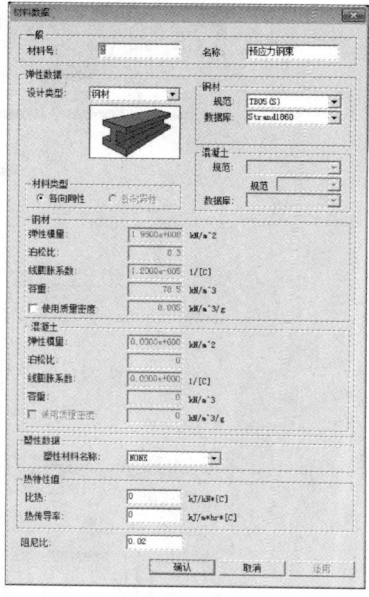

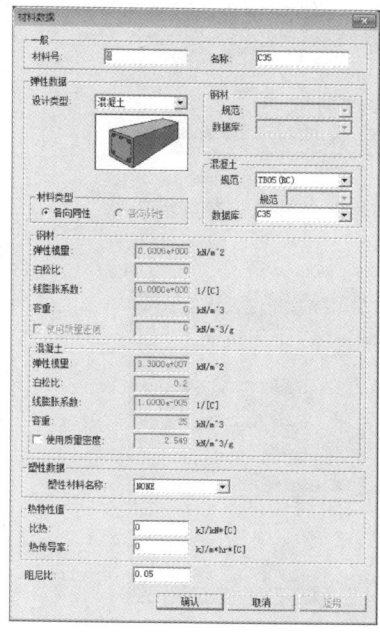 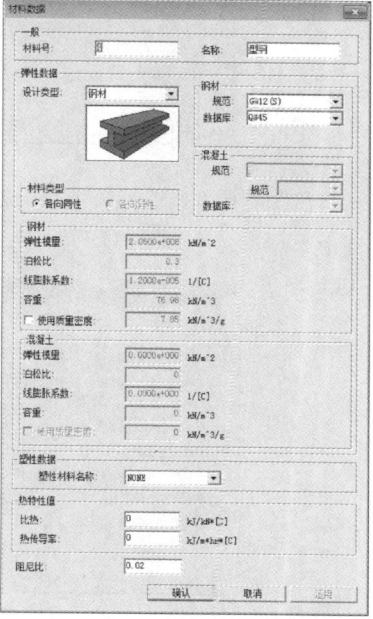

图 3-4-3　Midas Civil 各材料参数设置

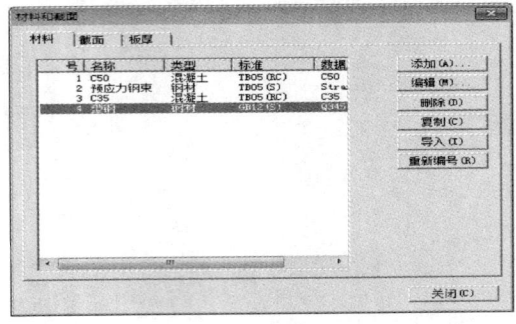

图 3-4-4　Midas Civil 材料汇总

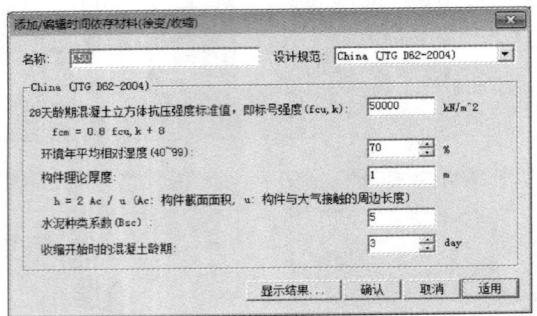

图 3-4-5　C50 混凝土进行时间依存材料的参数定义

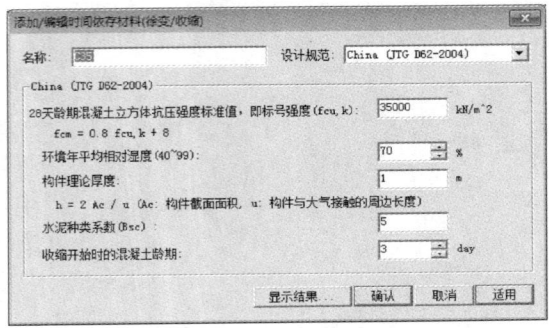

图 3-4-6　C35 混凝土进行时间依存材料的参数定义

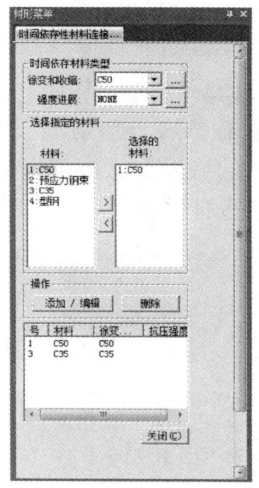

图 3-4-7　凝土材料的时间依存特性设置

最终得到的材料数据，如图 3-4-8 所示。

号	名称	类型	规范	规范	DB	使用质量密度	弹性模量 (kN/m^2)	泊松比	热膨胀系数	容重 (kN/m^3)	质量密度 (kN/m^3/g)
1	C50	混凝土			C50	□	3.5500e+00	0.2	1.0000e-005	2.5000e+00	2.5493e+000
2	预应力钢束	钢束钢材			Strand1860	□	1.9500e+00	0.3	1.2000e-005	7.3500e+00	8.0048e+000
3	C35	混凝土			C35	□	3.3000e+00	0.2	1.0000e-005	2.5000e+00	2.5493e+000
4	型钢	钢材			Q345	□	2.0600e+00	0.3	1.2000e-005	7.6980e+00	7.8498e+000

号	热膨胀系数 (1/[C])	容重 (kN/m^3)	质量密度 (kN/m^3/g)	规范2	规范2	DB2	弹性模量2 (kN/m^2)	泊松比2	热膨胀系数 2	容重2 (kN/m^3)	质量密度2 (kN/m^3/g)	塑性材料	比热 (kJ/kN·[C])
1	1.0000e-005	2.5000e+00	2.5493e+000									无	0.0000
2	1.2000e-005	7.8500e+00	8.0048e+000									无	0.0000
3	1.0000e-005	2.5000e+00	2.5493e+000									无	0.0000
4	1.2000e-005	7.6980e+00	7.8498e+000									无	0.0000

号	比热 (kJ/kN·[C])	热传导率 (kJ/m·hr·[C])	材料类型	剪切模量_xy (kN/m^2)	弹性模量_y (kN/m^2)	线膨胀系数_y	剪切模量_xz (kN/m^2)	泊松比_xz	弹性模量_z (kN/m^2)	线膨胀系数_z	剪切模量_yz (kN/m^2)	泊松比_yz
1	0.0000	0.0000	各向同性	0.0000	0.0000	0.0000	0.0000	0	0.0000	0.0000	0.0000	0
2	0.0000	0.0000	各向同性	0.0000	0.0000	0.0000	0.0000	0	0.0000	0.0000	0.0000	0
3	0.0000	0.0000	各向同性	0.0000	0.0000	0.0000	0.0000	0	0.0000	0.0000	0.0000	0
4	0.0000	0.0000	各向同性	0.0000	0.0000	0.0000	0.0000	0	0.0000	0.0000	0.0000	0

图 3-4-8　材料数据

4. 截面定义

Midas 中有桁架单元、只受拉/压/钩/索单元、梁单元、板单元、实体单元等多种单元类型，针对线单元类型（桁架单元、只受拉/压/钩/索单元、梁单元），软件提供了多种灵活的截面定义方式：数据库/用户、数值、组合截面、型钢组合、设计截面、变截面以及联合截面。

本桥梁工程中，重点介绍采用设计截面生成桥梁模型主梁截面，以及用数值截面生成桥墩截面的方法。最后再通过使用变截面选项，生成各个单元的截面。

采用设计界面来进行主梁截面设置是一种最直观的截面设置方法。操作步骤为依次单击特性—截面特性值—添加—设计截面按钮。用户可以根据所选择的截面形状，依次输入截面外轮廓、内轮廓中的每一尺寸的数据。在图形界面中，所展示的截面形状也将根据用户输入的数据值而发生大小变化，例如，依据桥梁设计图纸，第 1～3 截面定义如图 3-4-9 所示。

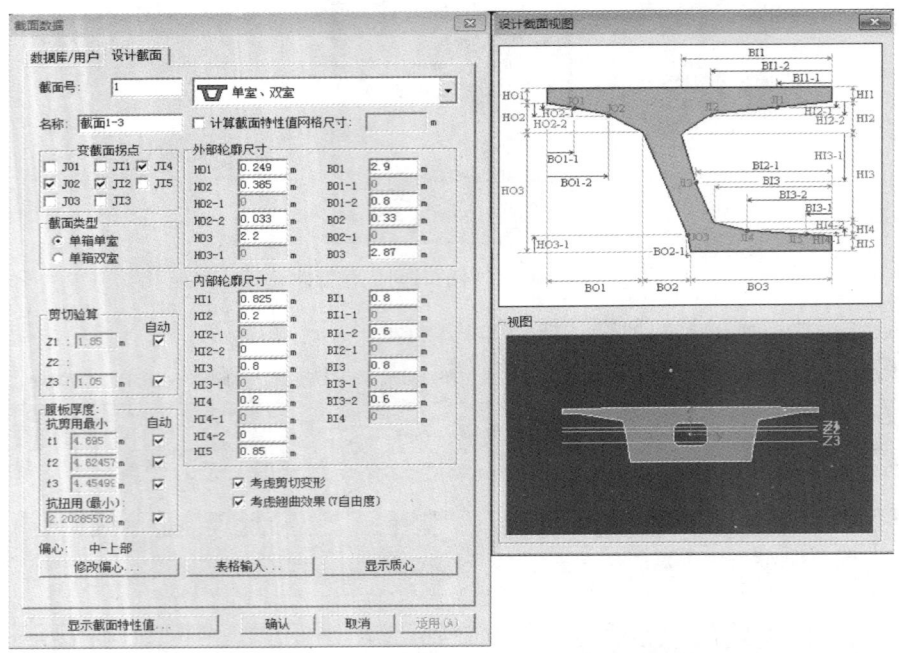

图 3-4-9　Midas Civil 箱梁截面设置

单击修改偏心按钮，将模型各截面偏心统一设置为中—上部，中心选为质心，如图 3-4-10 所示。

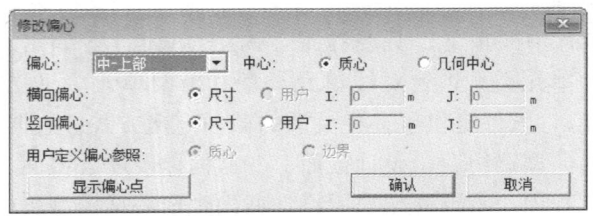

图 3-4-10　箱梁各截面偏心设置

在设计截面中，剪切验算指验算设计截面中剪切较薄弱部位的剪力。可以自动输入 Z1、Z3。勾择自动时，将验算设计截面对话框上所示的腹板上端（Z1）和下端（Z3）位置处的剪力。

在腹板厚度中，计算设计截面抗剪能力弱的区域的剪力。可以自动输入 $t1$、$t2$、$t3$ 来定义剪力计算位置。勾择自动时，将自动选取腹板上端（Z1）和下端（Z3）位置处的点来计算。

$t1$：剪切位置 Z1 位置处所有腹板厚度之和。

$t2$：剪切位置 Z2 位置处所有腹板厚度之和。

$t3$：剪切位置 Z3 位置处所有腹板厚度之和。

依据此方法，整理总结每一截面的轮廓尺寸数据，并建立各个主梁截面，Midas Civil 主梁截面数据，如图 3-4-11 所示。

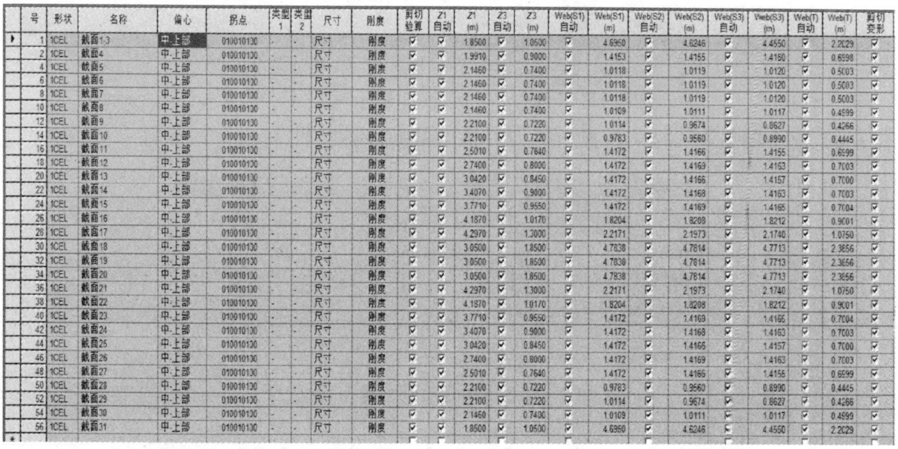

号	形状	名称	偏心	拐点	类型1	类型2	尺寸	刚度	剪切验算	Z1自动	Z1(m)	Z3自动	Z3(m)	Web(S1)自动	Web(S1)(m)	Web(S2)自动	Web(S2)(m)	Web(S3)自动	Web(S3)(m)	Web(T)自动	Web(T)(m)	剪切变形
1	1CEL	截面1-3	中-上部	010010130	-	-	尺寸	刚度	☑	☑	1.8500	☑	1.0500	☑	4.6950	☑	4.6246	☑	4.4550	☑	2.2029	☑
2	1CEL	截面4	中-上部	010010130	-	-	尺寸	刚度	☑	☑	1.9910	☑	0.9000	☑	1.4153	☑	1.4155	☑	1.4160	☑	0.6598	☑
4	1CEL	截面5	中-上部	010010130	-	-	尺寸	刚度	☑	☑	2.1460	☑	0.7400	☑	1.0118	☑	1.0119	☑	1.0120	☑	0.5003	☑
6	1CEL	截面6	中-上部	010010130	-	-	尺寸	刚度	☑	☑	2.1460	☑	0.7400	☑	1.0118	☑	1.0119	☑	1.0120	☑	0.5003	☑
8	1CEL	截面7	中-上部	010010130	-	-	尺寸	刚度	☑	☑	2.1460	☑	0.7400	☑	1.0118	☑	1.0119	☑	1.0120	☑	0.5003	☑
10	1CEL	截面8	中-上部	010010130	-	-	尺寸	刚度	☑	☑	2.1460	☑	0.7400	☑	1.0109	☑	1.0111	☑	1.0117	☑	0.4599	☑
12	1CEL	截面9	中-上部	010010130	-	-	尺寸	刚度	☑	☑	2.2100	☑	0.7220	☑	1.0114	☑	0.9674	☑	0.8627	☑	0.4266	☑
14	1CEL	截面10	中-上部	010010130	-	-	尺寸	刚度	☑	☑	2.2100	☑	0.7220	☑	0.9783	☑	0.9560	☑	0.8990	☑	0.4445	☑
16	1CEL	截面11	中-上部	010010130	-	-	尺寸	刚度	☑	☑	2.5010	☑	0.7640	☑	1.4172	☑	1.4166	☑	1.4155	☑	0.6599	☑
18	1CEL	截面12	中-上部	010010130	-	-	尺寸	刚度	☑	☑	2.7400	☑	0.8000	☑	1.4172	☑	1.4169	☑	1.4163	☑	0.7003	☑
20	1CEL	截面13	中-上部	010010130	-	-	尺寸	刚度	☑	☑	3.0420	☑	0.8450	☑	1.4172	☑	1.4166	☑	1.4157	☑	0.7000	☑
22	1CEL	截面14	中-上部	010010130	-	-	尺寸	刚度	☑	☑	3.4070	☑	0.9000	☑	1.4172	☑	1.4168	☑	1.4163	☑	0.7003	☑
24	1CEL	截面15	中-上部	010010130	-	-	尺寸	刚度	☑	☑	3.7710	☑	0.9550	☑	1.4172	☑	1.4169	☑	1.4165	☑	0.7004	☑
26	1CEL	截面16	中-上部	010010130	-	-	尺寸	刚度	☑	☑	4.1870	☑	1.0170	☑	1.8204	☑	1.8208	☑	1.8212	☑	0.9001	☑
28	1CEL	截面17	中-上部	010010130	-	-	尺寸	刚度	☑	☑	4.2970	☑	1.3000	☑	2.2171	☑	2.1973	☑	2.1740	☑	1.0750	☑
30	1CEL	截面18	中-上部	010010130	-	-	尺寸	刚度	☑	☑	3.0500	☑	1.8500	☑	4.7838	☑	4.7814	☑	4.7713	☑	2.3856	☑
32	1CEL	截面19	中-上部	010010130	-	-	尺寸	刚度	☑	☑	3.0500	☑	1.8500	☑	4.7838	☑	4.7814	☑	4.7713	☑	2.3856	☑
34	1CEL	截面20	中-上部	010010130	-	-	尺寸	刚度	☑	☑	3.0500	☑	1.8500	☑	4.7838	☑	4.7814	☑	4.7713	☑	2.3856	☑
36	1CEL	截面21	中-上部	010010130	-	-	尺寸	刚度	☑	☑	4.2970	☑	1.3000	☑	2.2171	☑	2.1973	☑	2.1740	☑	1.0750	☑
38	1CEL	截面22	中-上部	010010130	-	-	尺寸	刚度	☑	☑	4.1870	☑	1.0170	☑	1.8204	☑	1.8208	☑	1.8212	☑	0.9001	☑
40	1CEL	截面23	中-上部	010010130	-	-	尺寸	刚度	☑	☑	3.7710	☑	0.9550	☑	1.4172	☑	1.4169	☑	1.4165	☑	0.7004	☑
42	1CEL	截面24	中-上部	010010130	-	-	尺寸	刚度	☑	☑	3.4070	☑	0.9000	☑	1.4172	☑	1.4168	☑	1.4163	☑	0.7003	☑
44	1CEL	截面25	中-上部	010010130	-	-	尺寸	刚度	☑	☑	3.0420	☑	0.8450	☑	1.4172	☑	1.4166	☑	1.4157	☑	0.7000	☑
46	1CEL	截面26	中-上部	010010130	-	-	尺寸	刚度	☑	☑	2.7400	☑	0.8000	☑	1.4172	☑	1.4169	☑	1.4163	☑	0.7003	☑
48	1CEL	截面27	中-上部	010010130	-	-	尺寸	刚度	☑	☑	2.5010	☑	0.7640	☑	1.4172	☑	1.4166	☑	1.4155	☑	0.6599	☑
50	1CEL	截面28	中-上部	010010130	-	-	尺寸	刚度	☑	☑	2.2100	☑	0.7220	☑	0.9783	☑	0.9560	☑	0.8990	☑	0.4445	☑
52	1CEL	截面29	中-上部	010010130	-	-	尺寸	刚度	☑	☑	2.2100	☑	0.7220	☑	1.0114	☑	0.9674	☑	0.8627	☑	0.4266	☑
54	1CEL	截面30	中-上部	010010130	-	-	尺寸	刚度	☑	☑	2.1460	☑	0.7400	☑	1.0109	☑	1.0111	☑	1.0117	☑	0.4599	☑
56	1CEL	截面31	中-上部	010010130	-	-	尺寸	刚度	☑	☑	1.8500	☑	1.0500	☑	4.6950	☑	4.6246	☑	4.4550	☑	2.2029	☑
*									☐	☐		☐		☐		☐		☐		☐		☐

图 3-4-11　Midas Civil 主梁截面数据

依次单击特性—截面特性值—添加—数值按钮，输入相关参数，建立桥墩中墩身、墩帽各个截面，单击计算截面特性值，如图 3-4-12 所示。

单击“修改偏心”，完成桥墩截面偏心设置（图 3-4-13）。

依据此方法，整理总结尺寸数据，并建立各个桥墩截面，桥墩截面数据如图 3-4-14 所示。

单击特性—截面特性值—添加—变截面按钮，在截面种类下拉列表中选择单箱单室，尺寸-I 与尺寸-J 中选择每个单元前后两个截面，y、z 轴变化选择二次方程，以匹配桥梁主梁设计图纸中的每梁段下边缘二次曲线的形状。偏心为中—上部，形成变截面，如图 3-4-15 所示。

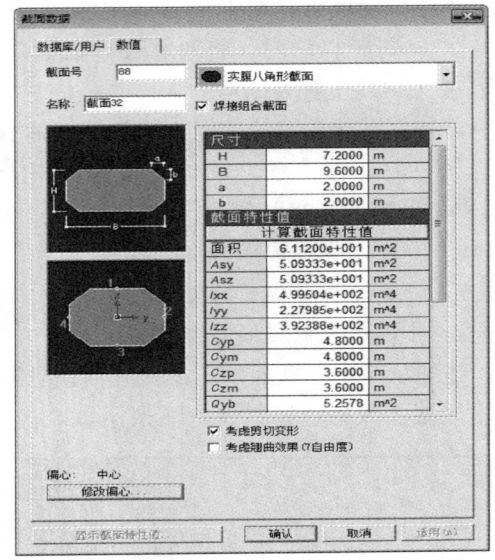

图 3-4-12 桥墩截面计算特性

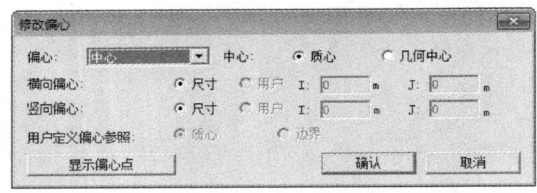

图 3-4-13 桥墩截面偏心设置

号	形状	名称	面积 (m²)	Asy (m²)	Asz (m²)	Ixx (m⁴)	Iyy (m⁴)	Izz (m⁴)	Cyp (m)	Cym (m)	Czp (m)	Czm (m)	Qyb (m²)	Qzb	周长(外) (m)	周长(内) (m)	中心 y (m)	中心 z (m)	y1 (m)	z1 (m)	y2 (m)	z2 (m)	y3 (m)	z3 (m)
88	SOC	截面32	61.1200	50.9333	50.9533	499.503	227.985	392.388	4.8000	4.8000	3.6000	3.6000	5.2578	9.2237	28.9137	0.0000	4.8000	3.6000	0.0000	3.6000	4.8000	0.0000	0.0000	-3.6000
89	STRK	截面33	25.8144	24.4290	25.7690	118.630	38.7357	131.418	4.0000	4.0000	2.1000	2.1000	1.8191	6.4387	20.7347	0.0000	4.0000	2.1000	0.0000	2.1000	4.0000	0.0000	0.0000	-2.1000
90	STRK	截面34	40.6598	38.5607	35.2757	214.518	78.8819	222.125	4.4855	4.4855	2.5855	2.5855	2.7002	7.8215	23.8452	0.0000	4.4855	2.5855	0.0000	2.5855	4.4855	0.0000	0.0000	-2.5855

y3 (m)	z3 (m)	y4 (m)	z4 (m)	Zyy (m³)	Zzz (m³)	偏心	焊接组合	剪切变形	尺寸1 (m)	尺寸2 (m)	尺寸3 (m)	尺寸4 (m)	尺寸5 (m)	尺寸6 (m)	尺寸7 (m)	尺寸8 (m)	N1	中心应	H-Opt.	H-User (m)	V-Opt.	V-User (m)	用户定义偏心点
0.0000	-3.6000	4.8000	0.0000	100.949	132.821	中心	焊接组	✓	7.2000	9.6000	2.0000	2.0000	0.0000	0.0000	0.0000	0.0000	0	质心	尺寸	0	尺寸	0	质心
0.0000	-2.1000	4.0000	0.0000	29.1060	53.0334	中心	焊接组	✓	4.2000	8.4000	2.0000	2.0000	0.0000	0.0000	0.0000	0.0000	0	质心	尺寸	0	尺寸	0	质心
0.0000	-2.5855	4.4855	0.0000	48.4470	81.6139	中心	焊接组	✓	5.1710	8.9710	0.0000	0.0000	0.0000	0.0000	0.0000	0.0000	0	质心	尺寸	0	尺寸	0	质心

图 3-4-14 桥墩截面表格

在建立好各个单元的变截面后，通过在单元对话框中输入或在图形中进行选择，即可选中某一单元。再从树形菜单—特性值—截面中，找到变截面定义的该单元，通过使用鼠标左键按住拖入的方法，可将变截面单元

形状赋予给定义的单元，在最下方信息窗口处输入 H 后回车，或单击快

捷键 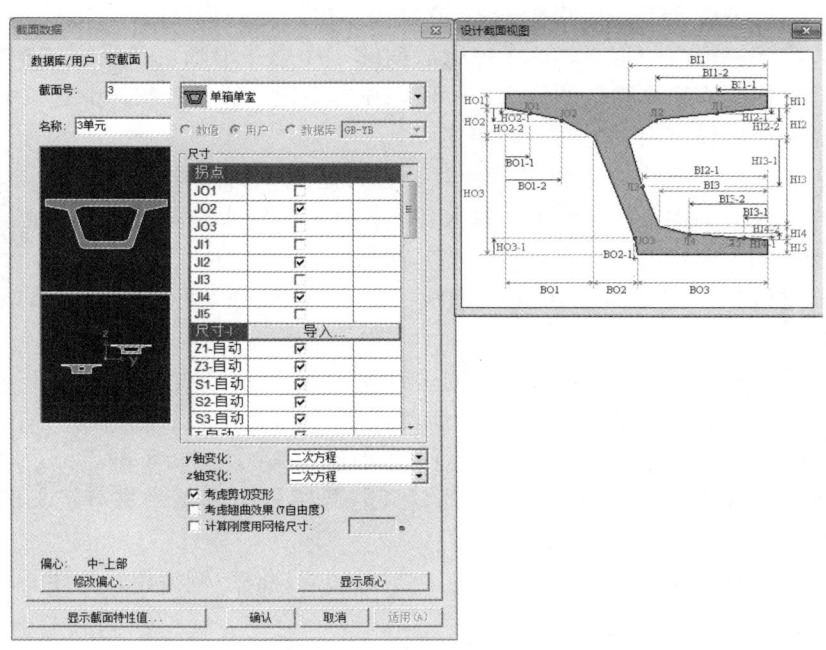，可显示桥梁整体模型，如图 3-4-16 所示。

图 3-4-15　变截面设置

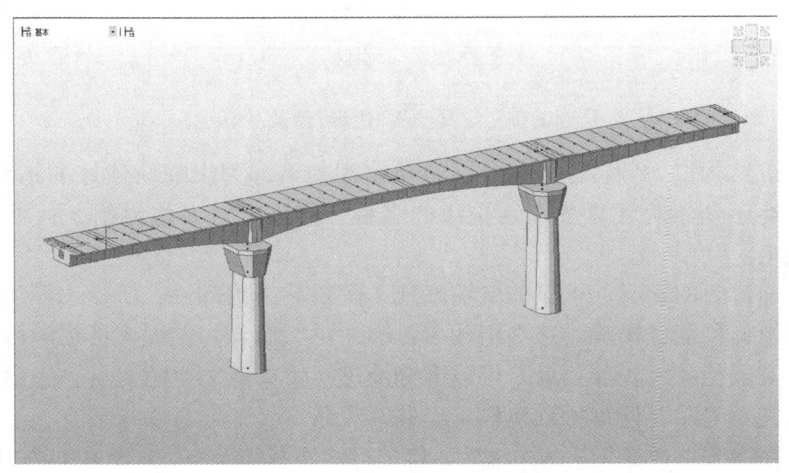

图 3-4-16　Midas Civil 桥梁整体模型

5. 定义组

参考相关 Midas Civil 建模教材，一般在材料、单元、截面建立结束后，即显示出了上节桥梁模型图后，开始介绍边界条件及荷载的输入。但是笔者经过自身的建模实践发现，在能显示出所建的桥梁模型（图 3-4-16）后，应该进行组的定义，这会使得后面的工作思路清晰，步骤更加顺畅、条理，因此有事半功倍的效果。所以，在本节把一般参考教材中有关组的概念及桥梁模型组的建立提前阐述。

Midas Civil 中，需要对多种对象进行定义，例如单元、荷载、边界条件、预应力钢束等。为了在输入各个数据时能快速编辑需要的对象，可进行组的创建和编辑。常见组的类型有：

结构组：将节点与单元创建成一个结构组，以便于建模、修改和输出。

边界组：将桥梁建模时需要的边界条件设置为边界组。

荷载组：将模型的静力、动力荷载作为一个荷载组建立。

在进行组的创建时，每种类型的组可定义多个，编辑不同名称，以备和模型各项输入数据相关联。下面就开始介绍桥梁模型中进行定义的各项组。

组的创建步骤为结构—组—定义结构/边界/荷载/钢束组，如图 3-4-17 所示。

图 3-4-17　定义结构/边界/荷载/钢束组

以结构组为例：输入名称后，单击添加，即可出现新建好的结构组。图 3-4-18 所示为建立各个结构组的名称。同理，定义边界组、荷载组及钢束组。

通过组的定义，可以非常清晰地了解桥梁结构部件、所受边界条件约束以及何种荷载影响。这些组的名称因"桥"而异，工程人员在学习、积累、实践相关工程项目后，可以准确地进行桥梁有关组的建立，为后面的工作铺平道路，使得桥梁建模工作井井有条。

在本节中，定义了结构组后，将进行结构组与节点、单元的匹配工作。这是定义组最核心的工作，即把组的名称和所建单元进行一一匹配，这样选中某一个（多个）组，即选中了相应的单元。以结构组—桥墩以看为例：

　　选择树形菜单—组—结构组，可见建立好的各个结构组的分类（图 3-4-19）。

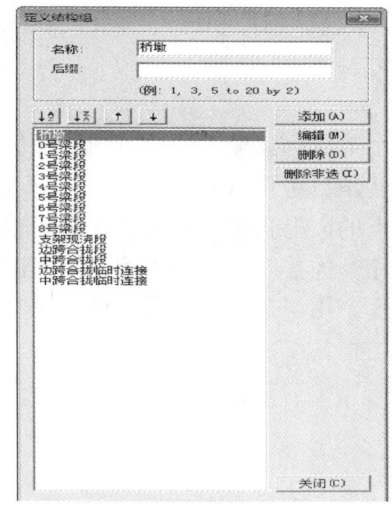

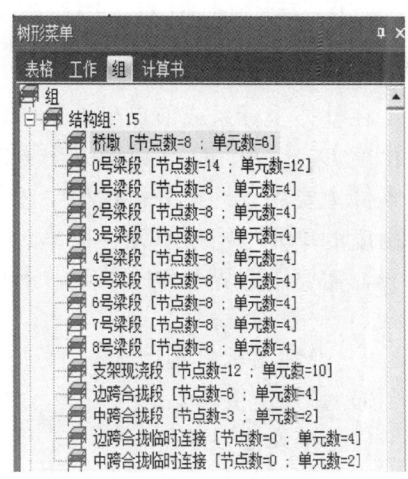

图 3-4-18　Midas Civil 建立各个结构组名称　　　图 3-4-19　树形菜单中组的分类

　　此时，在节点与单元选择框中输入节点（62 to 69）、单元（61 to 66），按回车键，则可在模型窗口中呈红色显示该段节点与单元被选中。将结构组中桥墩鼠标左键按住拖入模型窗口中，即可发现桥墩一项变为[节点数=8；单元数=6]，各节点连成的线图结果呈图 3-4-20 所示，结构组列表详见附录 C。

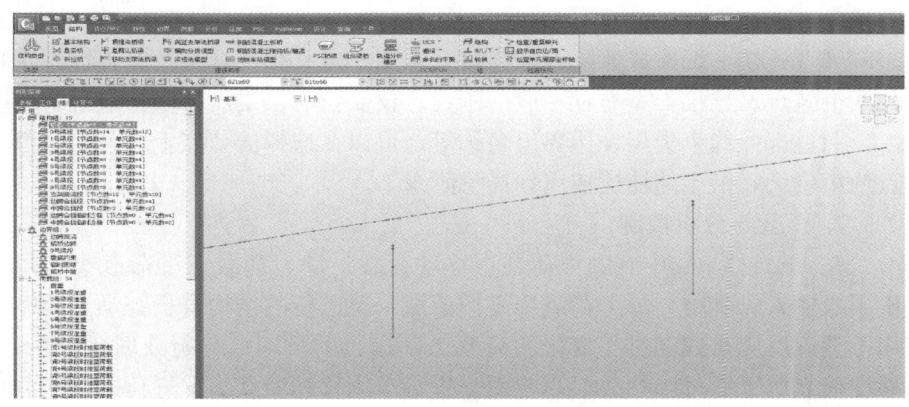

图 3-4-20　Midas Civil 各节点连接形成的线图

由此可说明，结构组桥墩已经和模型窗口中相关节点和单元匹配成功。通过依次选择节点、单元的方法，和其他结构组进行匹配。

6. 定义边界

在 Midas Civil 中，将结构所有的外部边界条件和内部约束关系统称为"边界条件"。边界条件有两种。

（1）节点边界条件

在整体坐标系或节点坐标系中，每个节点可以输入 3 个方向的线位移自由度 Dx、Dy、Dz，以及 3 个方向的转角自由度 Rx、Ry、Rz。节点边界条件主要用于约束分析模型中选定节点的以上自由度，或者在缺少转动自由度的单元（桁架单元、板单元）间相互连接时，为防止刚度矩阵出现奇异，需要用边界条件来约束转动自由度。用于节点的边界条件有：

1）一般支承；

2）弹性支承单元；

3）弹性连接单元。

（2）单元边界条件

主要用于处理单元与单元间的内部约束关系，主要包括：

1）刚性连接；

2）单元端部释放；

3）刚性端部偏移。

在本桥梁项目建模中，主要是采用了一般支承与弹性连接两种方式来约束有关节点的自由度，下面简要介绍两种约束方式及其功能：

一般支承：用来约束选定节点的自由度，或者替换或删除先前定义的支承条件。如图 3-4-21 所示。

弹性连接：形成或删除弹性连接，由用户定义弹性连接及其弹性连接的两个节点。连接类型有：一般、刚性、仅受拉、仅受压和多折线五种。

通过选择约束类型、边界组名称等，可以在选择的节点上进行相关节点约束定义，模型结构连接属性详见附录 D。

7. 荷载与分析控制

在 Midas Civil 中有静力荷载、移动荷载、动力荷载三种荷载类型可供用户输入。其中，静力荷载用于按荷载工况进行的结构分析；动力荷载用于考虑反应谱或随时间变化的荷载条件进行的反应谱分析或时程分析；移动荷载用于通过影响线或影响面分析对车辆移动荷载工况进行的结构分析。以下介绍与荷载有关的几个概念，以便于后面的建模应用。

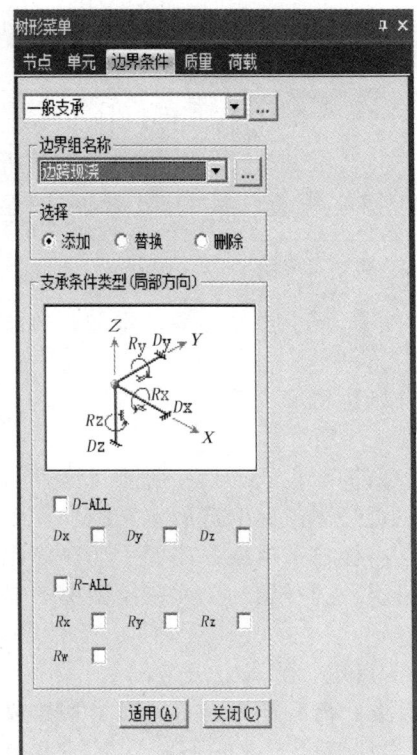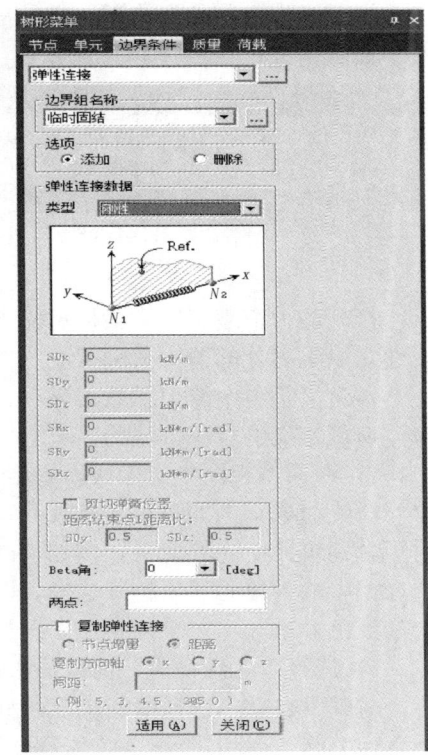

图 3-4-21　一般支承设置

荷载类型：对于结构上的主动力，包括自重、节点单元荷载、预应力、温度效应等，它们所属的类型即为荷载类型。其中，Midas Civil 为用户提供了恒荷载（D）、活荷载（L、LL）、预应力（PS）等多种类型可供选择。一个荷载类型只能定义一个静力荷载工况。

荷载工况：将荷载按不同的性质分别计算的组数。荷载工况可以包含有多个荷载类型的任意组合，比如在某一荷载工况中可以同时有节点荷、均布荷载等。

荷载组合：为命名的一个或多个分析结果的组合，或者是与其他组合的组合。

荷载组：用于施工分析中，在进行施工阶段分析时，将某一施工阶段上的荷载定义为一个荷载组，施工阶段中的荷载变化，均是以组为单位来进行变化的。

（1）静力荷载

了解了以上相关概念后，进行静力荷载输入的步骤为：荷载—静力荷载—荷载工况，如图 3-4-22 所示。

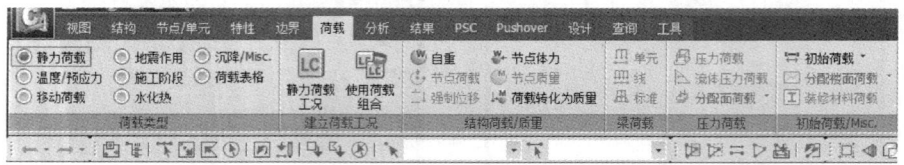

图 3-4-22　Midas Civil 荷载工具界面

打开静力荷载工况对话框后输入名称、工况、类型，单击添加，由此可建立以下名称的静力荷载工况（图 3-4-23）。

在定义了各个静力荷载工况后，将开始进行静力荷载的输入。

荷载定义的步骤方法为：

1) 在模型视图中选中所需要施加荷载的单元。对于大量排列整齐的单元所受荷载，例如自重、风载等，可以直接用鼠标框选后定义施加，而对于个别单元所受的荷载，例如挡砟墙、齿板自重荷载，需要手动在单元选择框中输入单元号来精确选择，以免错误。选择到的单元在模型视图中会变红色显示。

2) 选择单元后将进行荷载输入。对于自重，输入方法为：

荷载—自重，选择荷载工况名称为自重，荷载组为自重，自重系数选择 $X=0$、$Y=0$ 和 $Z=-1$（负号表示重力加速度方向向下，与 Z 轴方向相反）。系统默认的混凝土重度为 25kN/m³。如图 3-4-24 所示。

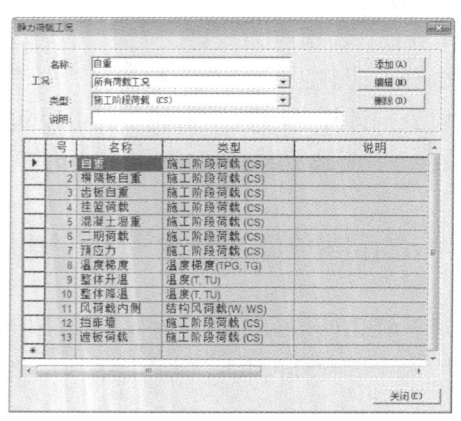

图 3-4-23　Midas Civil 荷载工况设置

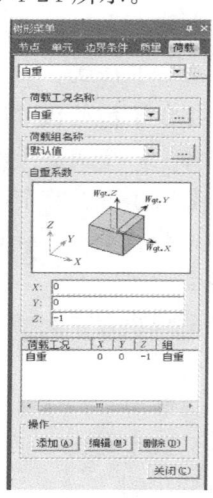

图 3-4-24　结构自重设置

对于 3-4-24 中的各项荷载，将进行梁单元荷载输入。在选中所需施加荷载的单元后，点击荷载—梁单元荷载（单元），参考图 3-4-24 中各单元信息，选择相应的荷载工况、荷载组名称、荷载的类型（均布荷载、集中荷载、集中力矩等）。选择对应的方向，输入相应数据，即可对选中单元进行荷载的定义。如图 3-4-25 所示，为二期荷载的施加。

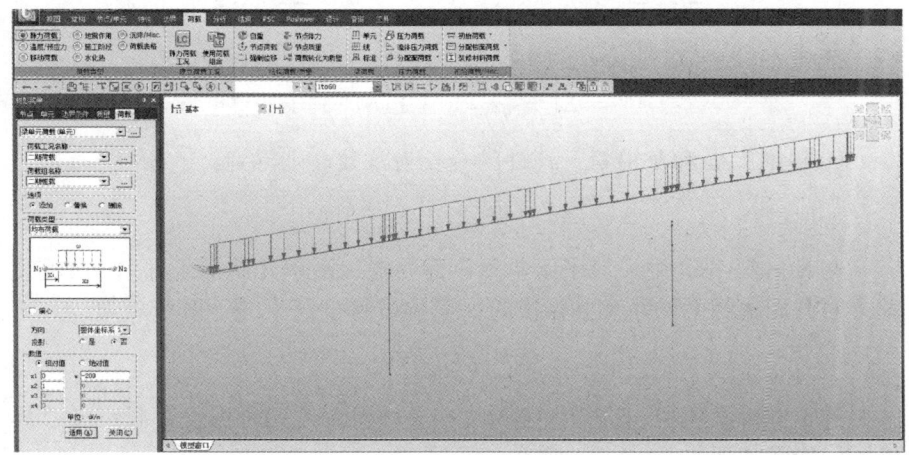

图 3-4-25　二期荷载的施加

依据此方法，可将表格中的每个单元的静力荷载定义输入。

（2）温度荷载

温度梯度是指沿梁高或板厚方向呈线性分布的温度差，因此仅适用于具有抗弯刚度的梁单元和板单元。《结构力学Ⅰ—基本教程》（龙驭球、包世华、袁驷主编，2012，高等教育出版社）中有关于温度改变时的位移计算问题。对于静定结构，温度改变并不引起内力。变形和位移是材料自由膨胀、收缩的结果。设杆件的上边缘温度上升 t_1，下边缘上升 t_2，而沿杆截面厚度为线性分布。此时，杆件的轴线温度 t_0 与上、下边缘温差 Δt 分别为

$$t_0 = \frac{h_1 t_2 + h_2 t_1}{h}, \Delta t = t_2 - t_1$$

式中，h 是杆件截面厚度，h_1 和 h_2 分别是由杆轴至上、下边缘的距离。如果杆件的截面对其中性轴为对称，则 $h_1 = h_2 = \frac{1}{2}h$，$t_0 = \frac{1}{2}(t_2 + t_1)$。在温度变化时，杆件不引起切应变，引起的轴向伸长应变 ε 和曲率 κ

分别为

$$\varepsilon = \alpha t_0$$

$$\kappa = \frac{\mathrm{d}\theta}{\mathrm{d}s} = \frac{\alpha(t_2 - t_1)}{has} = \frac{\alpha\Delta t}{h}$$

式中，α 为材料的线膨胀系数。将上列两式代入式

$$\Delta = \Sigma \int (\overline{M}_k + \overline{F_N}\varepsilon + \overline{F_Q}\gamma_0)\mathrm{d}s - \Sigma F_{\overline{RK}}c_k$$

并让 $\gamma_0 = 0$，得到

$$\Delta = \Sigma \int \overline{F_N}\alpha t_0 \mathrm{d}s + \Sigma \int \overline{M} \frac{\alpha\Delta t}{h}\mathrm{d}s$$

如果 t_0、Δt 和 h 沿每一杆件的全长为常数，则得到：

$$\Delta = \Sigma \alpha t_0 \int \overline{F_N}\mathrm{d}s + \Sigma \frac{\alpha\Delta t}{h}\int \overline{M}\mathrm{d}s$$

在 Midas Civil 中，对于梁单元，需要输入沿单元局部坐标系 y 轴和 z 轴方向截面边缘间的距离和温度差，其温度梯度产生的等效弯矩为：

$$M = \alpha EI \frac{\Delta T}{h}$$

关于本桥梁项目，进行温度梯度与整体升降温两种温度荷载定义，具体操作步骤如下：

1）选中需要施加荷载的单元，及全部桥梁单元（可在模型视图框选或在单元选择框中输入）。

2）选择荷载—温度/预应力—温度梯度，在树形菜单中荷载工况与荷载组都选择温度梯度，输入 T2Z-T1Z 为 10℃，T2y-T1y 为 6℃（图 3-4-26）。

3）选择荷载—温度/预应力—梁截面温度，在树形菜单的荷载工况中

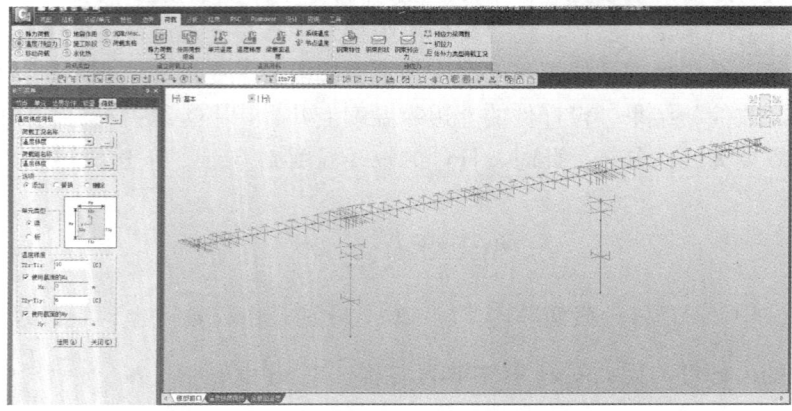

图 3-4-26　温度梯度设置

选择温度梯度，荷载组选择整体升温/降温。

（3）预应力荷载

结构在预应力荷载作用下产生的变形和内力称之为预应力效应。计算预应力效应多采用等效荷载法，即把预应力钢束和混凝土视为相互独立的脱离体，把预应力对混凝土的作用以等效荷载的形式代替。预应力效应计算的基本思路是：首先将难以用函数表达的空间预应力束曲线转化为若干连续的空间折线段，这样可方便求得预应力束与结构某截面的交点，进而将扣除预应力损失后的有效预应力等效为单元若干等分点上的集中荷载。

预应力荷载定义步骤为：

1）荷载—温度/预应力—钢束特性，点击添加，进行钢束特性的输入，如图 3-4-27、图 3-4-28 所示。

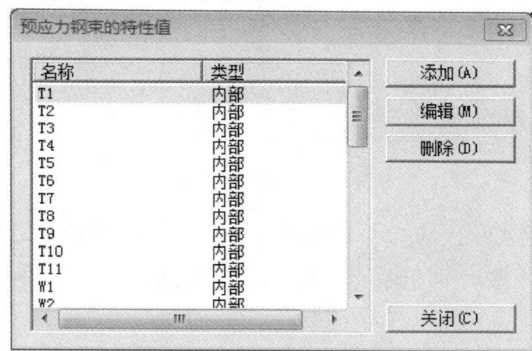

图 3-4-27　钢束特性汇总

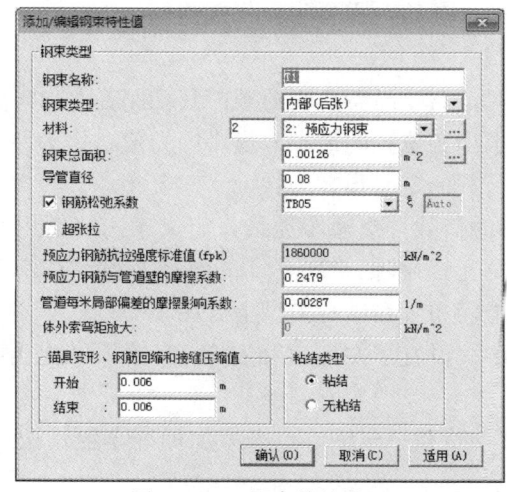

图 3-4-28　钢束特性设置

115

2）荷载—温度/预应力—钢束形状，点击添加，进行钢束布置形状输入。在进行钢束布置形状输入时，要根据图纸，明确钢束的布置单元，匹配相应荷载组以及相关数据参数（图3-4-29、图3-4-30）。

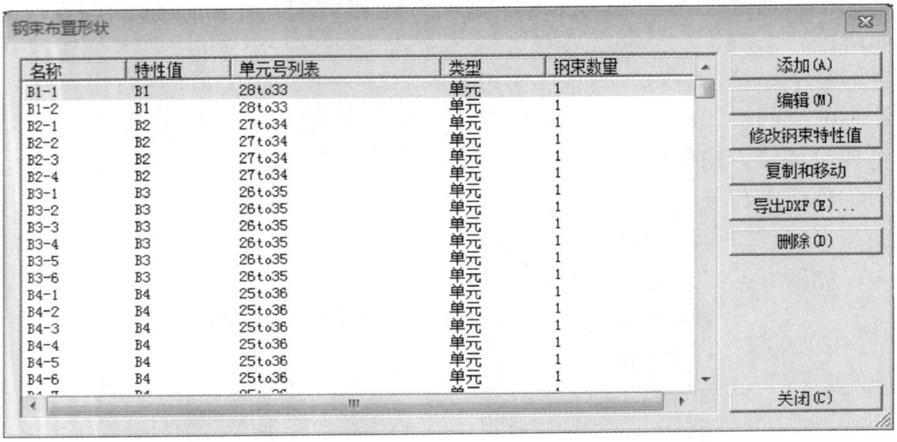

名称	特性值	单元号列表	类型	钢束数量
B1-1	B1	28to33	单元	1
B1-2	B1	28to33	单元	1
B2-1	B2	27to34	单元	1
B2-2	B2	27to34	单元	1
B2-3	B2	27to34	单元	1
B2-4	B2	27to34	单元	1
B3-1	B3	26to35	单元	1
B3-2	B3	26to35	单元	1
B3-3	B3	26to35	单元	1
B3-4	B3	26to35	单元	1
B3-5	B3	26to35	单元	1
B3-6	B3	26to35	单元	1
B4-1	B4	25to36	单元	1
B4-2	B4	25to36	单元	1
B4-3	B4	25to36	单元	1
B4-4	B4	25to36	单元	1
B4-5	B4	25to36	单元	1
B4-6	B4	25to36	单元	1

图3-4-29　钢束形状汇总

3）荷载—温度/预应力—钢束预应力，打开左侧树形菜单，对于每一个进行了钢筋特性、钢筋布置形状定义的钢束，进行两端张拉应力的设置。

通过此种方法，能将每一条预应力钢筋进行荷载输入。由此可见，预应力输入过程复杂、烦琐，需要耐心仔细建模。

（4）移动荷载

在桥梁设计时，需要沿着车辆荷载的移动路径，对车辆移动的全过程进行结构分析，求出各位置的最大、最小内力值，作为结构设计和结构验算的依据。移动荷载的定义步骤为：

1）荷载—移动荷载—交通车道线，定义车道（适用于梁单元）或车道面（适用于板单元）。根据车辆移动的路径及设计车道数、车道宽等因素，把车道和车道面布置在结构模型上（图3-4-31）。

本桥梁模型中，设置了左车道和右车道，作用在主梁1～60单元上，如图3-4-32所示。

2）荷载—移动荷载—车辆，点击添加标准车辆，按照图3-4-33设置标准车辆参数。

添加/编辑钢束形状

钢束名称： [T1-1]　　　组：张拉T1、M

钢束特性值：　T1

分配给单元：　16 to 21

输入类型　　　曲线类型　　　钢束端部直线段长度
- 2-D　　　● 样条　　　开始：0　　m
○ 3-D　　　○ 圆弧　　　结束：0　　m
　　　　　　○ 抛物线

☑ 标准钢束　　　钢束数量：　1

无应力场长度
用户定义长度　　开始：0　结束：0　m

布置形状
坐标轴　　　○ 直线　○ 曲线　● 单元

	X(m)	y(m)	固	Rz[deg]
1	0.0000	0.0000	☐	0.00
2	8.0000	0.0000	☐	0.00
3			☐	

	X(m)	z(m)	固	Ry[deg]	BOT
1	0.0000	-0.2450	☐	0.00	☐
2	8.0000	-0.2450	☐	0.00	☐
3			☐		

对称点：　○ 开始　● 最后　　生成对称钢束

钢束布置插入点：　● I-端　○ J-端　单元：16
假想x轴方向：　● I->J　○ J->I　单元：16
绕x轴旋转角度：　0　[deg]　☑ 投影
偏心：　y：3.077　m　z：0　m

确认(O)　取消(C)　适用(A)

树形菜单

节点　单元　边界条件　质量　荷载

钢束的预应力荷载

荷载工况名称
预应力

荷载组名称
张拉T1、M1

选择加载的预应力钢束
预应力钢束：　　已选钢束：
名称　　　　　名称
B1-1　　　　T1-1
B1-2
B2-1
B2-2
B2-3
B2-4

张拉力
● 应力　　○ 内力
先张拉：　两端
开始点：1395000　kN/m^2
结束点：1395000　kN/m^2

注浆：下 0 个施工阶段

钢束	类型	荷载工况
SW3-2	应力	预应力
SW3-2-...	应力	预应力
T1-1	应力	预应力
T1-1-复制	应力	预应力
T1-2	应力	预应力

添加　编辑　删除

关闭(C)

图 3-4-30　钢束形状设置

图 3-4-31　Midas Civil 移动荷载界面

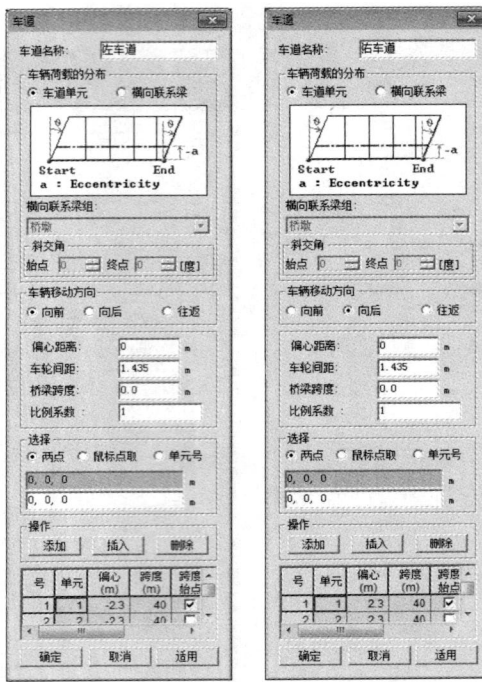

图 3-4-32　左车道和右车道荷载

3）荷载—移动荷载—移动工况，点击添加，按照图 3-4-34 设置列车荷载工况。

8. 分析控制参数

Midas Civil 的结构分析由基本的线性分析功能和非线性的分析功能构成，还可进行线性分析、P-Delta 效应分析、结构屈曲分析、特征值分析、反应谱分析、移动荷载分析等，在分析前，对于相关分析控制参数的输入是必要的。

结合本桥梁项目建模，对分析控制参数进行介绍。

（1）主控数据

用于控制单元的自由度约束条件和非线性单元的分析条件。操作步骤为：分析—主控数据，打开如图 3-4-35 所示。

1）约束桁架/平面应力/实体单元的旋转自由度

2）约束板的旋转自由度

该项为默认选择，表示单元的相应旋转自由度被系统约束。

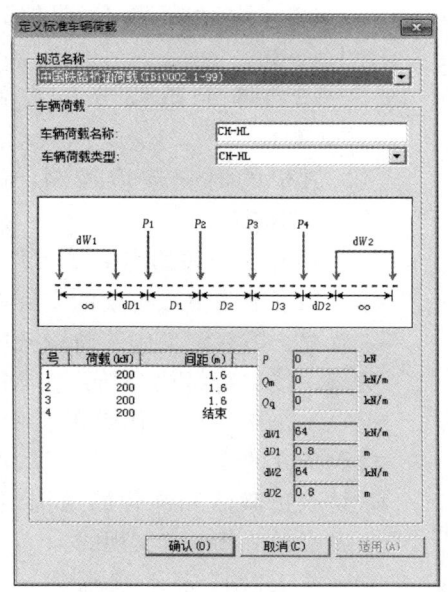

图 3-4-33 设置标准车辆参数

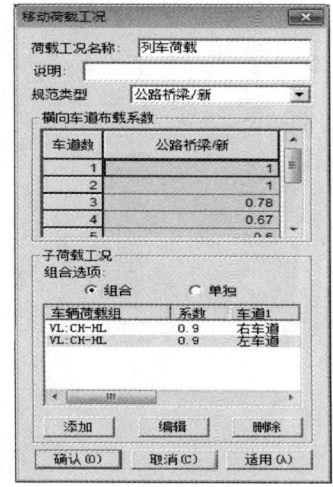

图 3-4-34 列车荷载工况

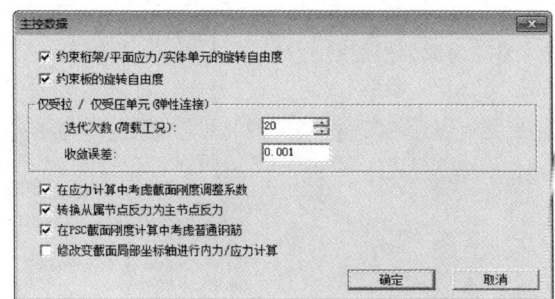

图 3-4-35 分析控制参数的输入

3）仅受拉/仅受压单元（弹性连接）

输入与非线性单元分析相关的数据。

4）在应力计算中考虑截面刚度调整系数

按在截面特性调整系数中调整后的截面特性值计算截面应力。

5）在 PSC 截面刚度设计中考虑普通钢筋

因为在 PSC（设计截面）截面验算中抗扭、抗剪验算需要计入普通钢筋，所以勾选。

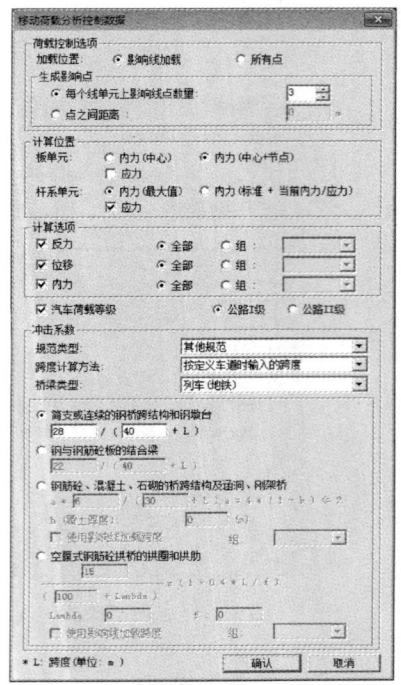

图 3-4-36　移动荷载分析控制

（2）移动荷载分析控制（图 3-4-36）

（3）施工阶段分析控制（图 3-4-37）

其中的时变效应控制，如图 3-4-38所示。

9. 施工阶段的定义

为了准确模拟桥梁的实际施工状况，需要定义施工阶段分析数据，以进行桥梁分析。在 Midas Civil 中，结构体系的变更、边界条件的改变、施工荷载的增减是通过激活和钝化的结构组、边界组和荷载组来实现的。

施工阶段定义步骤为：荷载—施工阶段—定义施工阶段，点击添加，进行施工阶段设定（图 3-4-39）。

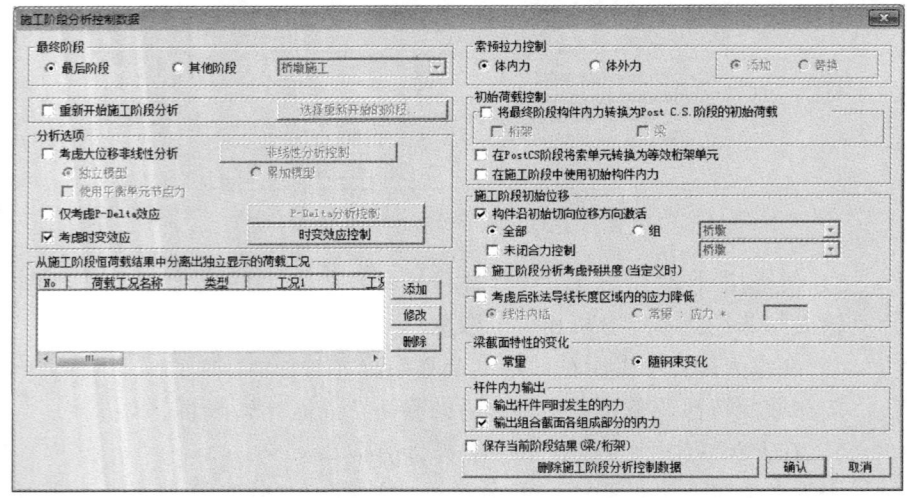

图 3-4-37　施工阶段分析控制

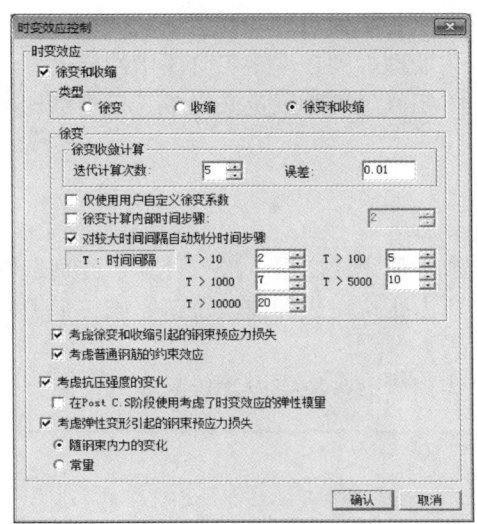

图 3-4-38　时变效应控制

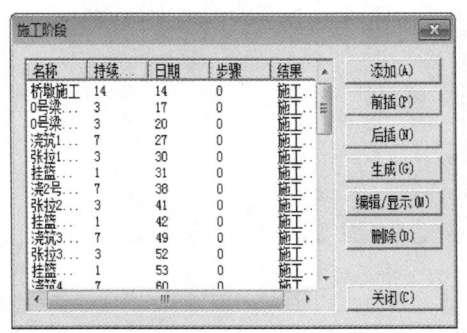
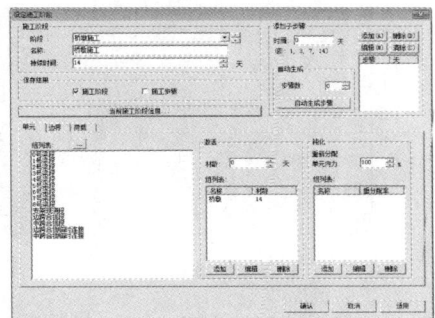

图 3-4-39　施工阶段定义步骤

在定义施工阶段时，有以下说明：

（1）施工阶段：输入名称、持续时间。

（2）添加子步骤：用于定义在一个施工阶段内划分子步骤，没有可不填写。

（3）单元表单：通过将已经定义的结构组激活或钝化，定义相应施工阶段的结构模型。在表单中有组列表、激活、钝化选项。

（4）边界、荷载表单：在边界表单中设定变形前、变形后，指定一般支承或弹性支承在结构变形前后的位置。在荷载表单中开始或结束制定相应施工阶段开始后荷载组开始作用的时间。

前一施工阶段设定的结构组、边界组、荷载组，如果在本施工阶段中没有进行相应的钝化处理，则在本施工阶段中同样适用。

通过此方法能将桥梁施工阶段定义完毕，模型结构施工阶段划分详见附录 E。

10. 结果分析

（1）桥梁变形分析

模型建立和参数赋值完成之后，进行计算，分别选取 8 号块预应力张拉完成、合龙段预应力张拉完成和铺设轨道完成三个关键的施工阶段对梁段的变形进行分析。

桥梁在 8 号梁块预应力张拉完成之后的变形情况，如图 3-4-40 所示。

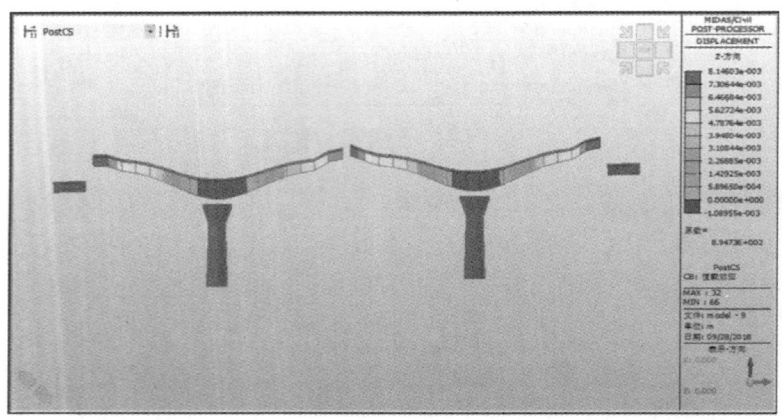

图 3-4-40　8 号梁块预应力张拉完成之后变形图

由图 3-4-40 可知，在 8 号块预应力张拉完成之后，224 号墩和 225 号墩上部梁段的两端上挠的趋势明显高于中部，梁段最大上升高度为 8.15mm。

桥梁在合龙段预应力张拉完成之后的变形情况，如图 3-4-41 所示。

由图 3-4-41 可知，在合龙段预应力张拉完成之后，桥梁上挠高度较大的部位出现在跨中合龙段和边跨合龙段部分，其中上升高度最大的是跨中合龙段，最大上挠 28.96mm。

桥梁在轨道铺设完成之后的变形情况，如图 3-4-42 所示。

由图 3-4-42 可知，相比于合龙段张拉完成预应力时的状态，桥梁在轨道铺设完成之后，梁段的上挠位移减小，但是桥梁上挠高度较大的部位仍然出现在跨中合龙段和边跨合龙段部分，其中上升高度最大的是跨中合

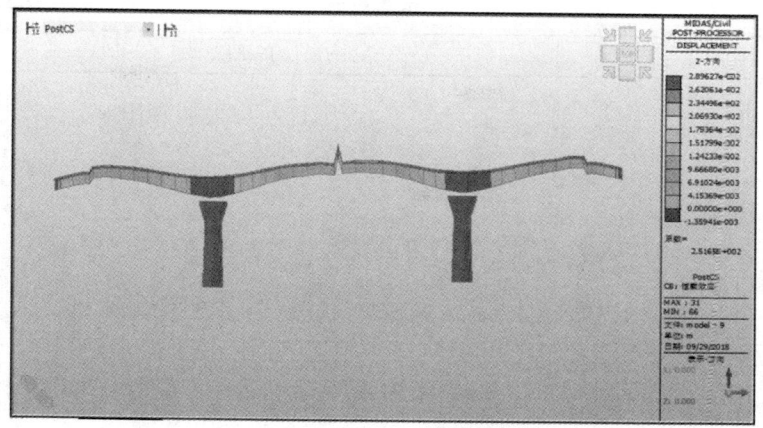

图 3-4-41　合龙段预应力张拉完成之后变形图

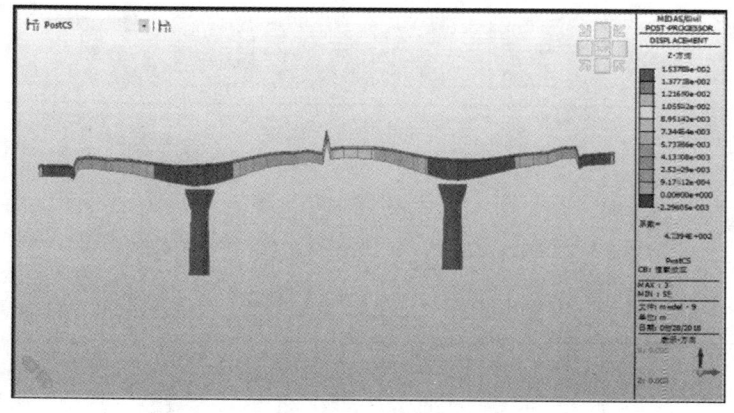

图 3-4-42　轨道铺设完成之后变形图

龙段，最大上挠 15.38mm。

（2）桥梁受力分析

1）转体前（表 3-4-1、图 3-4-43）

结论：由表 3-4-1 和图 3-4-43 可知，转体前主梁上下缘主要承受压应力，224、225 号墩 A0 段左右截面位置处压应力值较大，最大值为 9.31MPa，小于 C50 混凝土抗压强度标准值 32.4MPa；转动体梁端存在远小于混凝土抗拉强度标准值的拉应力，最大拉应力为 0.52MPa。并且可以看出，底板应力始终小于顶板应力值，这与顶板预应力筋分布密集有关。

转体前应力 表 3-4-1

阶段	应 力 图
桥墩施工完毕	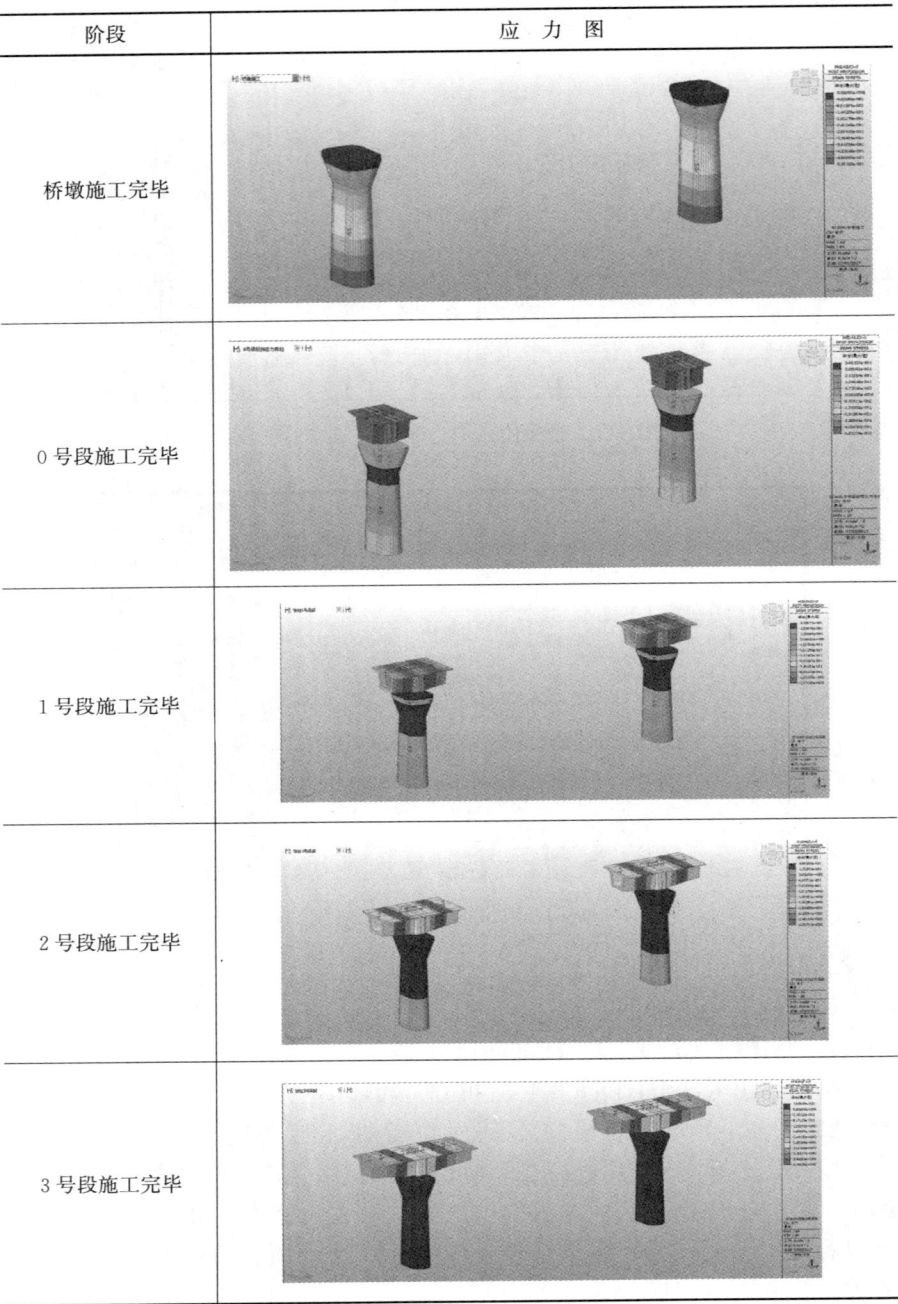
0 号段施工完毕	
1 号段施工完毕	
2 号段施工完毕	
3 号段施工完毕	

阶段	应　力　图
4 号段施工完毕	
5 号段施工完毕	
6 号段施工完毕	
7 号段施工完毕	
8 号段施工完毕	

阶段	应　力　图
拆除 0 号块梁段支架	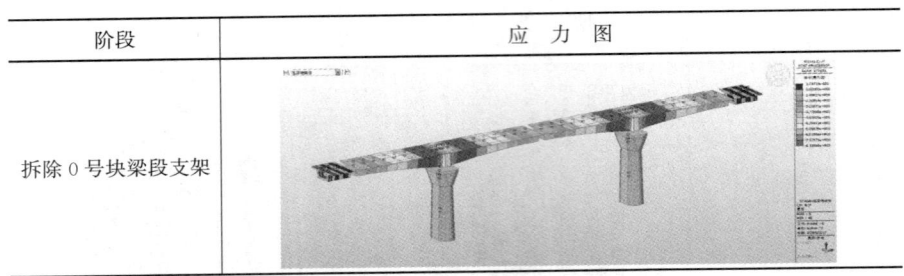

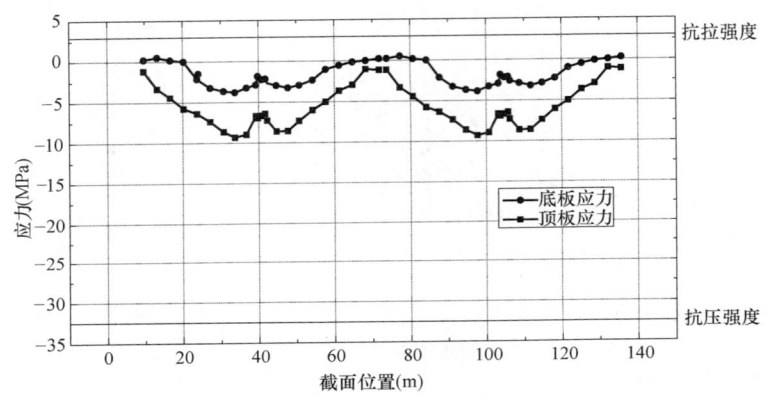

图 3-4-43　转体前主梁截面应力

2）转体后

对桥梁铺设轨道完成之后的受力状态进行模拟计算，全桥的应力云图和弯矩云图如图 3-4-44、图 3-4-45 所示。

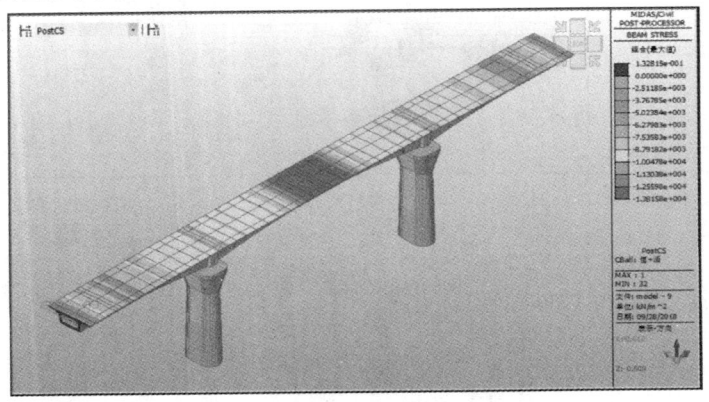

图 3-4-44　全桥应力云图

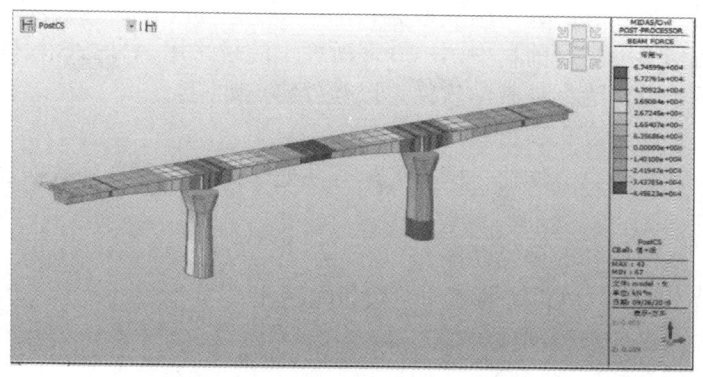

图 3-4-45　全桥弯矩云图

　　由图 3-4-45 可知，桥梁在铺设轨道之后，全桥所受的应力以压应力为主，最大的压应力在跨中部分，最大值为 13.82MPa，因为主梁为 C50 混凝土，根据《混凝土结构设计规范》GB 50010—2010，其抗压强度标准值为 32.4MPa，满足规范要求；弯矩以下侧受拉为正，上侧受拉为负，全桥的最大正弯矩出现在靠近 224 号墩和 225 号墩悬臂的根部，最大为 67459.89kN·m，最大的负弯矩出现在中跨和边跨合龙段附近，最大的负弯矩为 44562.33kN·m。

第五节　ANSYS Workbench 对转体桥球铰数值仿真计算

1. 软件概述与分析流程

　　有限元法作为目前工程应用较为广泛的一种数值计算方法，以其独有的计算优势得到了广泛的发展和应用，并由此产生了一批非常成熟的通用和专业有限元商业软件。随着计算机技术的飞速发展，各种工程软件也得以广泛应用，提到有限元法不能不提的是 ANSYS 软件，ANSYS 软件是美国 ANSYS 公司研制的大型通用有限元分析（FEA）软件，它是世界范围内增长最快的 CAE 软件，能够进行包括结构、热、声、流体以及电磁场等学科的研究，在核工业、铁道、石油化工、航空航天、机械制造、能源、汽车交通、国防军工、电子、土木工程、造船、生物医药、轻工、地矿、水利、日用家电等领域有着广泛的应用。ANSYS 的功能强大，操作简单方便，现在它已成为国际最流行的有限元分析软件，在历年 FEA 评比中都名列第一。目前，中国 100 多所理工院校采用 ANSYS 软件进行有限元分析或者作为标准教学软件。该软件特点如下：

（1）协同仿真、项目管理

集设计、仿真、优化、网格变形等功能于一体，对各种数据进行项目协同管理。

（2）双向的参数传输功能

支持 CAD—CAE 间的双向参数传输功能。

（3）高级的装配部件处理工具

具有复杂装配件接触关系的自动识别、接触建模功能。

（4）先进的网格处理功能

可对复杂的几何模型进行高质量的网格处理。

（5）分析功能

支持几乎所有 ANSYS 的有限元分析功能。

（6）内嵌可定制的材料库

自带可定制的工程材料数据库，方便操作者进行编辑、应用。

（7）易学易用

ANSYS 公司所有软件单元格的共同运行、协同仿真与数据管理环境，工程应用的整体性、流程性都大大增强。

完全的 Windows 友好界面，工程化应用，方便工程设计人员应用。实际上，Workbench 的有限元仿真分析采用的方法（单元类型、求解器、结果处理方式等）与 ANSYS 经典界面是一样的，只不过 Workbench 采用了更加工程化的方式来适应操作者，使即使是没有多长有限元软件应用经历的人也能很快地完成有限元分析工作。

ANSYS 分析过程包含四个主要的步骤：初步确定、前处理、求解和后处理。其中，初步确定为分析前的蓝图，操作步骤为后三个步骤（图 3-5-1）。

（1）前处理

前处理是指创建实体模型以及有限元模型。它包括创建实体模型、定义单元属性、划分有限元网格和修正模型等几项内容。现今大部分的有限元模型都是用实体模型建模，类似于 CAD、ANSYS 以数学的方式表达结构的几何形状，然后在里面划分节点和单元，还可以在几何模型边界上方便地施加载荷，但是实体模型并不参与有限元分析，所以施加在几何实体边界上的荷载或约束必须最终传递到有限元模型上（单元或节点）进行求解，这个过程通常是 ANSYS 程序自动完成的。可以通过四种途径创建 ANSYS 模型：

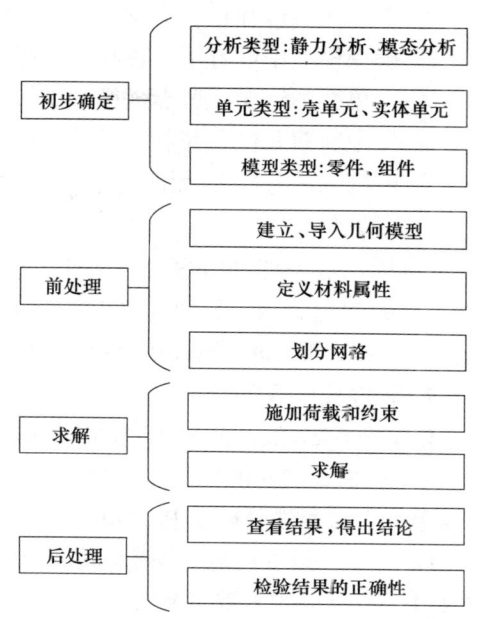

1）在 ANSYS 环境中创建实体模型，然后划分有限元网格。

2）在其他软件（如 CAD）中创建实体模型，然后读入到 ANSYS 环境，经过修正后划分有限元网格。

3）在 ANSYS 环境中直接创建节点和单元。

4）在其他软件中创建有限元模型，然后将节点和单元数据读入 ANSYS。

图 3-5-1　ANSYS 分析过程主要的步骤

单元属性是指划分网格以前必须指定的所分析对象的特征，这些特征包括材料属性、单元类型和实常数等。需要强调的是，除了磁场分析以外不需要告诉 ANSYS 使用的是什么单位制，只需要自己决定使用何种单位制，然后确保所有输入值的单位制统一，单位制影响输入的实体模型尺寸、材料属性、实常数及荷载等。

（2）加载并求解

1）自由度（DOF）——定义节点的自由度（DOF）值（例如结构分析的位移、热分析的温度、电磁分析的磁势等）。

2）面荷载（包括线荷载）——作用在表面的分布荷载（例如结构分析的压力、热分析的热对流、电磁分析的麦克斯韦表面等）。

3）体积荷载——作用在体积上或场域内（例如热分析的体积膨胀和内生成热、电磁分析的磁流密度等）。

4）惯性荷载——结构质量或惯性引起的荷载（例如重力、加速度等）。

在进行求解之前应进行分析数据检查，包括以下内容：

① 单元类型和选项，材料性质参数，实常数以及统一的单位制。

② 单元实常数和材料类型的设置，实体模型的质量特性。

③ 确保模型中没有不应存在的缝隙（特别是从 CAD 中输入的模型）。

④ 壳单元的法向，节点坐标系。

⑤ 集中荷载和体积荷载、面荷载的方向。

⑥ 温度场的分布和范围，热膨胀分析的参考温度。

（3）后处理

1）通用后处理（PLST1）——用来观察整个模型在某一时刻的结果。

2）时间历程和后处理（POST26）——用来观察模型在不同时间段或载荷步上的结果，常用于处理瞬态分析和动力分析的结果。

2. 软件模型导入

Design Modeler 是 ANSYS Workbench 的一个模块，用来作为一个现有的 CAD 模型的几何编辑器。它是一个参数化基于特征的实体建模器，可以直观、快速地开始绘制 2D 草图和 3D 建模零件。

Design Modeler 虽为建模工具，但它不仅具有重新建立模型的能力，而且可以与其他大多数主流的 CAD 类文件相关联。这样对于许多 Design Modeler 建模不太熟悉而对其他主流 CAD 类软件熟悉的用户来说，他们可以直接读取外部 CAD 模型或直接将 Design Modeler 的导入功能嵌入到 CAD 类软件中。

由于转体桥球铰、0 号块、墩帽等部件均为异形构件，本转体桥项目充分发挥 BIM 系统在建模方面的优势，在 Revit 中建立了完善而精准的空间结构模型，再由 Revit 导出 sat 文件。如图 3-5-2 所示。

首先在系统中打开 ANSYS Workbench18，可看到如图 3-5-3 所示的图形用户界面。展开左侧工具箱中的 Component System 栏，双击其中的 Geometry 模块，则在主页面的项目概图区出现一个系统 A，如图 3-5-4 所示。

右击系统中的 Geometry，并选择 New Design Modeler Geometry 模块，弹出 Geometry Design Modeler 界面，单击 file → Import External Geometry File 按钮弹出对话框，如图 3-5-5 所示，选择对应模型文件导入（图 3-5-6）。

随后左侧 Tree Outline 栏出现新导入的模型链接 Import1，右击该模块选择 Generate 标签在 Design Modeler 窗口中对模型进行生成，至此便完成了分析模型的导入工作，如图 3-5-7 所示。

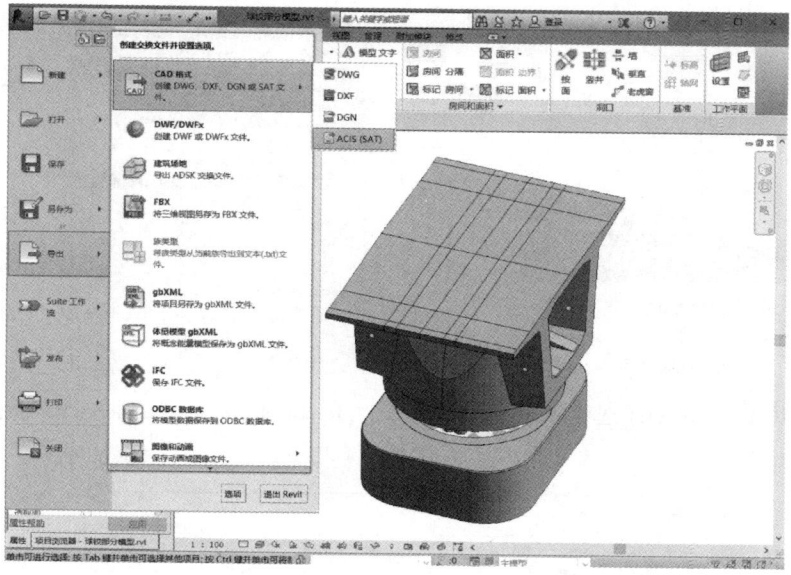

图 3-5-2　Revit 模型导出

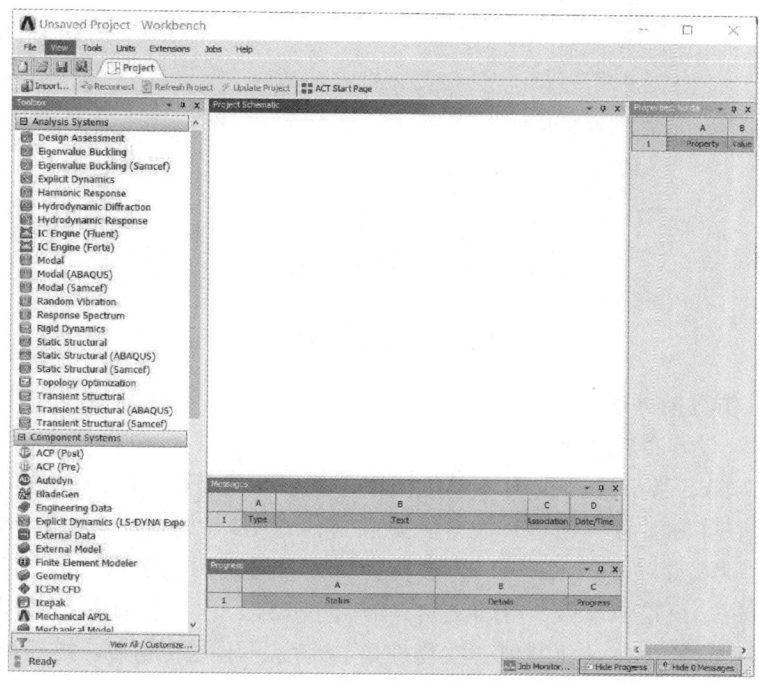

图 3-5-3　ANSYS Workbench 打开界面

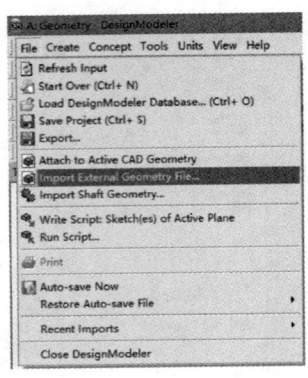

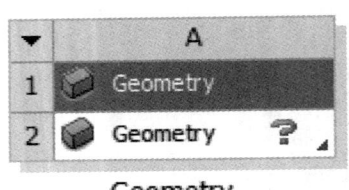

Geometry

图 3-5-4　Geometry 选项界面　　　　图 3-5-5　Import External Geometry File 界面

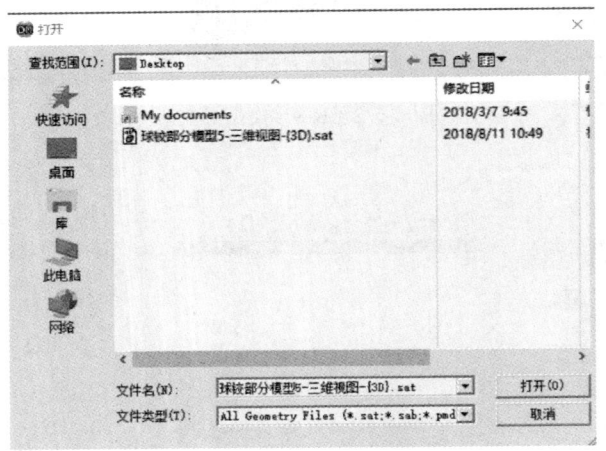

图 3-5-6　打开文件界面

3. 仿真前处理

（1）设置单位系统

ANSYS Workbench 自带单位模块 Units 可对运算环境内的单位进行统一。在实际工程应用中，经常需要从其他 CAD 软件导入实体模型，而这些模型常常以毫米（mm）为单位。所以，最常用的要数 SI、MPA 这两种单位。只是 ANSYS 帮助文档只给出了长度、质量、时间、温度四种基本物理量的单位，而其他一些物理量如密度、压力（应力，杨氏模量）、能量的单位没有直接给出，需要自己推导（表 3-5-1）。

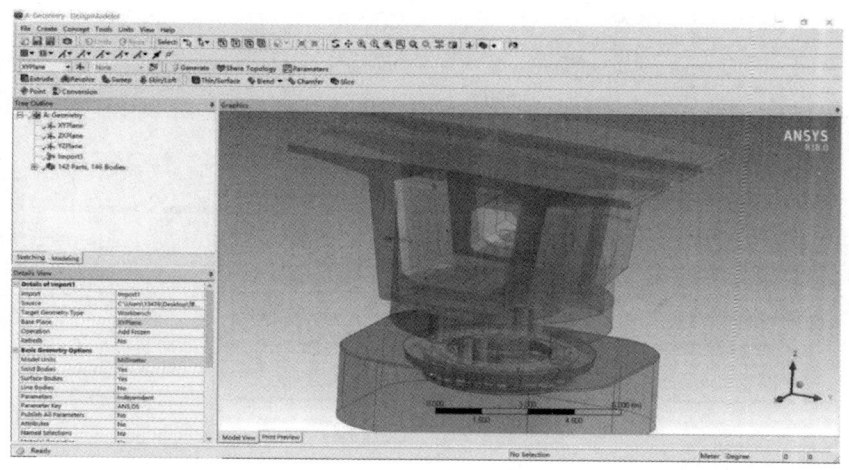

图 3-5-7　模型导入界面

设置单位系统　　　　　　　　　　　　　　　　表 3-5-1

量词	Metric	Metric(㎜)
长度	m	mm
荷载	N	N
质量	kg	tonne(10^3kg)
时间	s	s
应力	Pa(N/m^2)	MPa(N/mm^2)
能量	J	mJ(10^{-3}J)
密度	kg/m^3	tonne/mm^3

设置单元系统，在主菜单中选择 Units→Metric（mm、kg、N、s、mV、mA）命令，设置单位为公制毫米单位。

（2）设置材料

为部件选择一个合适的材料，需要返回到 Project Schematic 窗口并双击项目 A 的 Engineering Data 模块进入材料编辑窗口。单击工具栏中的 "Engineering Data Sources" 按钮，如图 3-5-8 所示，单击其中的 General Materials 按钮使之点亮，在 General Materials 点亮的同时单击 Outline of General Materials 窗口中的 Concerte 旁边的 "＋" 号使这个材料添加到项目中。

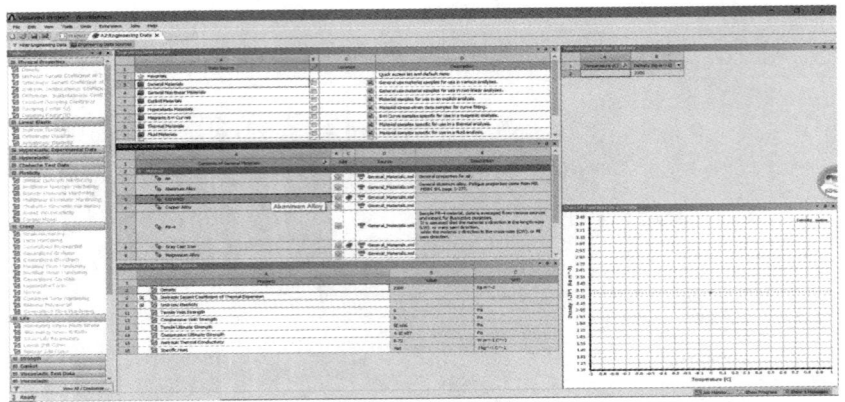

图 3-5-8　设置材料

在静态结构分析中需要设定杨氏模量与泊松比，另外由于分析项目时考虑到惯性作用，需要给出材料的密度。为了得到应力分析结果，还需要给出材料的应力极限。

关闭模型工具栏中的 A2 Engineering Data 标签，返回 Project 中，由于对材料进行了修改，需对 Model 进行刷新，右击 Model 栏，在弹出的选项中选择 Refresh 命令。进入 Mechanical 界面，在树形菜单中选择 Geometry 下的各个 Part，根据模型对应的材质，在 Material→Assignment 栏中修改对应的材料，如图 3-5-9 所示。

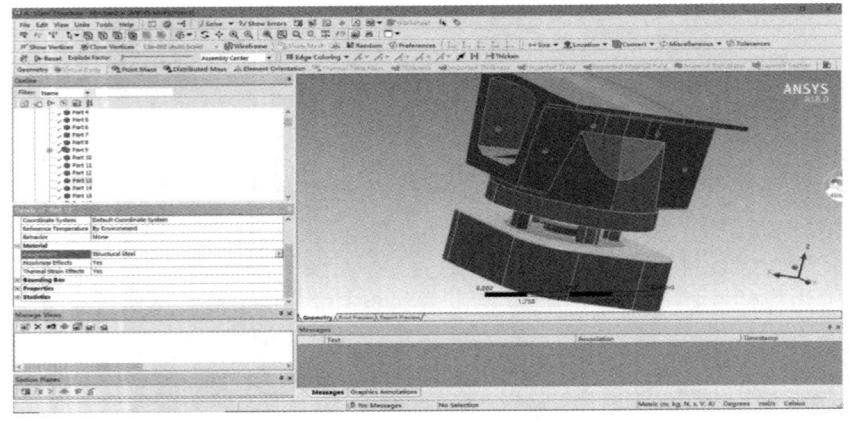

图 3-5-9　修改对应的材料

（3）网格划分

在模型创建后和分析计算前，还需要对模型进行网格划分。网格划分的好坏将决定求解的精确度和速度。网格划分是利用 Workbench 中的 Mesh 程序进行的。在网格划分的方法中自动划分网格（Automatic）是最简便的方法，系统将根据模型自动进行划分，这是一种比较粗糙的方式，在本项目中由于主要针对的是球铰处的分析计算，故对主梁模型采用该网格划分方式。

通过属性窗的 Element Size 来设置整个模型使用的单元尺寸。这个尺寸会应用到所有的边、面和体的划分。如图 3-5-10、图 3-5-11 所示。

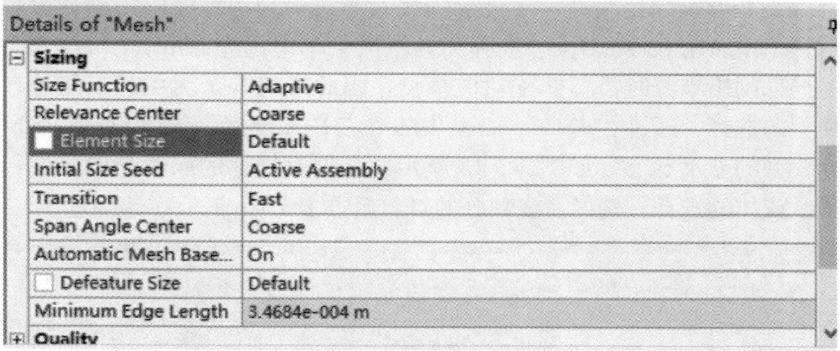

图 3-5-10　网格划分设置

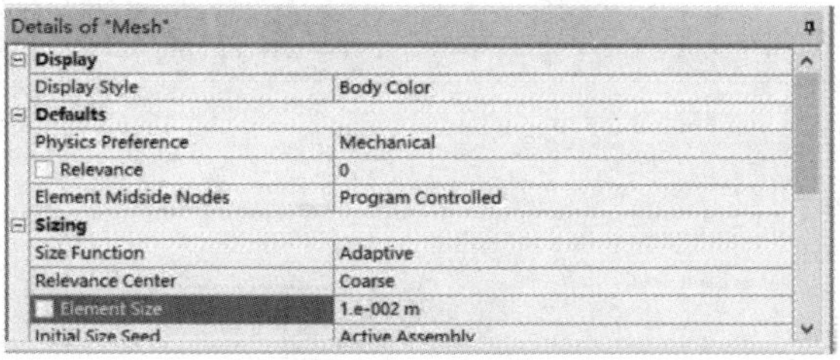

图 3-5-11　Element Size 设置

由于该球铰在一些细部构件具有较大的曲度，需对网格弯曲区域进行细化，在 ANSYS Workbench 中设置 Span Angle Center 来设置基于边的曲度目标，有 Fine（细化）、Medium（中等）和 Coarse（粗糙）分别对应跨度范围为 12°～36°、24°～75°和 60°～91°，如图 3-5-12 所示。

对于球铰中部分细部构件可通过调整局部网格控制，可用到的局部网格控制包括局部尺寸、接触尺寸、细化、匹配控制、收缩和膨胀等。通过在树形目录中右击 Mesh，弹出选项中选择 Insert。

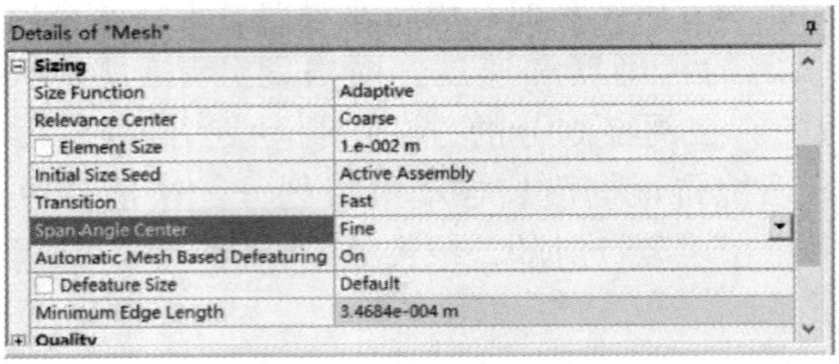

图 3-5-12　基于边的曲度设置

　　首先对球铰部分局部尺寸进行细化，要实现局部尺寸的网格划分，在树形目录中右击 Mesh 分支，在弹出的快捷菜单中选择"Insert→Sizing"命令。局部网格划分时需要匹配对应模型，因此可将其余无关模型隐藏，以便模型的选择，通过右击 Geometry 中的对应 Part 模型，选择 Show Body 可改变模型的显示状态，如图 3-5-13 所示。在局部尺寸的属性窗中要进行划分的线或体的选择，选择需要划分的对象后点击"Apply"按钮确定。

图 3-5-13　球铰网格划分

　　进行影响球的局部网格划分，通过设置影响球的球心、半径及影响球内网格尺寸来进行细化，如图 3-5-14 所示，在砂箱模型与滑道模型接触部位对网格进行了细化。同时，添加 Type 定义为 Element Size 的 Size 命令，对整个滑道进行网格尺寸定义。

　　通过添加单元细化（Refinement）对网格进行细化，可实现对面、边和定点的网格细化，在细化网格时首先由全局或局部网格尺寸定义生成初试网格，然后指定需要细化的模型进行细化。细化水平从 1～3，细化水平为 1 时将初始网格的边一分为二。如图 3-5-15～图 3-5-18 所示。

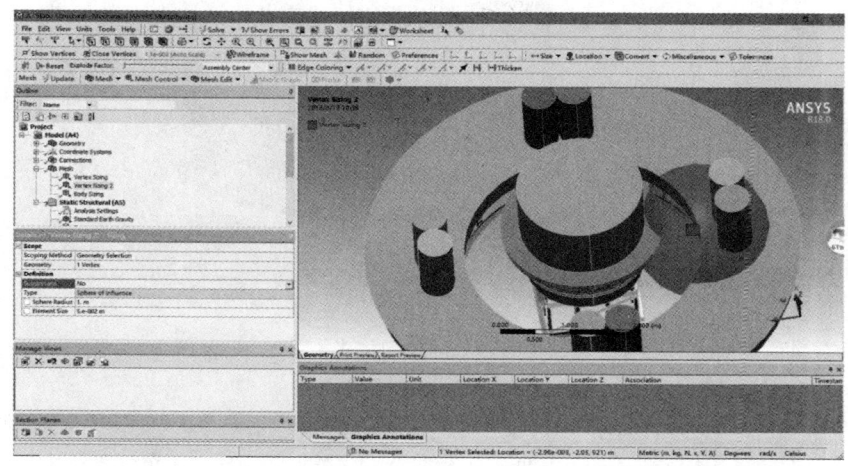

图 3-5-14　球铰网格细化构件选择

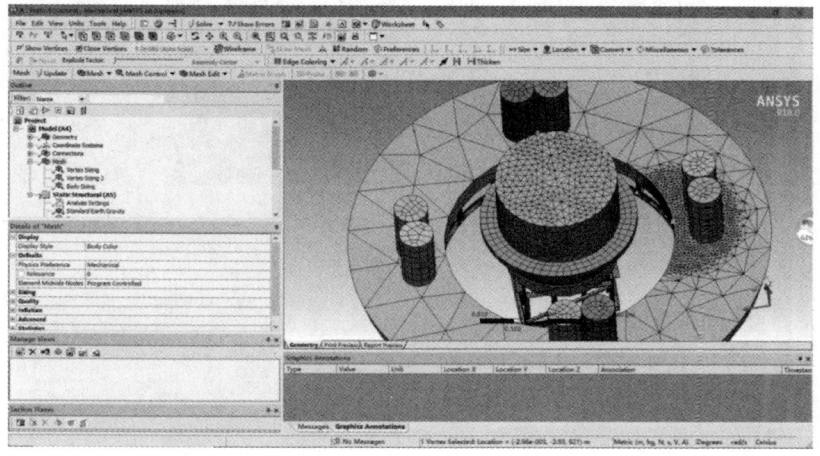

图 3-5-15　网格细化水平 1

　　球铰部分模型多数为圆柱结构，通过映射面划分（Face Meshing）在面上产生结构网格，在树形菜单中选择 Insert→Face Meshing 添加映射面划分，对局部映射面网格进行划分（图 3-5-19），映射面划分使圆柱面具有更均匀的网格（图 3-5-20）。

图 3-5-16　网格细化水平 2

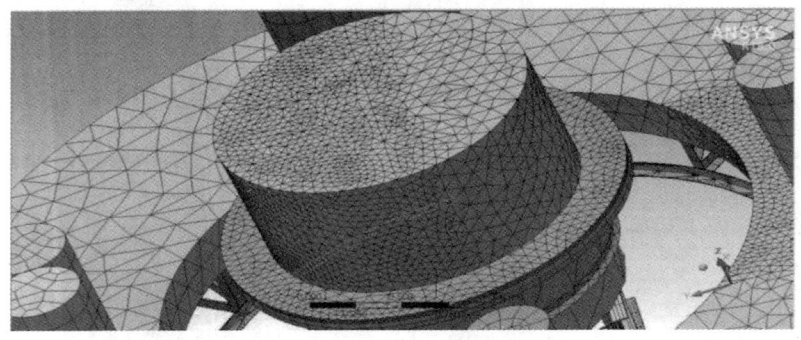

图 3-5-17　网格细化水平 3

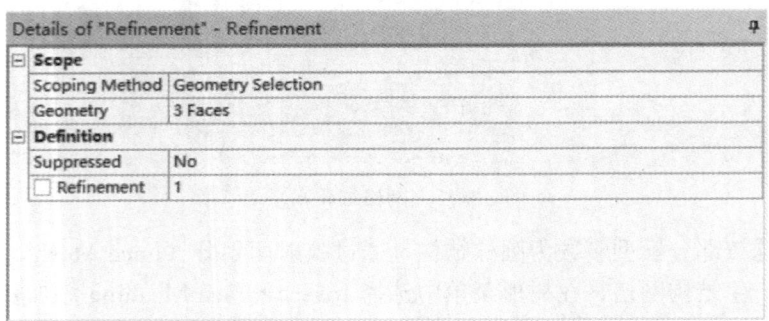

图 3-5-18　网格细化水平界面

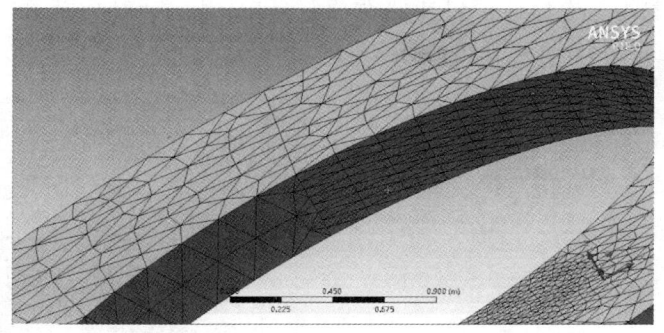

图 3-5-19　圆柱映射面划分

生成网格（Generate Mesh）是划分网格的最后一步，通过右击树形菜单中的 Mesh 选择 Generate Mesh 可对之前进行的网格划分进行运算生成。如图 3-5-21 所示。

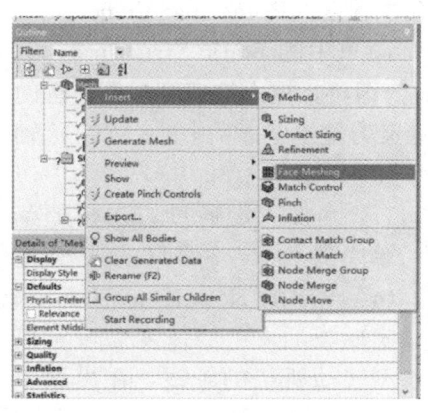

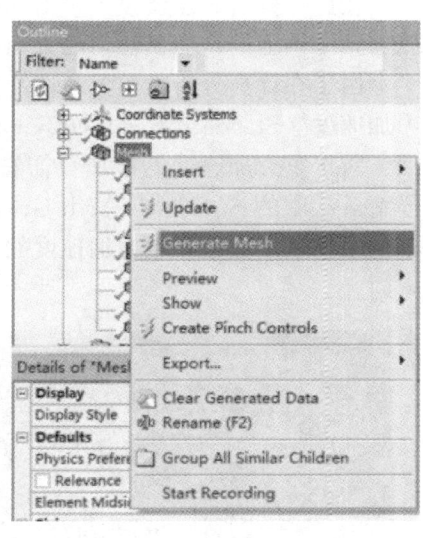

图 3-5-20　圆柱映射面划分设置　　　　图 3-5-21　生成网格界面

在网格划分中，可通过 Section Planes 显示内部的网格，利用截面工具可显示任一截面上的单元，在截面窗口中选择 Show Whole Elements，可显示完整单元，以及单元划分结果（图 3-5-22、图 3-5-23）。

4. 仿真与求解

（1）荷载与约束

荷载和约束是以单元的自由度的形式定义的，ANSYS Workbench 中有四种类型的结构荷载，包括惯性荷载（Inertial）、结构荷载（Loads）、结构约束（Supports）和热荷载（Conditions）。

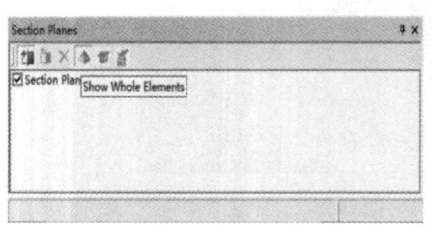

图 3-5-22　显示完整单元界面

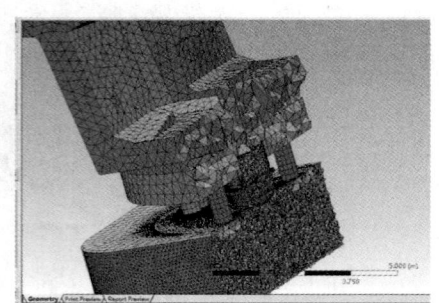

图 3-5-23　球铰处单元划分结果

1）加速度和重力加速度

在进行分析时需要设置重力加速度，在程序内部加速度是通过惯性力施加到结构上的，而惯性力的方向和所施加的加速度的方向相反。

由于在计算分析中主要考虑结构自重与转体过程的影响，因此添加重力加速度（Standard Earth Gravity）与角加速度（Rotational Velocity）。

对于重力加速度的添加只需右击树形菜单中的 Static Structural，选择 Insert 中的 Standard Earth Gravity 命令即可。重力加速度根据所选的单位系统确定数值，重力加速度的方向定义为整体坐标系中的一个坐标轴方向。

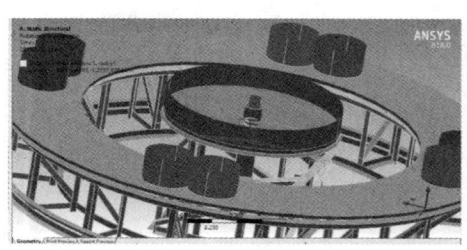

图 3-5-24　角加速度的添加

角加速度通过右击树形菜单中的 Static Structural，选择 Insert 中的 Rotational Velocity 实现添加。角加速度需设定模型转动所绕的轴线，在模型中通过选择球铰的上平面，系统便可自行识别位于该平面中心的法线，如图 3-5-24 所示，选择的模型为桥梁上部梁结构，需对转动的模型在 Geometry 中进行匹配，最后设定选择模型的转动加速度，根据施工设计转体角速度控制在 0.02rad/min，加速时间约 5min，通过换算约为 0.00000111rad/s^2，在 Magnitude 中输入，完成角加速度的添加。

2）结构荷载

结构荷载主要包括压力（Pressure）、集中力（Force）、远端荷载（Remote Force）、力矩荷载（Moment）等。本项目所包含的结构荷载主要来自于结构自身的重力与施工荷载。

由于建模过程中省略了 0 号梁块以外的其他梁段，因此需在 0 号块两端添加远端荷载以等效省略的梁段的自重荷载。等效的方法为在省略的梁块的形心位置设置大小为该梁块自重的远端荷载，通过 BIM 模型中的明细表可查阅各梁块的体积、重力以及与球铰的相对位置（表 3-5-2）。

梁段荷载　　　　　　　　　　　　　　　表 3-5-2

梁块	体积(m³)	质量(kg)	距离(m)
A1、B1	44.69	109490.5	5.5
A2、B2	40.40	98980	8.5
A3、B3	44.78	109711	11.75
A4、B4	42.58	104321	15.25
A5、B5	40.75	99837.5	18.75
A6、B6	37.85	92732.5	22.25
A7、B7	36.42	89229	25.75
A8、B8	35.07	85921.5	29.25

添加远程荷载，即给实体的面或边施加一个远离的荷载，右击树形菜单中的 Static Structural，选择 Insert 中的 Remote Force。将荷载作用的面定义为主梁 0 号块两端截面，根据相对位置输入荷载坐标。为了便于调整远程荷载的方向，将荷载大小以分量（components）的形式输入，x 方向与 y 方向为 0，z 方向为梁段等效荷载值。如图 3-5-25 所示。

运算时，根据主梁的施工进度对不同梁段进行激活与抑制，以模拟在不同工况下球铰的应力分布情况。

添加施工荷载，即给主梁上表面施加压力，右击树形菜单中的 Static Structural，选择 Insert 中的 Pressure。在 Details of Pressure 窗口中输入单位面积上力的大小，匹配对应的结构面，方向为与面正交的方向，指向面内为正，反之为负。如图 3-5-26 所示。

3）结构约束

结构约束包含固定约束（Fixed Support）、已知位移（Displacement）、弹性约束（Elastic Support）、无摩擦约束（Frictionless Support）等多种约束类型，该球铰结构约束为其桥墩结构的固定约束，即限制其在

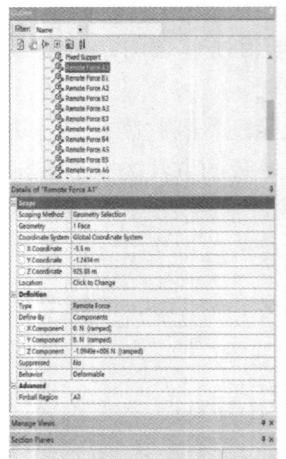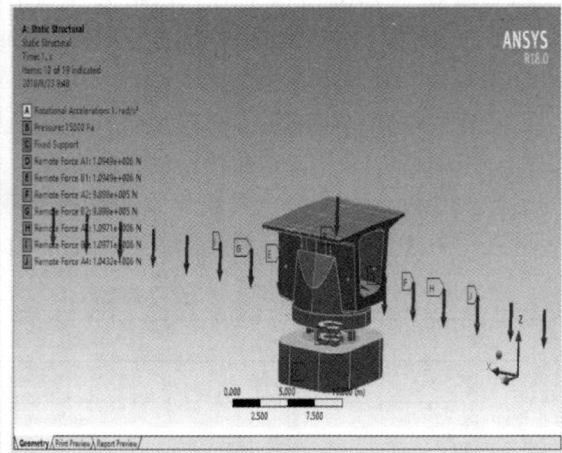

图 3-5-25　梁段荷载施加

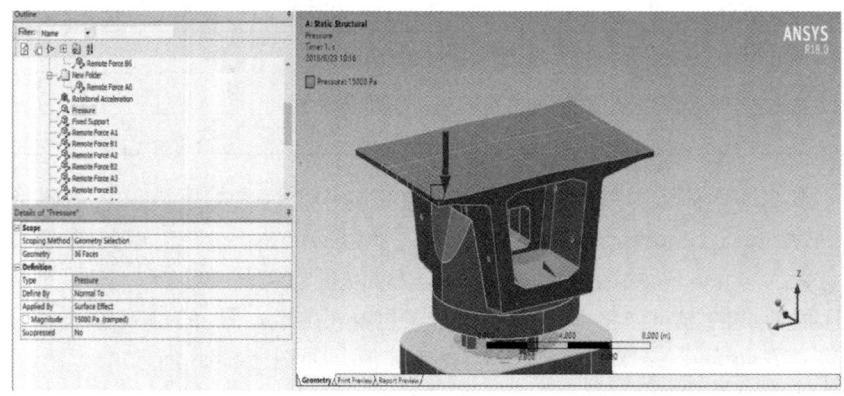

图 3-5-26　施工荷载施加

x、y 和 z 方向上的位移与转动，因此在墩帽地面位置添加固定约束。

右击树形菜单中的 Static Structural，选择 Insert 中的 Fixed Support。选择桥墩的底面点击 Details of Fixed Support 中的 Apply 完成固定约束的添加。如图 3-5-27 所示。

4）接触定义

Workbench 中提供了五种接触类型，包含绑定连接（Bonded）、不分离连接（No Separation）、无摩擦连接（Frictionless）、粗糙的连接（Rough）以及有摩擦连接（Frictional）。

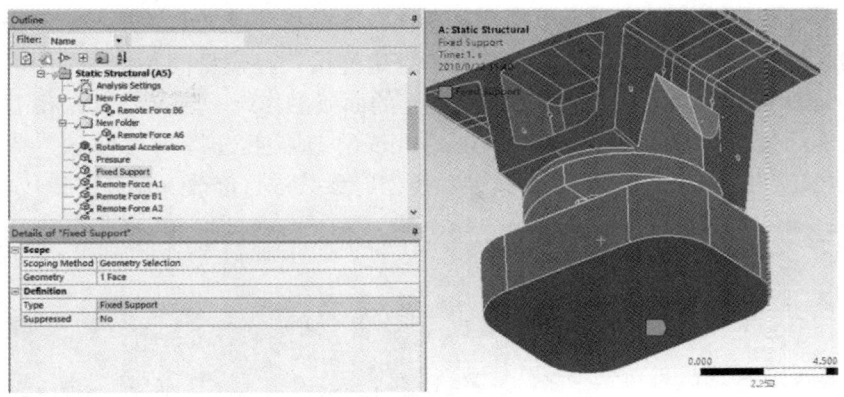

图 3-5-27　约束设置

对于导入 ANSYS Workbench 有限元环境中的装配几何体，系统会自动根据几何体之间的间隙值自动设置接触类型。在"Outline"树形窗口中会自动生成一个 Connections 节点，在节点下单击选中 Contacts，弹出"Details of Contacts"对话框。在该对话框中可以设置接触几何对象的范围，探测公差类型以及容差值等参数。如图 3-5-28 所示。

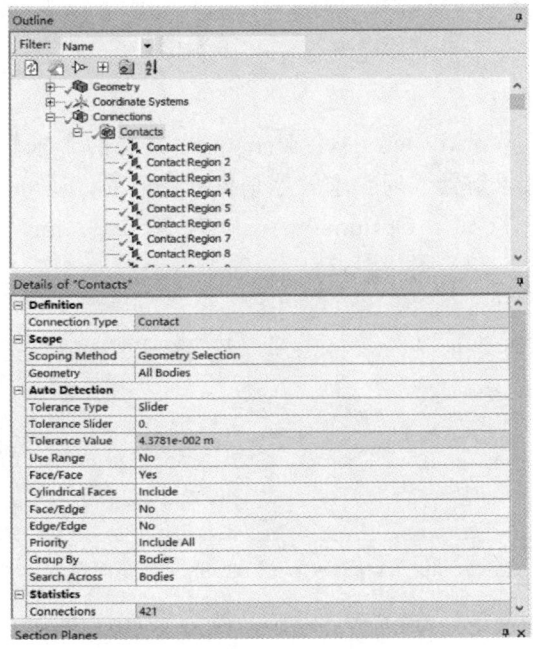

图 3-5-28　定义接触

　　分析最初默认的接触类型都是系统自动探测并定义的，并不一定符合实际情况。本案例大部分构件连接为绑定连接，且模型间距均为 0，可在 Details of "Contacts" 中对于间距为 0 的面接触作统一定义，其余模型根据实际情况手动定义与修改，在 Contacts 节点下选择一对接触，弹出"定义接触参数"对话框，对其接触类型与参数进行修改（图 3-5-29）。

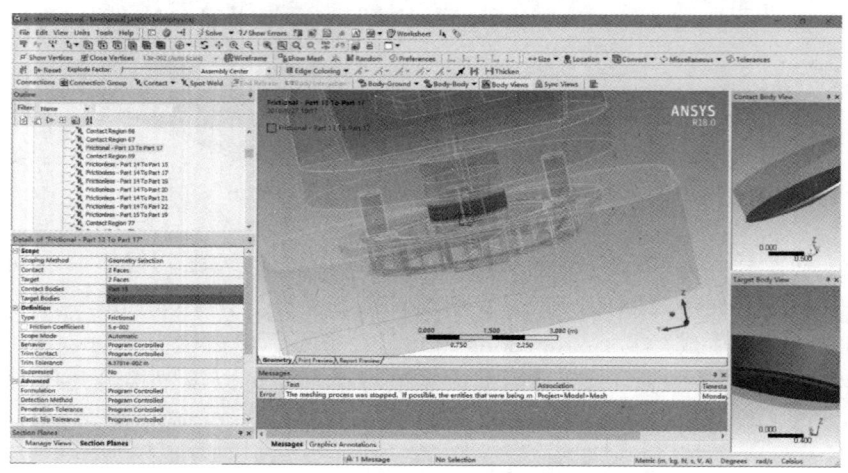

图 3-5-29　构件接触定义

（2）求解模型

　　在 ANSYS Workbench 中，Mechanical 具有两个求解器，分别为直接求解器和迭代求解器。通常求解器是自动选取的，还可以预先选用其中一个。操作为：Tools→Options→Analysis Settings and Solution 选项下进行设置（图 3-5-30～图 3-5-32）。

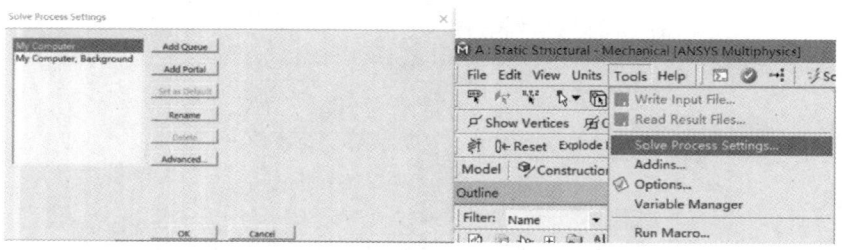

图 3-5-30　ANSYS Workbench 求解界面设置 1

　　当分析的各项条件都设置完成后，单击工具箱中的"Solve"按钮进行模型求解。

5. 仿真结果分析

在 Mechanical 的后处理中，可以得到多种不同的结果：各个方向变形及总变形、应力应变分量、主应力应变或者应力应变不变量；接触输出、支反力。

在 Mechanical 中，结果通常是计算前指定的，但是它们也可以在计算完成后指定。如果求解一个模型后再指定结果，可以单击 Solve 按钮，就可以检索结果。

（1）应力分析

由于转体结构主要承担竖向荷载，所以分别对球铰滑动面和转体结构作竖向的应力分析，计算结果如图 3-5-33、图 3-5-34所示。

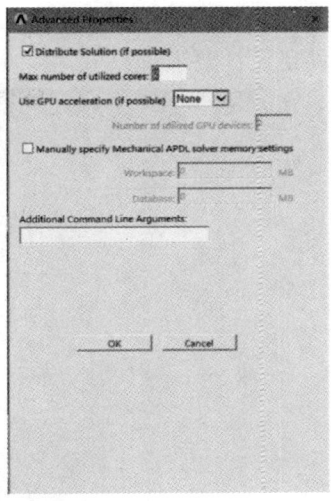

图 3-5-31　ANSYS Workbench 求解界面设置 2

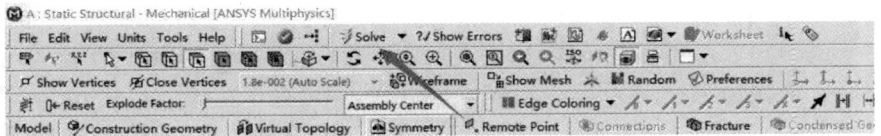

图 3-5-32　ANSYS Workbench 求解图标

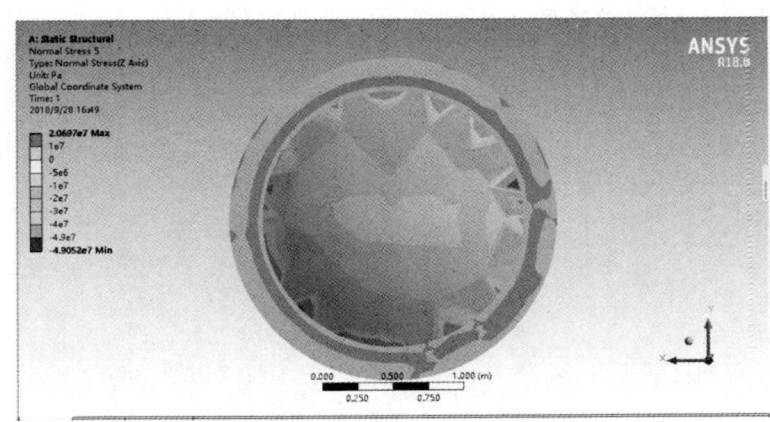

图 3-5-33　球铰竖向应力

由图 3-5-34 可知，球铰的滑动面以受压为主，压应力由滑动面中心至四周依次减小，最大的压应力为 49.05MPa，由设计图纸可知，球铰滑动面上的 MGB 滑动片设计抗压允许应力为 70MPa，大于 49.05MPa，所以满足设计要求。

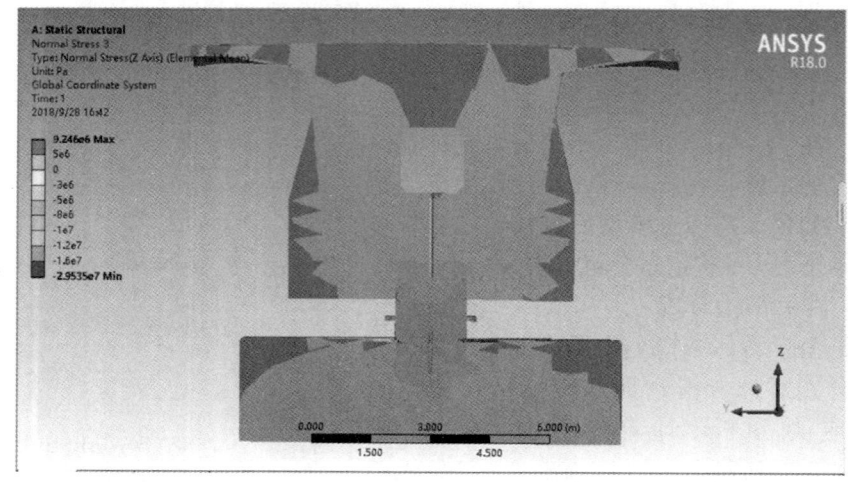

图 3-5-34　转体结构竖向应力

　　由图 3-5-34 可知，转体结构主要受到竖向的压应力作用，在球铰与混凝土接触边缘有应力集中的现象，最大的压应力为 29.54MPa，小于 32.4MPa，满足设计要求。

　　（2）位移分析

　　由于转体结构的变形以竖向变形为主，所以对其竖向的变形结果，如图 3-5-35 所示。

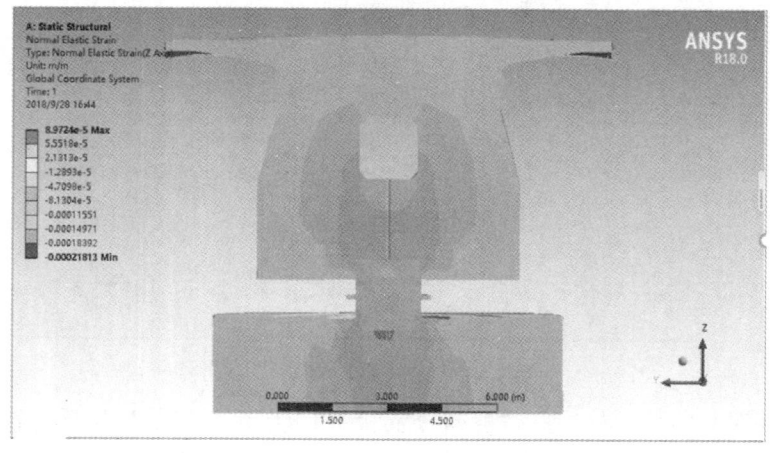

图 3-5-35　转体结构竖向变形

146

由图 3-5-35 可知，结构的竖向变形由转体结构与 0 号块和墩顶的接触处向四周依次减小，最大的竖向变形值为 0.22mm，由此可见转体结构的变形较小，可忽略不计。

第六节　FLAC 3D 对桩基仿真与程序求解

1. 软件概述与特点

FLAC（Fast Lagrangian Analysis of Continua）是 ITASCA 公司在 1986 年开发的三维显式有限差分数值计算程序，所利用的基本原理是源于流体力学的拉格朗日差分法，有 FLAC 2D 和 FLAC 3D 两个版本，主要用于计算岩土方面的问题，经过不断地完善和发展，目前已经在全球 70 多个国家得到应用，成为岩土力学计算中的重要数值软件。

本节采用 FLAC3D 对桩基进行数值模拟，FLAC 3D 主要的优点如下。

（1）具有广泛的应用范围

FLAC 3D 中有 1 种空单元模型，3 种弹性模型，8 种塑性模型，共 12 种本构模型，各个模型都有自己的适用范围，可以根据工程材料的力学特性选择本构模型。除此之外，还包含静力模式、动力模式、蠕变模式、渗流模式和温度模式五种计算模式，可以根据不同的情况选择不同的模式进行单独计算，也可以将不同的计算模式组合起来进行耦合计算。因此，该软件可以解决各种复杂情况下的计算问题，已经成为土木工程、石油及环境工程、水利、交通等领域不可或缺的计算和分析软件。

（2）开放性

FLAC 3D 通过鼠标和命令流实现操作，内嵌 fish 语言，用户可以根据不同的需要自定义变量或者函数，例如利用 fish 语言，可以构建软件内没有的单元形式，可以根据材料属性建立软件内不存在的本构模型，设置特殊的边界条件，施加各种形式的荷载。

（3）更加精确的求解功能

FLAC 3D 采用拉格朗日差分法进行分析计算，不管对于静力问题还是动力问题，都是采用动态的运动方程进行求解，消除了在模拟物理上不稳定过程中的数值上的障碍，采用了混合离散方法来模拟材料的屈服或塑性流动特性，这种方法比有限元方法中通常采用的降阶积分更为准确、合理。

（4）强大的后处理功能

在 FLAC 3D 中可以通过窗口中的 Zones 选项或输入命令流的方式将计算结果的图像清晰地显示出来，并且可以通过透明的显示功能使用户更加方便地观察模型内部应力、应变的变化情况，支持输出 .png 或 .bmp 等格式的位图图像，除此之外，还可以设置模型上需要标记的点，记录该点在计算过程中的变化情况，将数据的变化记录到 txt 或者 Excel 表格中。

虽然 FLAC 3D 拥有其他软件所不具有的优势，但是不可否认的是它也有一些缺点和不足，主要集中在以下几个方面。

（1）前处理功能较弱

虽然软件内置了六面体网格、楔形体网格、柱体网格等 13 种基本形状网格，但是只能通过组合的方式建立一些形状较为简单和规则的模型，并且 FLAC3D 通过输入命令流的方式进行建模，上手难度较高，前期往往需要花费大量的时间学习建模的命令，虽然后来开发了 Extrusion 模块，但是该模块也只能通过拉伸的方式构架简单规则的模型，对于建立复杂的模型依然非常烦琐和困难。

（2）计算时间受网格数量的影响较大

FLAC3D 的计算时间大约与网格数量的 4/3 次方成正比，由此可见，计算时间对网格数量很敏感，受网格数量的影响较大，在一定体积的模型中，当设置网格尺寸较小时，网格数量就会增多，计算的时间也会相应延长，有时候相同的模型由于设置网格尺寸的不同其计算时间相差能达到数倍之多。

（3）真实时间的约束

在研究土体固结、材料流变等与时间相关的物理过程时，FLAC 3D 均采用的真实时间进行模拟，这就造成了对于时间较长的物理过程，软件的计算时间也同样很长，所以这种方式极大地降低了求解的效率。

2. FLAC 3D 软件桩基仿真计算流程

由于 FLAC 3D 前期建模功能较弱，而且桩基的模型并不是很规整，利用软件内置的 13 种网格形式构建模型较为困难，十分不方便。本文利用接口将 Revit、ANSYS 和 FLAC 3D 三款软件进行联用。

（1）利用 Revit 进行建模

Revit 软件具有较高的建模自由度，能够方便快捷地建立复杂的异形构件，利用 Revit 进行建模可以很好地弥补 FLAC 3D 前期建模功能较弱的缺点。根据图纸资料，分别建立桩体、承台和土体的三维模型。详情参看第二章相关内容。

（2）利用 ANSYS 进行网格划分

ANSYS 因为具有强大的网格划分功能，所以将 Revit 建立的桩基和土体模型导出为 SAT 格式后，分别导入到 ANSYS 软件中进行网格的划分，土体一共分为 5 个土层，所以把土体模型分为 5 个组，桩基模型单独分为 1 个组，网格划分模型，如图 3-6-1、图 3-6-2 所示。

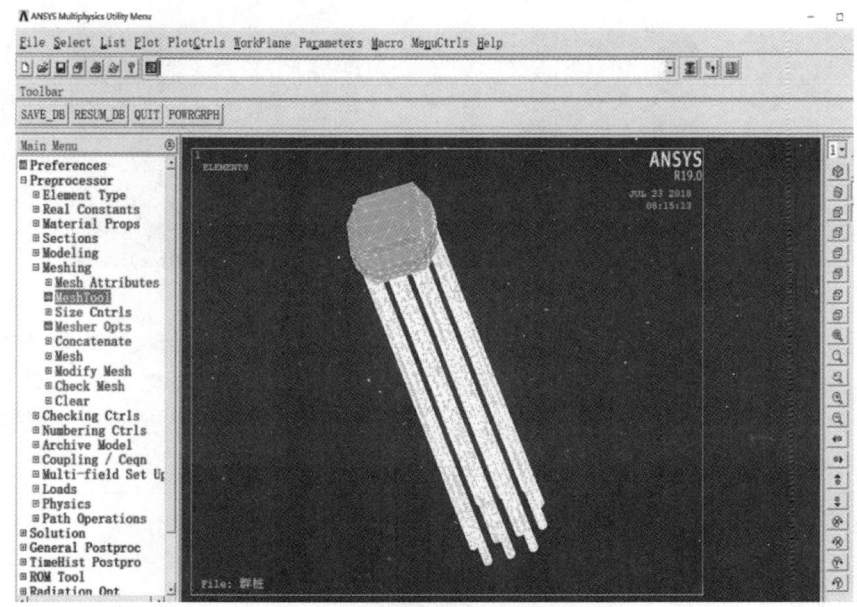

图 3-6-1　桩基的网格划分模型

（3）利用 FLAC3D 进行模型拼装

通过接口将在 ANSYS 中划分完网格的桩基模型和土体模型分别导出为 .flac3d 格式的文件，为了区分土体和桩基的分组，首先在 FLAC3D 中导入土体模型，保存为 .sav 格式，然后再重新导入 .sav 格式的土体模型，建立桩土的接触面，最后导入 .flac3d 格式的桩基模型。

整体模型和桩土接触面，如图 3-6-3、图 3-6-4 所示。

3. 桥梁转体之前桩基沉降和受力的仿真分析

桩体和承台用的材料是钢筋混凝土，将其本构关系设置为弹性模型，

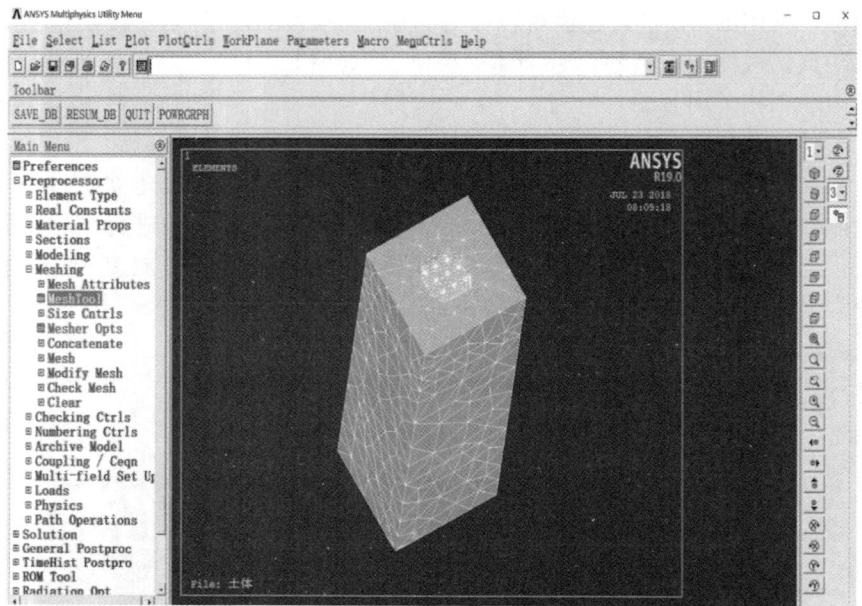

图 3-6-2　土体的网格划分

土体在受到较大荷载时会发生塑性变形，所以将土体的本构关系设置为摩尔—库伦塑性模型。将初始应力下桩基土体的位移清零，依次施加桥墩荷载和 0～8 号块梁段荷载，模拟计算出桥墩施工至转体之前每个施工阶段桩基的沉降和应力变化情况。模拟云图如表 3-6-1 所示。

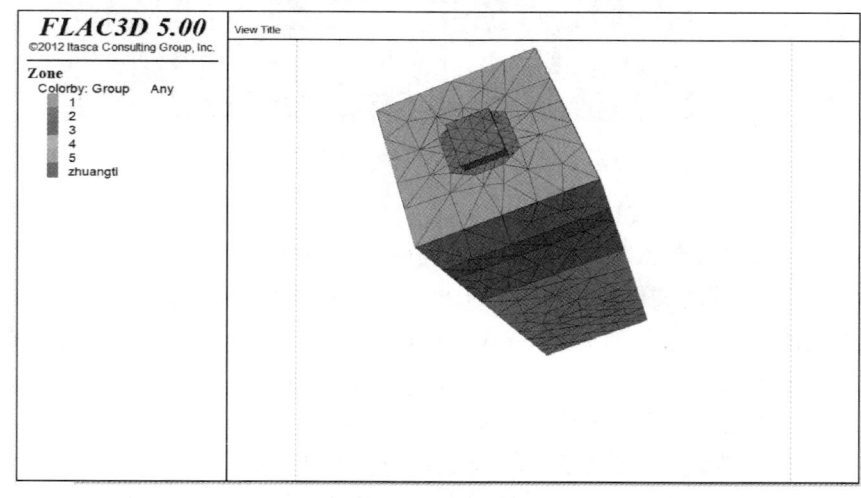

图 3-6-3　整体模型

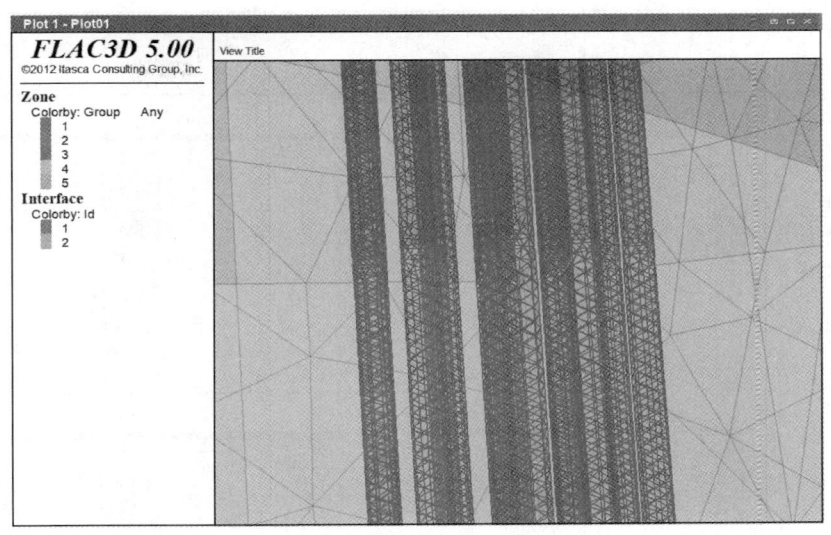

图 3-6-4　桩土接触面

桩基的沉降和应力　　　　　　　　　　　　　表 3-6-1

施工阶段	沉降云图	竖向应力云图
桥墩施工完成		
0 号块施工完成		

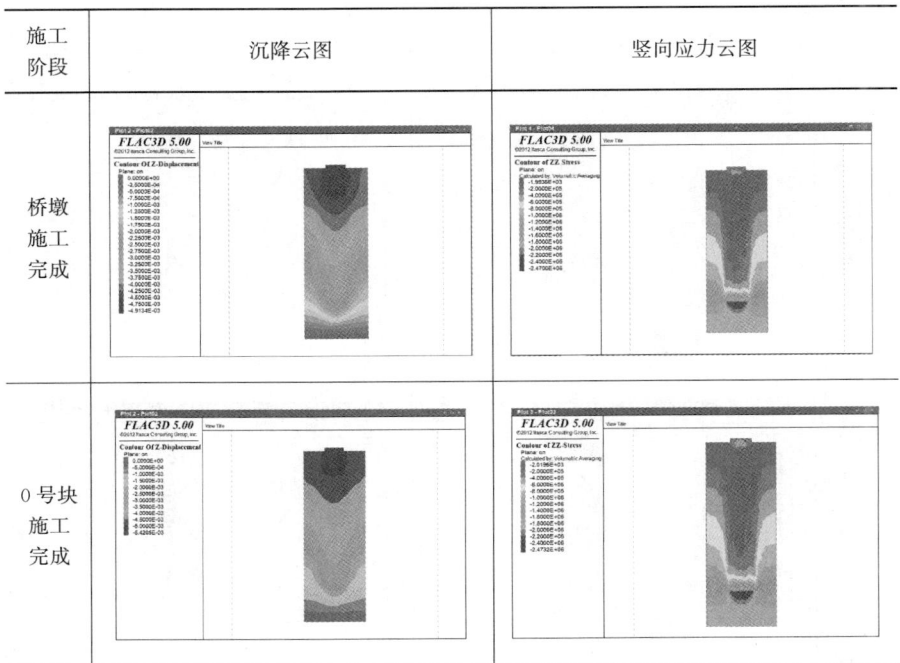

续表

施工阶段	沉降云图	竖向应力云图
1 号块施工完成		
2 号块施工完成		
3 号块施工完成		
4 号块施工完成		

续表

施工阶段	沉降云图	竖向应力云图
5 号块施工完成		
6 号块施工完成		
7 号块施工完成		
8 号块施工完成		

由表 3-6-1 中云图数据可知：

（1）从立面上来看，桩周土的变化：土体的沉降自上而下依次减小。

（2）从立面上来看，桩间土的变化：与在自重荷载作用下相比，在承台上施加荷载之后，桩体有了明显的压缩变形，压缩量随桩体的深度逐渐减小，这是由于此时桩体的沉降大于土体的沉降，桩体受到向上的正摩阻力的作用，而桩体所受到的正摩阻力的大小与桩体的长度成正比，桩体某处的轴力为向下的竖向荷载和向上的正摩阻力之差，所以桩体所受的轴力由上到下逐渐减小，由公式 $\Delta l=\dfrac{F_{\mathrm{N}}l}{EA}$ 可得桩体的压缩长度随轴力的减小而减小，所以桩间土的沉降不再上下基本保持一致，而是由上而下沉降逐渐减小。

（3）从平面上来看，桩间土与桩周土的沉降趋势是相同的，都是距离群桩中心越近土体的沉降越大，这是因为在施加荷载之后，桩体在受到向上的正摩阻力的同时，土体会受到向下的摩擦力作用，所以距离群桩中心越近的土体竖向位移越大，这与未施加荷载时桩土的沉降情况恰好相反。

（4）土体竖向应力与未施加荷载时的分布规律基本一致。最大的竖向应力仍然出现在桩底的土体部分，最大值增大至 $2.5031\times10^{6}\,\mathrm{Pa}$。

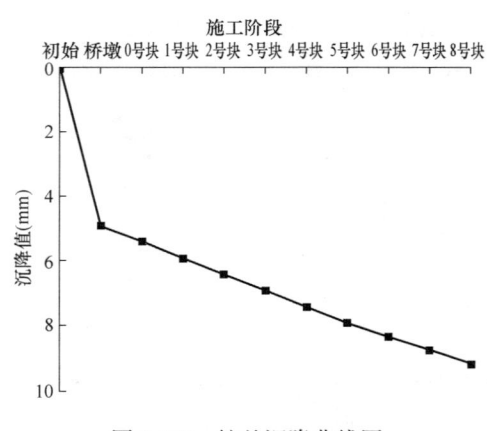

图 3-6-5　桩基沉降曲线图

记录坐标为（18，17，99.5）的承台上表面中心点的沉降值在不同施工阶段的变化情况，沉降曲线如图 3-6-5 所示。

由图 3-6-5 所示可知，桩基的沉降大小与施加荷载的大小大致上呈正比，桥墩的重量较大，所以在承台上施加桥墩荷载时，桩基的沉降较大，达到了 4.9134mm，在后续的梁块的施工过程中，由于梁块重量相差不大，所以桩基沉降较为平稳，大体上呈直线上升的趋势，在 8 号块施工完成之后，桩基的沉降值达到最大，为 9.1703mm。

4. 桥梁转体之后桩基沉降和受力的仿真分析

利用 FLAC3D 分别对合龙后和铺设轨道之后的 225 号墩桩基进行数

值模拟，在上承台施加荷载之后，计算结果如图 3-6-6～图 3-6-9 所示。

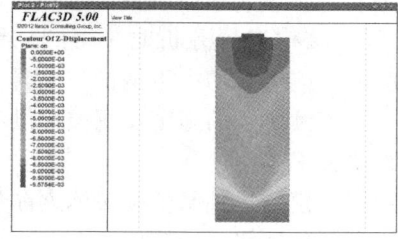

图 3-6-6　合龙后的沉降云图

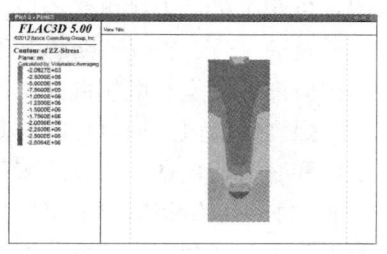

图 3-6-7　合龙后的竖向应力云图

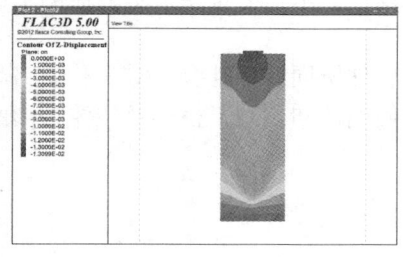

图 3-6-8　铺设轨道后的沉降云图

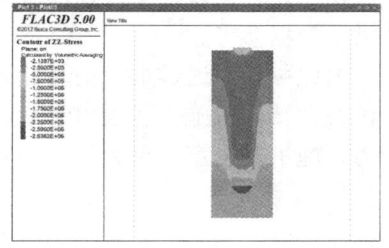

图 3-6-9　铺设轨道后的竖向应力云图

由图 3-6-6～图 3-6-9 可知，桥梁合龙之后和铺设轨道之后，桩基土体的沉降和应力云图在趋势上并没有太大的变化，在合龙之后 225 号墩的桩基沉降值为 9.5754mm，铺设轨道之后沉降值达到了 13.099mm，根据《铁路桥涵地基和基础设计规范》TB 10093—2017，设计速度在 250km/h 及以上的有砟轨道墩台均匀沉降的限值为 30mm，大于理论计算的沉降值，具有较高的安全储备。

第七节　本章小结

本章利用有限元程序软件 Midas Civil、ANSYS Workbench 及 FLAC 3D 对新建崇礼铁路赵川镇转体特大桥连续梁桥梁桥墩、主梁、球铰、桩基进行了全过程分析。

通过 Midas 软件在对结构进行分析时，得到转体前混凝土主梁处于全截面受压状态，臂端下缘受拉，最大弯矩出现在悬臂根部截面；成桥阶段混凝土主梁处于全截面受压状态，且跨中出现负弯矩。通过以上的应力云图，可知主梁上下缘承受压应力均小于 C50 混凝土抗压强度标准值。

通过 ANSYS Workbench 软件在对球铰结构进行分析时，得到球铰处、护筒内混凝土和墩帽混凝土的最大应力，应力值均小于钢材与混凝土材料的强度标准值。通过虚拟仿真计算，为连续梁桥的施工及测控提供参考依据和有效的数据，并以此来指导连续梁施工工作。

通过 Revit-ANSYS-FLAC 3D 的联用方法模拟了桩基桥梁转体之前各个施工阶段沉降和应力的变化情况，分析了变化规律；计算桥梁合龙之后各墩桩基所承担的最终荷载，及桩基的最终沉降值，并与设计规范的沉降限值作了比较，验证了桩基的沉降满足设计要求，为桥梁桩基的监测工作提供了数据参考。

由此可知，通过虚拟仿真计算及多软件协同计算配合，对崇礼铁路赵川镇特大转体桥施工各项力学参数有了明确认知，对于桥梁及转体结构的受力、施工安全意义重大。

第四章 基于 BIM 技术的施工监测控制与分析

第一节 桥梁转体施工控制概述

在我国基础设施建设过程中，桥梁工程作为我国交通建设中的重要一环，在跨越山河湖海等各种复杂地形中有着无可比拟的重要性和优势。新中国成立以来，为满足社会经济的发展和人民出行的便利，越来越多的大桥逐渐出现在我国广袤的土地上。然而，随着社会发展的需要和人民生活水平的不断提升，正在修建的铁路中经常会遇见新的在建高铁遇到正常运行而且运输任务非常繁忙的既有铁路或者交通运输繁忙的国有公路，如果在这种道路上强行施工可能造成交通中断甚至可能造成生命财产的损失，这时传统的桥梁施工技术便很难满足建设的需要，在这种背景下，桥梁转体技术应运而生。桥梁转体法施工是指为了避开繁忙的道路或者山谷河流而将梁体偏离设计轴线一定角度且便于施工，将梁体采用常规的施工方法进行浇筑成桥后，利用转动系统将梁体转动到设计轴线位置上完成最后的合拢，使梁体线形及桥体位置达到设计位置的一种新型转体施工方法。桥梁转体施工方法主要包括三种，分别为竖转法、平转法、竖转与平转相结合法。依据现场施工情况，本桥采用平转法进行施工。

在转体施工过程中，需要先在墩顶施工转体系统，之后将梁体平行于既有线路施工，施工完成后启动转体系统进行对接合龙。此种施工方法虽然较完美地解决了在建铁路跨越既有线路的问题，但是施工难度增加，施工工序增多，施工安全风险也相应增大。因此，如何保证桥梁顺利竣工便显得尤为重要。为此，在桥梁施工过程中，便需要采用施工控制技术对桥梁的各项指标进行严格把控，以确保桥梁的安全施工。

桥梁施工控制是通过对施工过程的监测、反馈、修正，从而实现设计意图。施工控制实践中采用的方法主要有：自适应控制法、最佳成桥状态法、卡尔曼滤波法、顺推法、灰色预测控制法以及参数识别法等。针对本项目，施工控制方法采用自适应控制法，即仿真计算和现场监测相结合的方法。首先，结合工程施工的实际参数，对桥梁（40＋64＋40)m 转体部分采用 Midas Civil 有限元软件进行建模，针对桥梁施工的各个工况进行分析，并且采用大型通用有限元软件 ANSYS 对转体系统进行理论计算，得出了相应的理论值。同时，在桥梁梁体内安置埋入式应变计和温度计，并且在转体过程中在撑脚位置安置位移计，进行现场实际监测，将测得的实际值与理论值进行比对，分析两者误差是否在规定允许范围内，如果超出误差范围，则需要对相应数据的对应参数进行详细分析，找出问题所在，及时调整参数，并且可以进行一定的后续状态预测，以达到监控的目的。

第二节 转体施工控制的目的和意义

近年来，桥梁自架设体系施工方法得到了越来越广泛的应用，与此同时，该施工方法也必然导致桥梁产生复杂的位移和内力变化，本项目的悬臂施工方法便是自架设体系施工方法之一，因此，为了确保桥梁安全、快速地施工，对在建的预应力混凝土连续梁桥进行施工控制是十分有必要的。

具体说来，采用自架设体系施工也存在很多方面的问题：首先，由于采用的混凝土材料本身属于非均质材料，这就导致材料特性不稳定，在施工工程中容易受到温度、环境等因素的影响。其次，由于采用分节段施工，因此各节段混凝土以及节段内部各层混凝土之间也会产生相互作用，施工过程中结构整体和局部的受力体系及外荷载的大小都在不断地发生变化，相应的就导致桥梁内部的应力较为复杂。此外，施工过程中产生的干扰，也可能导致桥梁线形和内力不符合设计要求，导致成桥困难，并且对成桥后的桥梁外形和行车条件等方面带来影响。

与此同时，基于本项目，在悬臂梁施工完成之后，便是最关键的转体工序。在转体过程中，悬臂梁的摆动以及转体系统的安全稳定同样是施工中的重中之重。如果悬臂梁的施工出现了线形偏差，这将会对转体后的桥梁造成不可挽回的影响。另外，在转体桥转体过程中，还会受到诸如风的阻力，撑脚和滑道摩擦力等额外的力，这将使桥梁受力变得更加复杂，所以转动系统的关键装置球铰和滑道也显得至关重要。而在转体之后的合龙阶段，还需要经历由转动系统向永久支座转换的过程，这是一个由静定结构向超静定结构转换的过程，同样涉及复杂的受力过程。

因此，在施工过程中，由于桥梁的结构形式、所受荷载、边界支撑条件以及环境因素等的不断变化，结构内力和变形状态也在发生不断的变化。为保证曲线梁桥成桥后的桥梁线形和内力状态均达到设计要求，就需要对桥梁的整个施工过程进行有效的施工控制。对于大跨度预应力混凝土连续梁桥而言，施工控制主要包括四个方面的内容：施工控制结构仿真分析，施工监测，施工误差分析以及后续桥梁施工状态预测。关于施工控制仿真计算已在上一章节中详细说明，本章主要介绍施工监测。

尽管在桥梁的设计阶段确定了桥梁施工过程中的结构状态参数，但是由于施工中多种因素的影响，使得实际结构中的设计参数与设计值并不完全一致，进而导致结构的实际状态不能完全达到设计理想状态。曲线连续梁桥悬浇＋转体的施工过程，施工程序复杂，技术难度大，导致影响其成桥内力和变形的因素相对较多，主要包括：①梁段自重误差对结构的影响；②预应力张拉实际效果的影响；③梁、墩的刚度误差对结构的影响，截面剪力滞后效应对结构的影响；④混凝土收缩徐变对结构的影响；⑤施工荷载变动对结构的影响；⑥温度、风力等环境因素的影响；⑦转体过程的影响等。这些设计参数在设计阶段很难准确把握。

因此，为了便于施工过程的有效控制，有必要对结构的内力、变形状态进行实时监测。当结构的实测数据与理论计算结果不相符时，及时分析出现误差的原因。如果是由计算参数取值引起的误差，要根据施工过程中结构的实测值对主要设计参数进行重新估计、修正，然后将被修玉的设计参数反馈到控制计算中去，重新给出施工过程结构控制参数的理论期望值，以消除理论值与实测值不一致的主要部分，使模型的输出结果与实际测量的结果相一致，从而可以对施工状态进行更好的控制，使设计的施工过程得以准确地实现。

第三节　转体桥施工监测方案

对于大跨径预应力混凝土连续箱梁转体桥，针对其跨度大、工序复杂、体积庞大、受外界因素干扰多等特点，为保证监测计划顺利有效地实施，对其应变监测（包括梁段和球铰）、温度监测、转体过程监测等的仪器埋设位置、埋设数量进行了科学的制定，同时对于桥墩沉降观测点也进行了细致的选择，监测方案具体如下。

1. 施工监测技术依据

(40＋64＋40)m 连续梁桥施工监测主要技术依据为：

(1)《铁路桥涵设计规范》TB 10002—2017；

(2)《铁路桥涵混凝土结构设计规范》TB 10092—2017）；

(3)《高速铁路设计规范》TB 10621—2014；

(4)《铁路预应力混凝土连续梁（刚构）悬臂浇筑施工技术指南》（TZ 324—2010、铁总建设〔2013〕196 号）；

(5)《高速铁路桥涵工程施工技术规程》Q/CR 9603—2015；

(6)《铁路桥涵地基和基础设计规范》TB 10093—2017；

(7)《建筑与桥梁结构监测技术规范》GB 50982—2014。

2. 施工监测技术难点

曲线连续梁桥转体过程比较复杂、技术难度大、精度要求高，是全桥施工的关键。转体前，需完成转动体部分的不平衡力矩、摩阻力矩、偏心矩及摩擦系数等参数的测定。转体过程中的监测，包括：牵引力的大小、转速的监测、梁底位移的监测以及悬臂梁段内力和线形。

(1) 曲线连续梁转体桥本身具有不平衡力矩，再加上结构的不平衡、转体总质量大等因素，可能导致偏心过大从而使转体系统综合摩阻力过大，使转体不能顺利实施。同时，也可能导致撑脚局部应力过大而产生破坏。所以，要确定球铰的摩阻和牵引力的大小来确保转体过程的顺利实施。

(2) 转体梁悬臂长度较长，精确控制悬臂段的标高和转体体系的质量平衡，提高体系的抗倾覆稳定能力，就成为保证施工质量、顺利完成边跨合龙段施工的重要环节。

(3) 转体过程中有可能出现非匀速转动或急起、急停，将产生较大的惯性力，会导致梁体变形、甚至产生裂缝。因此，必须保持两副梁的缓慢匀速转动就位。这就需要在桥梁转体过程中对转体的转速进行监测。

(4) 在左右两个巨大的悬臂梁体转体的过程中，要对梁底的位移进行监测，以确保在转体就位的时候，两副梁的转体角度偏差在设计允许范围之内。

3. 施工监测原则与方法

(1) 施工监测原则

以转体的平衡控制和设计成桥状态为目标，在施工过程中准确测定结构应力和变形；通过对各种影响成桥目标参数的修正，分析测试结果和理论计算误差产生的原因，提出修正措施，确保成桥后结构受力和线形满足设计要求。

　　1）应变监测要求

　　① 悬臂施工过程

　　主桥上部结构为箱形梁结构。在施工阶段，梁的受力以自重、预应力、挂篮以及施工临时荷载为主，采用 Midas Civil 软件进行施工模拟分析，计算出每个施工阶段结构的内力，并与应变计测得各构件的实际应力进行比较、分析、修正，使成桥后的桥梁结构应力满足设计单位所提供的设计成桥状态的应力要求。

　　② 转体过程

　　桥梁转体的过程是一个较为复杂的运动和动力过程，对于这样的一个复杂受力过程，要实现梁体的正确、安全就位，需要对转体梁和桥墩在转体过程中的应力进行监测，准确把握和控制梁体和桥墩的受力，使梁体和桥墩的受力限于可控范围，防止梁体、墩顶球铰部分的开裂或者破坏，保证转体施工的稳定和安全。

　　2）线形监测要求

　　① 悬臂施工过程

　　由于在施工过程中受到自重、施工工艺、有限元计算模型的偏差、大气温度、材料收缩、徐变等不确定因素的影响，会导致桥梁结构在施工过程中的实际位置偏离设计位置，使成桥线形与设计要求不相符。为了保证成桥线形，设计标高满足设计要求，以及确保桥梁结构合龙精度，对桥梁结构施工过程中每个施工阶段的主梁梁段的变形情况进行全面的预测、测试和控制。

　　② 转体过程

　　转体过程中进行主梁刚体位移监测，来判别转动过程中整个转动体在任意时刻是否发生主梁刚体位移，再由所得结果指导调整转动体由于不平衡力矩或其他突发因素引起的刚度倾斜量。

　　转体过程中还应加强悬臂梁段轴线平面位置和振幅的监测，是高转体的安全性和精确性。

　　3）调控手段

　　在施工过程中，针对梁平面位于半径 3500m 曲线和 30‰纵坡上的条件，提出合理监测方案，以此来控制梁体线形及方向。在施工过程中，加强线形监控及模型分析，确保桥梁施工的顺利实施。

为了保证梁理论轴线线形施工精度，及时准确地控制和调整施工中发生的偏差值，施工过程中线形控制主要表现为用高程和平面坐标控制，悬臂浇筑以水准高程精度控制联测。施工过程中采用精密水准仪进行测量控制。

监测数据的应用问题：通过有限元软件对监测数据的整理分析，得知在每一种工况下梁体随着时间推移的变形规律和变形量大小，据此推算下一步施工梁段应该预留的变形量，同时与设计值进行对照。

对于 $R=3500\mathrm{m}$ 平曲线问题，桥梁中心线位置在施工中要进行三角网控制，并定期进行联测；弯梁平面线形控制，关键在于控制挂篮及模板的平面位置。

（2）方法

转体桥施工过程复杂，影响参数较多，如：结构刚度、梁段重量、施工临时荷载、温度、风荷载和预应力等。在理论计算时，都假定这些施工监测参数值为桥梁规范规定的理想值。为了消除设计参数取值的误差所引起的施工中结构内力与线形和理论值的偏差，应在施工过程中对这些参数进行识别和预测。

采用现代控制理论中的自适应控制方法，即对施工过程中的高程和内力的实测值与理论值进行比较，对桥梁结构的主要基本参数进行识别，找出实测值与理论值产生差别的原因，从而对参数进行修正，达到线形和应力控制的目的。对于重大的设计参数误差，提请设计方进行理论设计值的修改，对于常规的参数误差，通过优化进行调整。

（3）精度要求

为保证施工完成后桥梁结构的线形满足设计要求，曲线连续梁施工精度应满足以下几点：

1）施工监测总目标是成桥后梁底曲线与设计值误差控制在 $\pm3.0\mathrm{cm}$ 以内；

2）最大悬臂时合龙段两端高差控制在 $\pm2.0\mathrm{cm}$ 以内；

3）主梁竖向线形误差：控制在 $\pm2.0\mathrm{cm}$ 以内，且线形匀顺；

4）桥面中线偏位：$1.0\mathrm{cm}$；

5）桥面宽偏差：$\pm1.0\mathrm{cm}$；

6）桥头高程衔接误差：$\pm2.0\mathrm{cm}$。

（4）主要仪器设备（表 4-3-1、图 4-3-1、图 4-3-2）

主要仪器设备   表 4-3-1

序号	设备名称	台(套)数	产地	作用
1	应变计	76	中国	测试混凝土箱梁中应变
2	综合测试仪	4	中国	数据采集
3	温湿度计	2	中国	测湿度
4	笔记本电脑	1	美国	分析处理数据
5	台式电脑	1	中国	分析处理数据
6	激光打印机	1	日本	打印数据、文件
7	对讲机	4	中国	测试人员通信设施
8	精密水准仪	1	瑞士	测高程
9	全站仪	1	瑞士	偏位测试
10	位移计	8	中国	测试梁底与墩顶相对位移
11	温度传感器	20	中国	测试梁体温度
12	加速度传感器	2	中国	测试转体加速度
13	振幅传感器	2	中国	测试转体悬臂振幅
14	数据采集系统	1	中国	数据采集

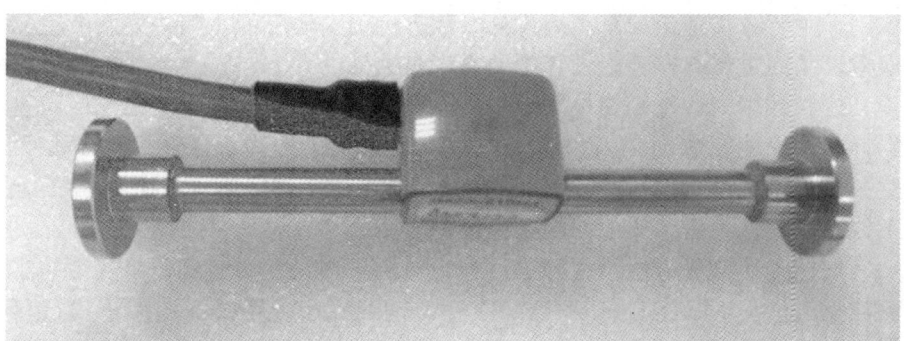

图 4-3-1　埋入式应变计

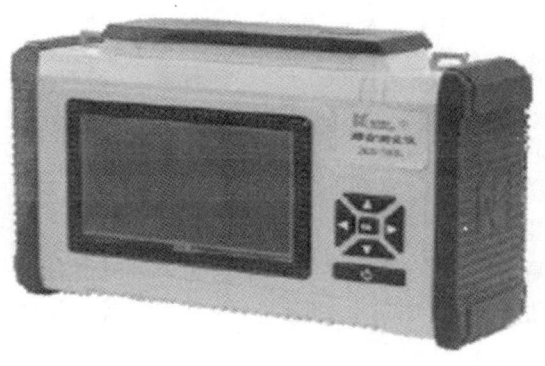

图 4-3-2　综合测试仪

163

第四节　基于 BIM 技术的桥梁施工过程中的应力监测与分析

施工监测工作的关键在于对采集的状态变量数据进行有效的误差分析，并对后续梁段的施工监测数据作相应的调整，使实际桥梁结构的受力和变形处在理论数据的控制下，不断地沿着理论计算的轨迹使结构达到成桥设计目标。

根据施工监测的理论研究和实践探索，测试数据的误差分析是控制数据调整的前提，是施工监测的重中之重，而后续施工梁段的控制数据的调整是误差分析的首要目标。测试数据的误差分析包括两个阶段，首先是测试数据误差的初步分析，主要是温度影响的消除，其次是设计参数的误差识别，主要分析理论计算中因设计参数理论值与实际值之间差异而产生的误差，从而重新确定理论计算中的设计参数值。

控制数据的调整则是根据识别后的设计参数按设计预定的施工工序重新计算理论轨迹数据。因为施工控制以控制主梁标高、控制截面弯矩为主，优化调整也就以这些因素建立控制目标函数和约束条件，形成新的施工控制数据，为后续梁段的施工提供指导。

按照上述监测方法，在施工过程中对桥梁进行实时监测，将测得的实测数据与前文 Midas Civil 和 ANSYS Workbench 计算得到的理论值进行对比，使用 OriginLab 专业制图软件对数据进行二维和三维绘制，使数据可以更加直观地表达，并对产生超限误差的数据进行分析，及时对工程进行预警。

1. 应力监测

（1）测试方法

采用内埋式混凝土应力计。监测混凝土应力时，先得到测点应变，再根据应力应变关系转化出混凝土应力。

（2）测量工况

依据施工顺序，将箱梁施工应变监测的测试时机分为 6 个工况，即挂篮移动前后、混凝土浇筑前后、预应力钢束张拉后，并且转体前完成全梁应力的通测。

（3）监测意义

　　桥梁应力监测的主要目的就是在悬臂施工过程中，通过对各个梁段在各个施工工况下的应力进行桥梁监控，来达到及时了解结构应力特性与分布的目的。同时，应力监测在桥梁建设过程中保证施工安全方面起着重要的作用，从国内外的连续梁桥的建设经验来看，可以归纳为以下三个方面：

　　1）连续梁桥施工安全的保障；

　　2）施工决策的依据；

　　3）是桥梁技术发展的方向。

　　（4）现场监测

　　1）主梁应变测点布置

　　布置在主梁支座附近、1/4 跨、跨中等关键截面，以保证能及时反映受监测的梁体在各施工阶段的实际应力分布情况。在支座附近截面布设 6 个应变测点，其余梁体截面布设 4 个应变测点，布设位置示意如图 4-4-1、图 4-4-2 所示，应变计绑扎在外层钢筋上，如图 4-4-3 所示。

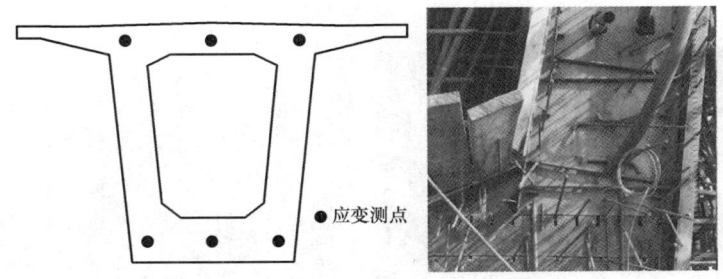

图 4-4-1　支座附近截面布设 6 个应变测点

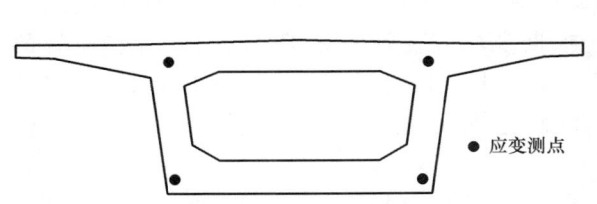

图 4-4-2　其余梁体截面布设 4 个应变测点

图 4-4-3　现场绑扎应变计

2) 球铰处应变测点布置

为了测试主梁转体过程中球铰周围混凝土构件的受力情况，本桥在转体桥墩墩帽下球铰底部支架内埋设混凝土应变计，如图 4-4-4、图 4-4-5 所示。

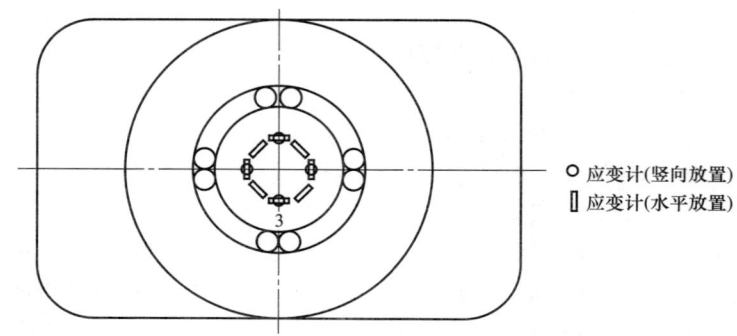

○ 应变计(竖向放置)

▯ 应变计(水平放置)

图 4-4-4　应变计埋设示意图

图 4-4-5　球铰底部混凝土应变测点平面布置

3) BIM 技术在应力监测中的应用

BIM 技术应用的基础是模型。依据该工程项目图纸，首先进行桥梁 0 号梁段带钢筋模型建立。根据现场应变计实际绑扎位置，在已建好的 BIM 模型中将应变计模型导入。利用 Revit 软件自由度高的属性，在模型中通过空间定点的方法，准确地将应变计在模型中进行三维空间定位（图4-4-6）。

建立墩帽球铰支架处带钢筋模型。根据现场应变计实际绑扎位置，将球铰处水平与竖向应变计模型导入，如图 4-4-7 所示。在墩顶一共埋

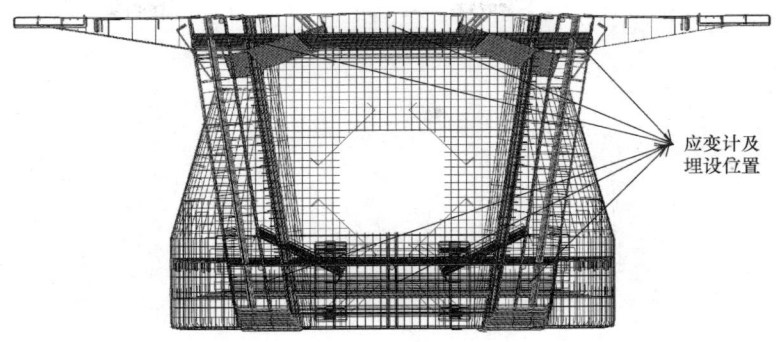

图 4-4-6　0 号块应变计绑扎位置示意图

有 12 个应变计，其中有 8 个是水平埋设，围成一圈，分别绑扎在水平
钢筋上。4 个竖直埋设，分别在墩顶平面两个垂直方向，绑扎在竖向钢
筋上。

图 4-4-7　墩顶球铰处应变计绑扎位置示意图

4）生成实测数据 Origin 图表（图 4-4-8）

2. 应力分析

根据实际 Revit 模型以及应变计位置，绘制三维应力图形，其中，
X、Y 为应变计在梁端截面实际位置，Z 为应力值大小（图 4-4-9）。

（1）224 号墩 0 号块两侧截面应力分析（图 4-4-10～图 4-4-13）

根据规范，C50 混凝土轴心抗拉强度为 3.10MPa，轴心抗压强度为
33.5MPa，由应力曲线实测图可以看出，即使混凝土承受拉应力，也没有
达到极限状态，说明整个桥梁施工过程是安全的。由误差图可以看出，每
一个施工阶段的误差均处于稳定状态，说明理论值与实测值变化趋势一

致。因为现场施工条件复杂，并且施工现场昼夜温差较大，且由于应变计本身存在测量误差，因此理论值与实测值存在一定误差。

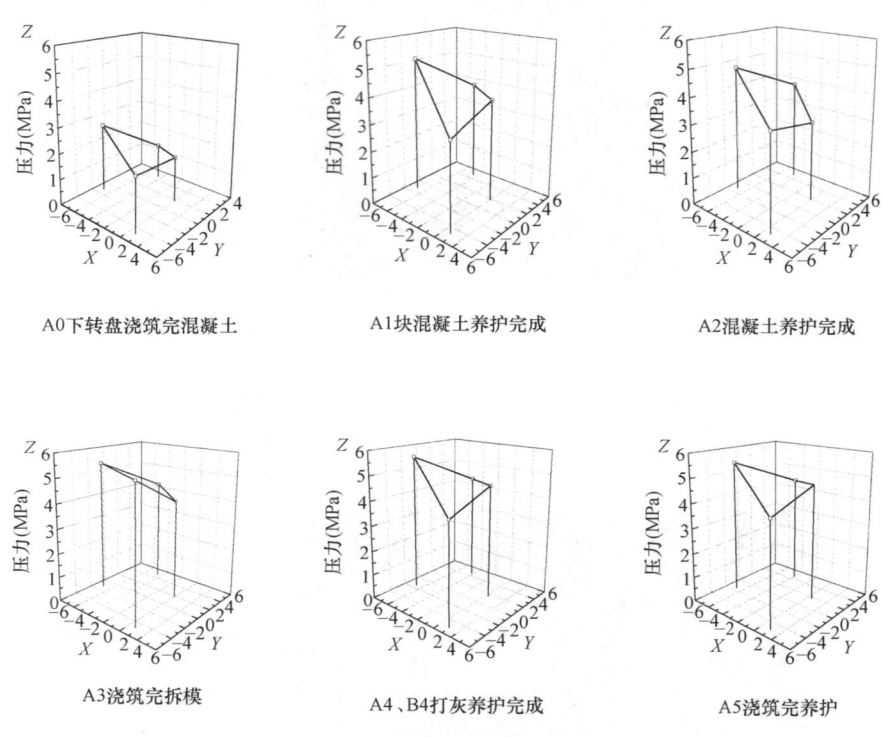

A0下转盘浇筑完混凝土

A1块混凝土养护完成

A2混凝土养护完成

A3浇筑完拆模

A4、B4打灰养护完成

A5浇筑完养护

图 4-4-8 主墩支点附近截面应变测点布置

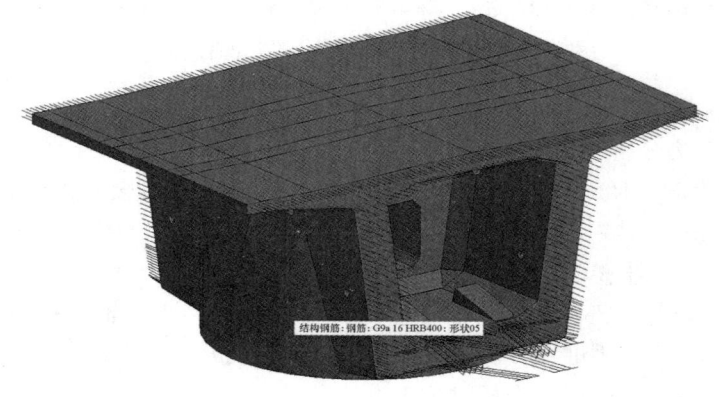

图 4-4-9 0号块钢筋模型

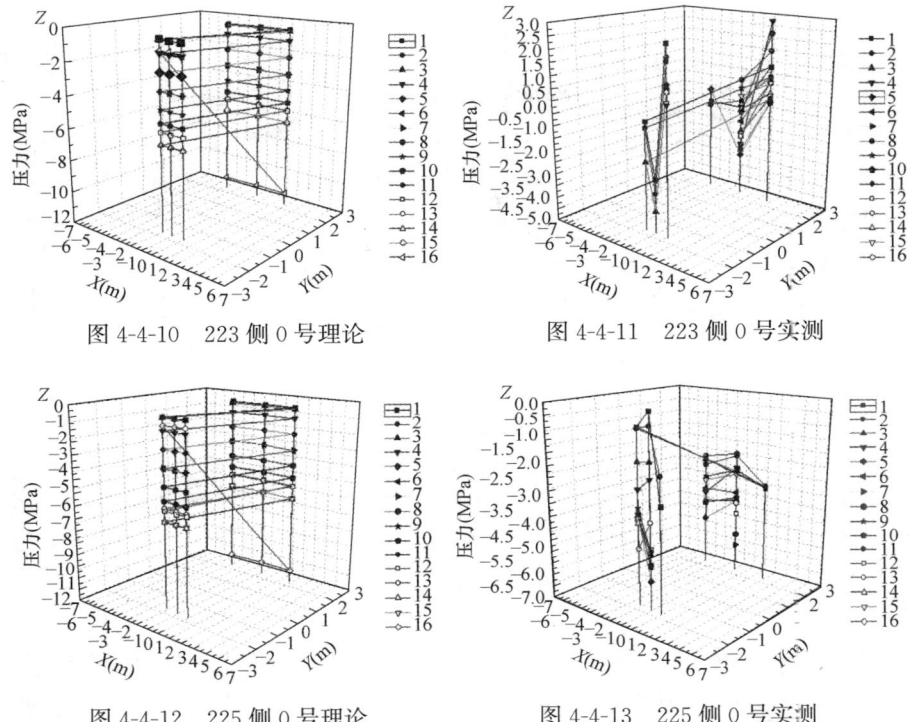

图 4-4-10　223 侧 0 号理论　　　　图 4-4-11　223 侧 0 号实测

图 4-4-12　225 侧 0 号理论　　　　图 4-4-13　225 侧 0 号实测

注（图 4-4-10～图 4-4-13 同）：1—0 号梁段预应力张拉；2—0 号梁段假设挂篮；3—浇筑 1 号梁段；4—浇筑 2 号梁段；5—浇筑 3 号梁段；6—挂篮前行至 3 号梁段；7—浇筑 4 号梁段；8—挂篮前行至 4 号梁段；9—浇筑 5 号梁段；10—挂篮前行至 5 号梁段；11—浇筑 6 号梁段；12—挂篮迁移至 6 号梁段；13—浇筑 7 号梁段；14—浇筑 8 号梁段；15—张拉 8 号梁段；16—桥面铺装前

（2）225 号墩 0 号块两侧截面应力分析（图 4-4-14～图 4-4-17）

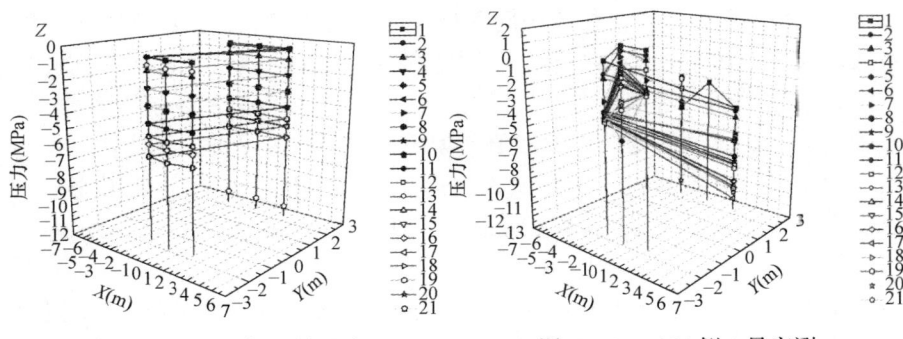

图 4-4-14　224 侧 0 号理论　　　　图 4-4-15　224 侧 0 号实测

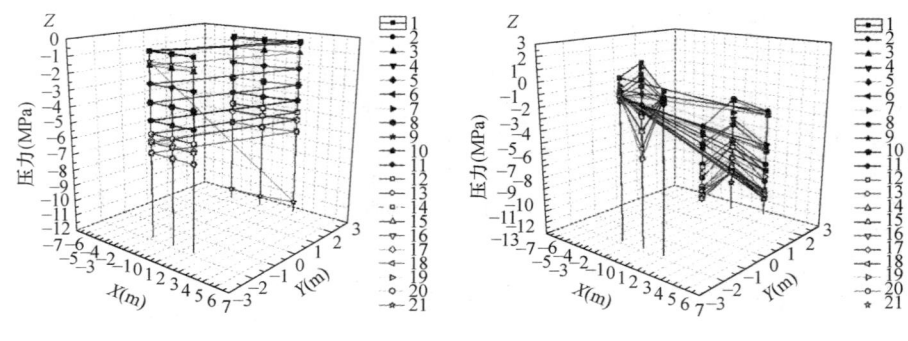

图 4-4-16　226 侧 0 号理论　　　　　　图 4-4-17　226 侧 0 号实测

注（图 4-4-14～图 4-4-17 同）：1—0 号梁段预应力张拉；2—浇筑 1 号梁段；3—张拉 1 号梁段；4—挂篮前行至 2 号梁段；5—浇筑 3 号梁段；6—张拉 3 号梁段；7—挂篮前行至 3 号梁段；8—浇筑 4 号梁段；9—张拉 4 号梁段；10—挂篮前行至 4 号梁段；11—浇筑 5 号梁段；12—张拉 5 号梁段；13—挂篮前行至 5 号梁段；14—浇筑 6 号梁段；15—张拉 6 号梁段；16—挂篮前行至 6 号梁段；17—浇筑 7 号梁段；18—挂篮前行至 7 号梁段；19—浇筑 8 号梁段；20—张拉 8 号梁段；21—桥面铺装前

由以上数据图可以看出，理论值与实测值随着施工过程的进行变化基本一致，对于异常数据，仅为极少数，因此不具有参考价值。从数据误差图可以看出，每一个施工阶段的误差均处于稳定状态，说明理论值与实测值变化趋势一致。因为现场施工条件复杂，并且施工现场昼夜温差较大，且由于应变计本身存在测量误差，因此理论值与实测值存在一定误差。综上，根据现场实测数据可以得出，桥梁在整体施工过程中处于安全状态。

（3）桥梁 1/4 跨截面应力

1/4 跨截面为桥梁两桥墩中间部位，同样为关键截面，由于现场危险系数较大，对监测仪器保护较差，数据存在较大缺失现象，故图表在此次省略。去除个别异常值之后，从已有数据可以看出，理论值与实测值整体变化趋势一致，测得的拉应力数值均为超过混凝土极限抗拉强度，且误差值较稳定，可以判断自 1/4 跨截面之后桥梁施工过程正常且处于安全状态。综合以上监测数据，转体前最后一次应力监测结果汇总如表 4-4-1 所示。

由表 4-4-1 可知，224 号墩、225 号墩"T 构"最大悬臂施工阶段混凝土没有出现拉应力，实测应力与理论值较吻合。在施工阶段最大压应

力不超过 16.8 MPa，满足《铁路桥涵设计规范》TB 10002—2017
要求。

224、225 号墩 T 构最大悬臂阶段测试截面实测与理论应力比较　　表 4-4-1

测点标记		实测值	理论值	差值	测点标记		实测值	理论值	差值
		（MPa）	（MPa）	（MPa）			（MPa）	（MPa）	（MPa）
224-0-1	1	−9.64	−9.2	−0.44	225-0-1	1	−12.49	−10.5	−1.99
	2	−10.2	−9.2	−1		2	−12.36	−10.5	−1.86
	3	−9.8	−9.2	−0.6		3	−12.16	−10.5	−1.66
	4	−3.84	−4.1	0.26		4	−4.36	−3.7	−0.66
	5	−3.71	−4.1	0.39		5	−2.77	−3.7	0.93
	6	−3.68	−4.1	0.42		6	−1.87	−3.7	1.83
224-0-2	1	−10.2	−9.2	−1	225-0-2	1	−12.12	−10.5	−1.62
	2	−9.8	−9.2	−0.6		2	−10.08	−10.5	0.42
	3	−9.6	−9.2	−0.4		3	−11.29	−10.5	−0.79
	4	−3.79	−4.1	0.31		4	−0.5	−3.7	3.2
	5	−3.68	−4.1	0.42		5	−5.39	−3.7	−1.69
	6	−3.87	−4.1	0.23		6	−4.46	−3.7	−0.76
224-4-1	1	−6.62	−5.57	−1.05	225-4-1	1	−6.17	−5.62	−0.55
	2	−6.14	−5.57	−0.57		2	−6.08	−5.62	−0.46
	3	−4.85	−3.12	−1.73		3	−3.35	−3.8	0.45
	4	−5.56	−3.12	−2.44		4	−3.26	−3.8	0.54
224-4-2	1	−7.69	−5.46	−2.23	225-4-2	1	−5.62	−5.57	−0.05
	2	−8.81	−5.46	−3.35		2	−5.93	−5.57	−0.36
	3	−5.72	−3.41	−2.31		3	−3.11	−3.6	0.49
	4	−4.59	−3.41	−1.18		4	−2.8	−3.6	0.8

（4）结论

应力监测为桥梁监测中的重要一环，一座桥梁受力合理才能够保证其
安全运行。本节内容根据施工前制订的具体的监测计划，进行实际现场监
测，并对监测数据进行处理之后以图表的形式展现。

本座桥梁为预应力混凝土桥梁，采用挂篮悬臂施工工法，即先在桥
墩墩顶施工 0 号梁段，之后在 0 号块两端架设挂篮，施工 1 号梁段，然
后张拉预应力筋，再将挂篮移动至 2 号梁段，依照此顺序依次施工剩余

梁段。故在整个施工过程中，理论上桥梁应该全程处于受压状态，但实际施工中现场环境复杂，工人施工水平参差不齐，且施工周期长，现场管理较松散，从而导致现场会出现局部堆载过重，预应力松弛，因施工原因导致一起埋设方位不精确，仪器引线被现场施工破坏等情况，因此存在部分监测数据异常且丢失的情况。但混凝土仍旧具有一定强度的抗拉性能，且与理论值有较大偏差的数据均没有超过这个极限值。且施工过程中监测数据变化趋势均与理论值相吻合，因此在整座桥梁施工过程中处于较安全状态。

通过以上得到的各阶段的实测应力数据，通过 Origin 将各个阶段的应力曲线协同整合，能清晰看出各个工况条件下支座附近截面与球铰处截面实测应力变化情况。使用 Revit 软件中的贴花命令，将其导入到 BIM 模型中并与模型相应位置关联（图 4-4-18）。

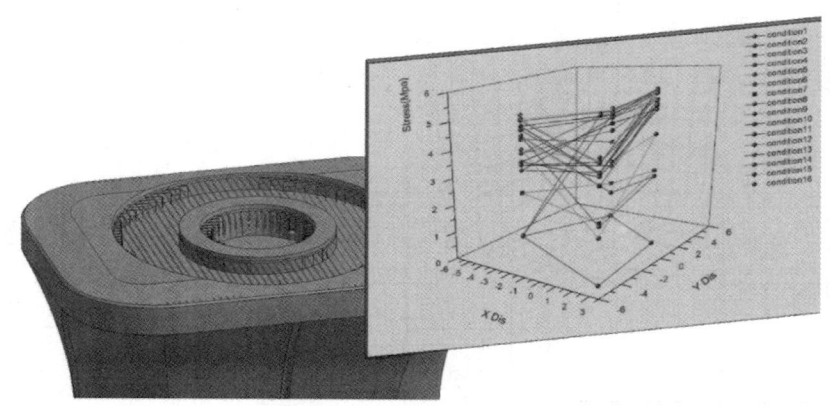

图 4-4-18　墩顶纵向应变计数值随时间变化图

第五节　基于 BIM 技术的桥梁施工过程中的沉降监测与分析

1. 沉降监测

（1）测点布置

在桥墩底部露出地面位置，布设临时观测标志，如图 4-5-1、图 4-5-2 所示。通过周围水准点的引测，确定标志点高程（图 4-5-3）。

图 4-5-1　桥墩沉降测点布置

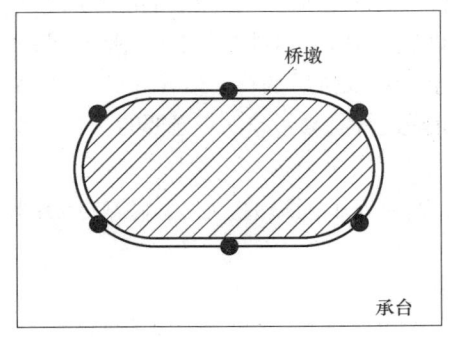

图 4-5-2　现场测点图

图 4-5-3　桥墩实景图

（2）测试方法

水准仪必须使用 DS05 级及其以上精度级别的数字仪器及配套水准尺。水准仪及水准尺按照使用的要求到仪器鉴定中心检验合格，在检验有效期内使用。仪器中各项设置按项目要求严格执行，在数据采集时出现警告或错误提示时必须按操作键选择重复测站或重复测量。

外业测量一条路线的往返测使用同一类型仪器和转点尺垫，沿同一路线进行，操作过程中不得更换操作人员。按照工程要求，在测量过程中，单次测量视线长度不得超过 50m，前视距离与后视距离之差不得大于1.5m，前视距离与后视距离累积差不得大于 6m，视线高度范围限制在0.5～2.8m 之间。对于测站限差，两次前视或后视读数之差必须小于

0.4mm，两次所测高差之差必须小于 0.6mm。

使用前调平水准仪时，须严格置平圆水准器，水准仪在调平前，尽量使脚架与前后水准尺在一条直线上。观测过程中使用的尺垫规格必须在 2.5kg 以上，以保证水准尺在测量过程中不发生移动。同时，立尺人员应在竖尺前保证尺垫上不能有任何杂物并用脚踩实，确保测量过程中尺垫的稳定性。

测得的数据如果发现异常，应重新测量予以确认，必要时进行基准点联测以分析基准点稳定性，如若出现基点不稳的情况，应及时更换新的基点。最后将观测得到的数据录入统计，以此得到各标志点高程和桥墩沉降值。

（3）测量工况

桥墩施工完毕、0 号梁段施工完毕、4 号梁段施工完毕、转体前、转体后和成桥后，进行桥墩沉降观测（因施工现场实际情况监测时间略有调整）。

（4）监测意义

在桥梁悬臂梁施工过程中，每施工一个梁段，便会对桥墩沉降产生相应的影响。在之后的转体施工过程中，同样会因为梁体的转动对桥墩沉降产生影响。而一旦桥墩沉降过大，超过允许值，势必会对桥梁线形包括基础产生影响，从而影响桥梁的正常合龙，甚至会对成桥后的行车安全带来无法估计的影响。因此，对施工过程中的桥墩沉降进行监测是非常有必要的。

2. 沉降分析

二维图形绘制，X 轴表示工期，Y 轴表示沉降值，一个观测点绘制两条曲线，一条每次的，一条累计的。

（1）224 号墩沉降（图 4-5-4～图 4-5-10）

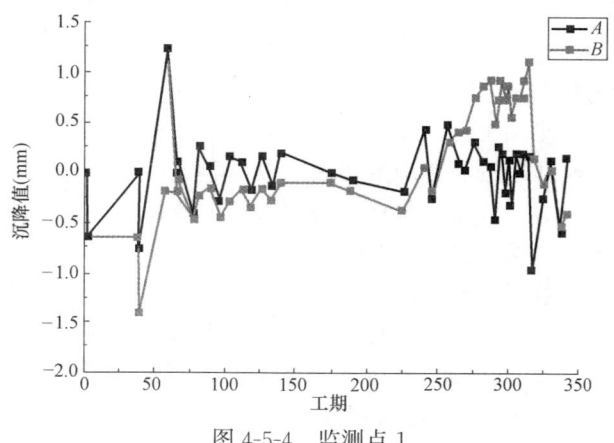

图 4-5-4　监测点 1

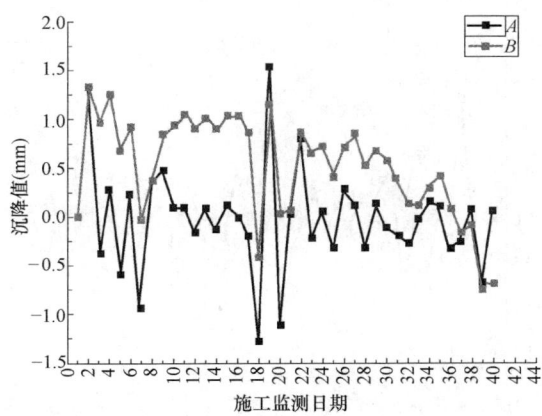

图 4-5-5　监测点 2

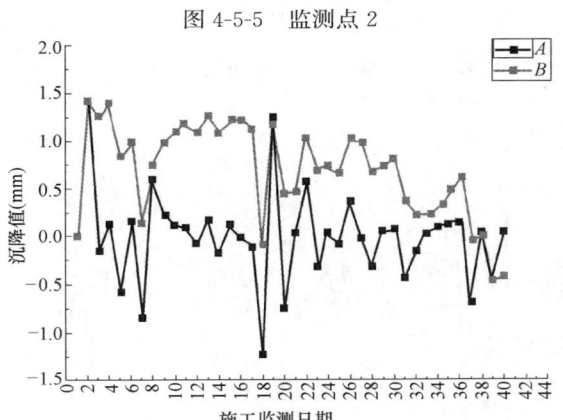

图 4-5-6　监测点 3

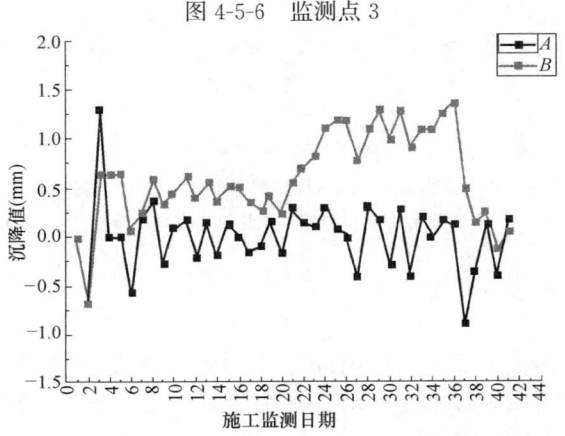

图 4-5-7　监测点 4

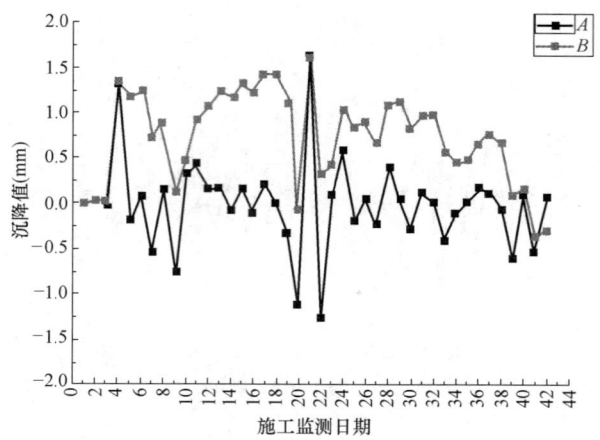

图 4-5-8　监测点 5

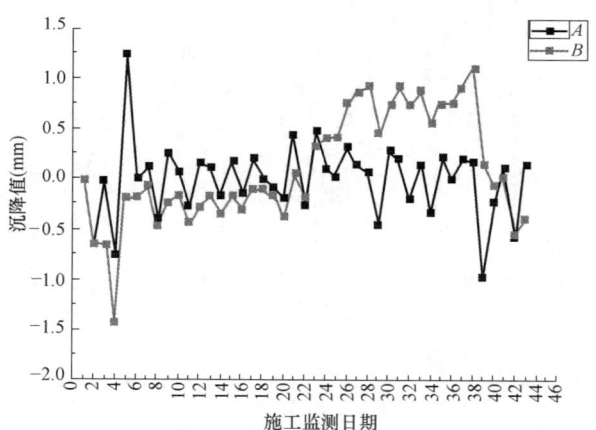

图 4-5-9　监测点 6

注：横坐标为监测时间（详见附表 F），纵坐标为沉降量。

A 曲线为每次沉降量，B 曲线为累计沉降量。

（2）225 号墩沉降（图 4-5-11～图 4-5-17）

（3）结论

由图 4-5-4～图 4-5-17 可以看出，两个桥墩共 12 个测点最大沉降值均小于规范规定的 20mm 的允许值，其中 224 号墩 5 个测点上浮，推测为观测点所在区域发生沉降所致。

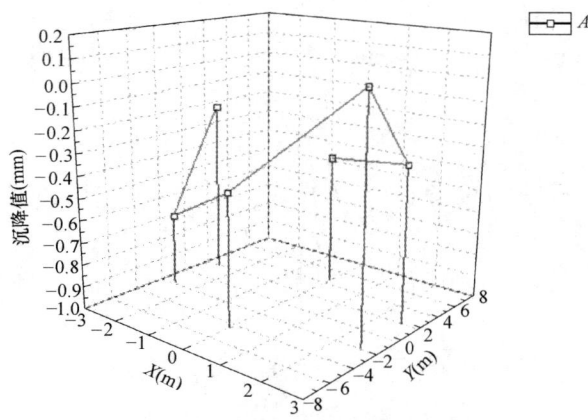

图 4-5-10　224 号墩各监测点累计沉降量

注：横、纵坐标表示监测沉降点位置，竖坐标表示最终累计沉降量大小。

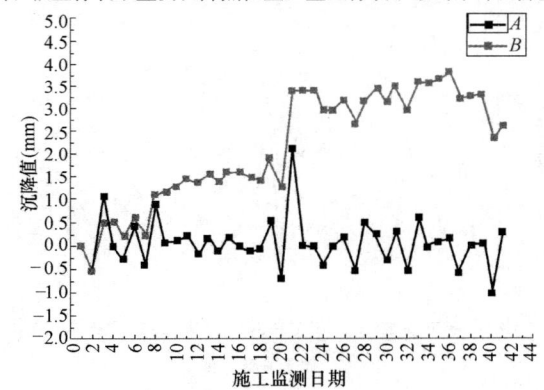

图 4-5-11　监测点 1

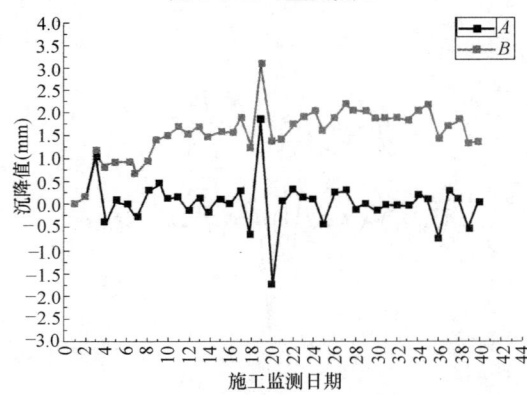

图 4-5-12　监测点 2

177

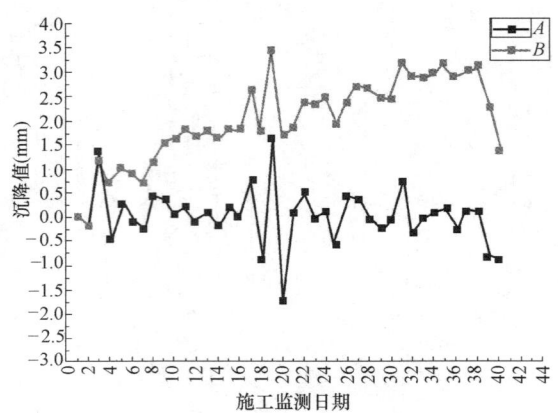

图 4-5-13　监测点 3

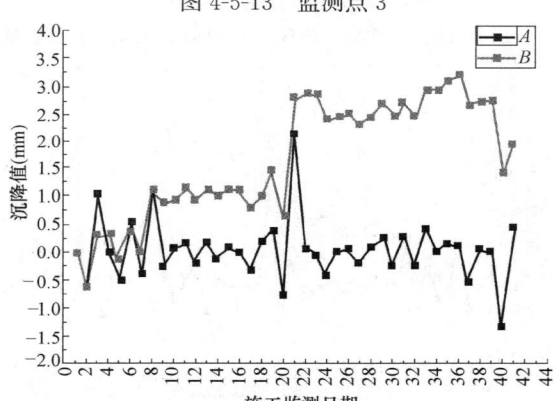

图 4-5-14　监测点 4

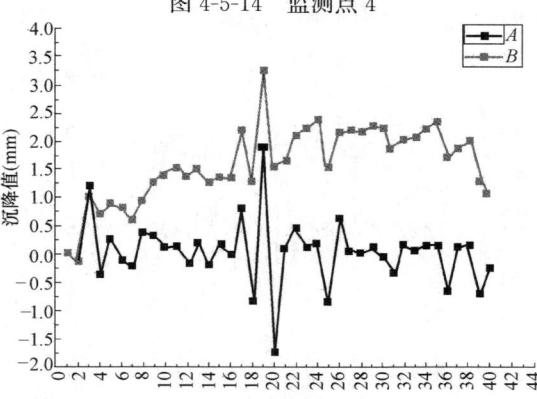

图 4-5-15　监测点 5

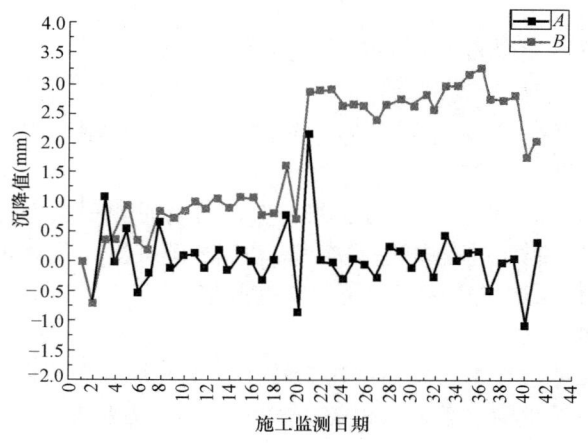

图 4-5-16　监测点 6

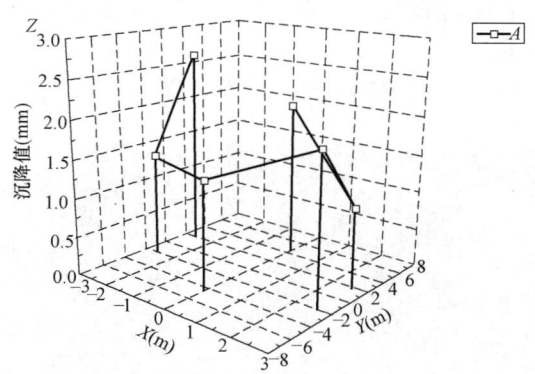

图 4-5-17　225 号墩各监测点累计沉降量

注：横、纵坐标表示监测沉降点位置，竖坐标表示最终累计沉降量大小。

第六节　基于 BIM 技术的桥梁转体监测与分析

1. 球铰底部集中受力区的应力监测与分析

（1）测点布置

为了测试主梁转体过程中球铰周围混凝土构件的受力情况，本桥在下球铰底部和上球铰转盘内埋设混凝土应变计，应变计顶面距混凝土顶面为 5cm（此距离依据钢筋和球铰位置调整）。

（2）测试方法

与上述梁段应变监测方法相同，此处不再赘述。

（3）测试工况

1）试转前测一次，千斤顶启动时测一次，试转制动中测一次，试转结束后再测一次。

2）正式转动过程中，转动前测一次，启动时测一次，转动过程中每10min 测一次，制动过程中测一次，转动完成测一次，梁体锁定后测一次（此监测工况依据现场实际转体情况略有调整）。

（4）监测意义

在桥梁转体过程中，转体结构为转体的受力基点，而在整个转体球结构中，球铰更是重中之重，所以需要对球铰的应力状态进行实时的掌握，以便于确定球铰的受力是否处于安全状态，从而保证转体施工的顺利进行。因此，在球铰处埋设相应的应变计是非常有必要的。

（5）数据分析

球铰底部集中受力区的应力监测示意如图 4-6-1 所示。

图 4-6-1 墩顶球铰处应变计绑扎位置示意

在施工转体结构时，将应变计埋入定位骨架下方钢筋处，根据施工监测方案进行仪器埋设。在桥梁转体过程中，对试转体之前，试转体后，正式转体之前，正式转体过程中，和转体完成撑脚固定等时刻进行应变监测。因为实际施工过程中现场环境较为复杂，因此实际监测的时间与监测方案存在一定变动。

180

1）224 号墩顶球铰（图 4-6-2）

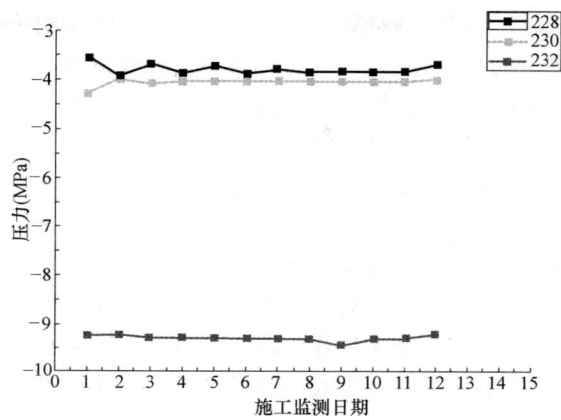

图 4-6-2　224 号墩转体过程应力监测图

注：1—试转前；2—试转 15°；3—正式转体前；4—转体 16.1°；

5—转体 34.5°；6—转体 42.8°；7—转体 50°；8—转体 62.8°；9—转体 64.9°；

10—转体 66.1°；11—转体 67.5°；12—撑脚固定

228 号仪器为横向埋设，其余为竖向埋设。

2）225 号墩顶球铰（图 4-6-3）

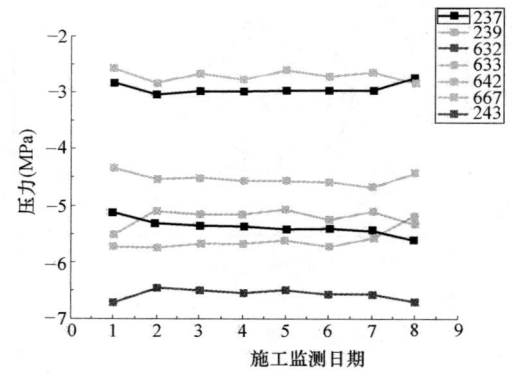

图 4-6-3　225 号墩转体过程应力监测图

注：1—试转前；2—试转 15°；3—正式转体前；4—转体 30°；5—转体 39°；

6—转体 50°；7—转体 67.5°；8—撑脚固定

237、239、633 号仪器均为横向埋设，其余仪器为竖向埋设。

3）结论

由实测球铰转体数据可以看出，在整个转体过程中，转体结构各处受力始终保持平稳波动，因此可以得出，转体过程较为顺利，平衡配重以及转体平衡控制均符合要求。且监测数据均为压应力，说明转体过程中混凝土处于受压状态，符合桥梁设计要求。由于桥梁设计有纵坡，232 号仪器埋设位置和 632 号仪器恰好处于两个桥墩纵坡最下位置，故其压应力较大，但是根据规范，C50 混凝土极限抗压强度为 33.5MPa，可知压应力远未达到极限值。其余仪器数据均处于正常范围。且可以看出竖向埋设仪器压力值均大于水平向埋设仪器，符合实际情况。现场实际施工转体过程中，转体速度较快，而在转体过程中应力重分布完成需要时间，因此每个仪器位置的应力大小几乎保持不变。综上所述，两个转体部位在整个转体过程中处于较为安全状态。

2. 主梁刚体位移监测与分析

（1）测点布置

采用动态位移测试法得到转体过程中任意时间每个撑脚的竖向位移，根据位移传感器的数据判别转动过程中整个转动体在任意时刻是否发生梁体刚体位移。测点布置，如图 4-6-4、图 4-6-5 所示。

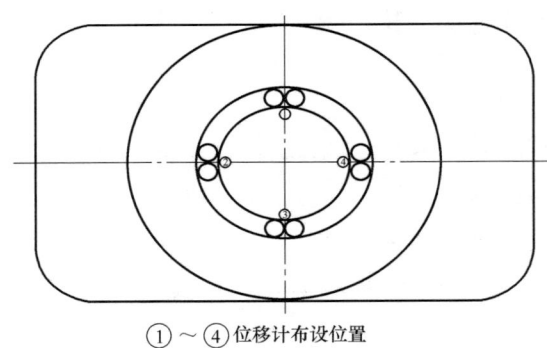

①～④位移计布设位置

图 4-6-4 位移测点平面布置

（2）测试方法

位移测试从正式转体启动开始到转体结束，实时记录各个位移传感器的信号输出，及时了解每个撑脚在转体过程中的竖向位移变化情况。

（3）测量工况

1）试转前测一次，千斤顶启动时测一次，试转制动中测一次，试转结束后再测一次。

2）正式转动过程中，转动前测一次，启动时测一次，转动过程中每 10min 测一次，制动过程中测一次，转动完成测一次，梁体锁定后测一次。

图 4-6-5 位移计现场监测图

（4）监测意义

在转体施工过程中，由于转动体的自身纵坡、转动体两端自重及其所受外界荷载的不同以及所受的外部不确定因素影响，势必会对转动梁体造成使其倾斜的影响。如果转动体发生倾斜量过大，即撑脚竖向位移过大，便会对球铰受力产生不利影响，从而影响转体施工的顺利实施，甚至会影响桥梁线形。因此，需要在转体结构的四个撑脚各设置一个位移计用来监测转体过程中产生的刚体位移，以此保证转体施工顺利实施。

采用二维图形绘制，X 轴表示转体施工工况，Y 轴表示位移值，相邻两个之间的差值再作一个图表进行说明。

1）224 号墩（图 4-6-6、图 4-6-7）

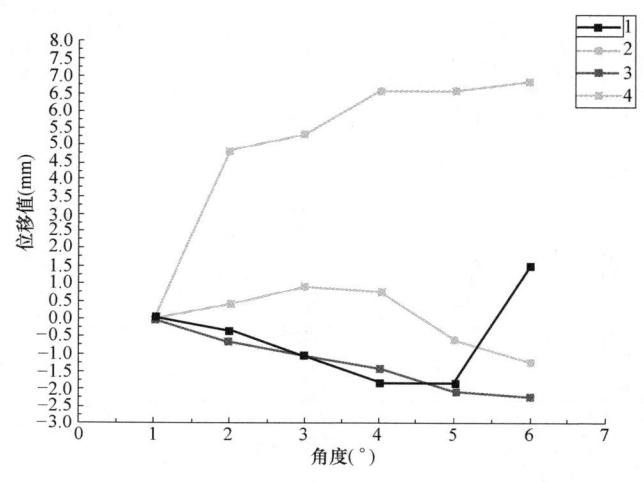

图 4-6-6 224 号墩预转体

注：1—施工后校零；2—转体 1°；3—转体 3°；4—转体 6°；5—转体 10°；6—转体 15°

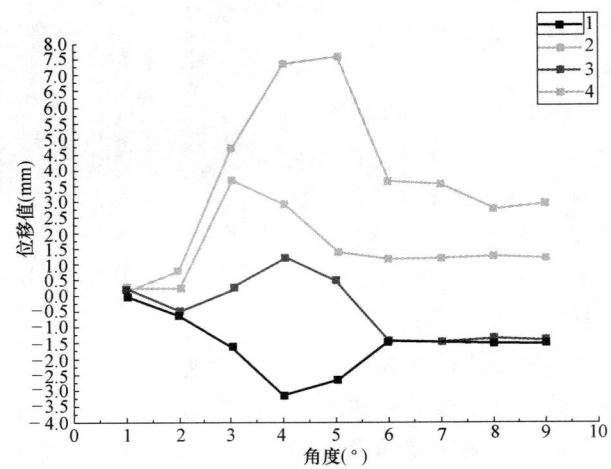

图 4-6-7 224 号墩正式转体

注：1—校零；2—转体 16.1°；3—转体 34.5°；4—转体 42.8°；5—转体 50°；
6—转体 62.8°；7—转体 64.9°；8—转体 66.1°；9—转体 67.5°

2）225 号墩（图 4-6-8、图 4-6-9）

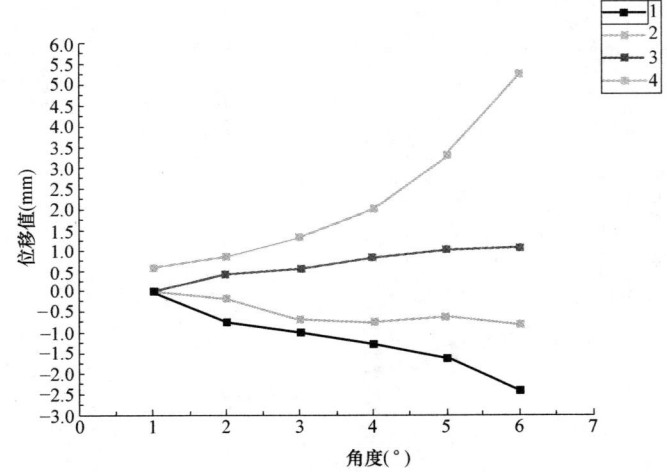

图 4-6-8 225 号墩预转体

注：1—施工后校零；2—转体 1°；3—转体 3°；4—转体 6；5—转体 10°；6—转体 15°

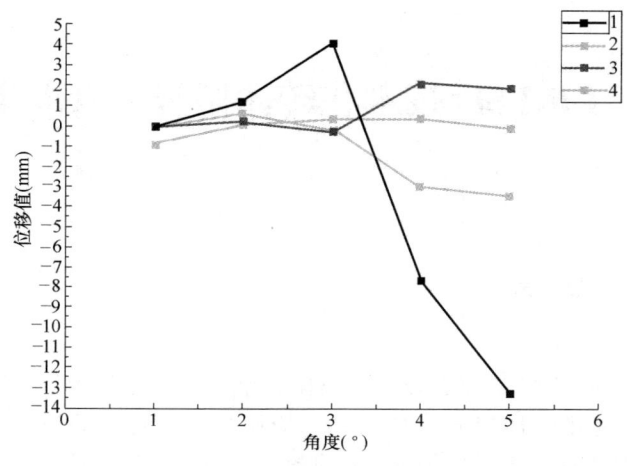

图 4-6-9　225 号墩正式转体

注：1—较零；2—转体 30°；3—转体 39°；4—转体 50°；5—转体 67.5°

（5）结论

由图 4-6-6～图 4-6-9 可以看出，转体过程中刚体位移值均远小于撑脚与滑道之间距离，证明在转体过程中主梁处于稳定状态，225 号墩正式转体过程中 1 号位移计数值突变，是由于仪器固定不牢而使仪器倾斜所致，其余位移计监测数据均正常，故可以将此数据舍弃。特别说明，所有仪器设备所测得的数据均包含有认为干扰因素存在，即仪器是由钢丝绑扎在钢筋上，因此牢固程度固然存在一定欠缺，在后续的施工过程中，人为碰撞和浇筑混凝土时的影响均会使仪器与原位置有不同程度的偏离，然而浇筑混凝土完成之后无法查看，因此会使测得的数据均存在一定误差。

第七节　本章小结

BIM 技术通过合理的应用，既可以指导工程施工，也可以直观地反映施工结果和应用的理论。本章通过已建立的 Revit 三维可视化模型，在模型中标注出需要埋设的监测点，以定位监测仪器空间坐标，由此开展相关施工中的应力、位移、沉降监测的工作。再对监测数据进行理论分析并绘制 Origin 和 Word 图表，最后将所得图表和结论通过贴画的方式反嵌入 Revit 模型中，实现 BIM 技术对于施工结论的直观表达。

第五章　BIM 5D 技术在转体桥施工管理上的应用

第一节　引言

自 1975 年 BIM 的概念被首次提出，至今已过去几十年，BIM 逐渐被业界认识，近几年 BIM 技术的成熟与应用是建筑行业的第二次革命。随着我国经济的飞速增长，道路桥梁的建造数量正在逐渐增多，同时也产生了大量的安全事故，因此，不管是人民还是国家，都对桥梁建设的安全问题非常关注。为了保证桥梁建设能够顺利、安全地完成，结合 BIM 系统的道路桥梁施工逐渐被人们所重视。随着 BIM 技术在建筑行业的发展，不少设计、施工单位都认识到了 BIM 技术对传统建造与管理模式的巨大冲击。BIM 技术以其协同创新性、透明性、降低造价、优化工期等优点被广泛推广应用。但是应该认识到，BIM 技术还是过多停留在传统意义上的三维可视化、碰撞检查，因此 BIM 技术的大量应用还是基于一种建筑模型三维的空间展示。而在此基础上，融入"时间信息"与"造价信息"，形成 3D（实体）＋1D（进度）＋1D（造价）的五维建筑信息模型，即 BIM 5D 技术。相较于普通 BIM，BIM 5D 集成了工程量、工程进度、工程造价，不仅能统计工程量，还能将建筑构件的 3D 模型与施工进度的各种工作（WBS）相链接，动态地模拟施工变化过程，实施进度控制和成本造价的实时监控。可以预见，BIM 技术的二次开发是未来的发展趋势，除了当前正在兴起的 BIM 5D，今后可能还会出现 BIM 6D、7D 等多样形式。

第二节　BIM 5D 技术与 BIM 5D 软件辨析

1. BIM 5D 技术概念

现如今桥梁 BIM 项目的施工管理应用，主要集中于可视化、仿真过程与现场监测方面。该过程多利用 BIM 相关建模软件建模，Navisworks 等分析软件对三维设计模型进一步加工，解决与支持所有项目相关方可靠地整合、分享和审阅详细的三维设计模型，因此该 BIM 3D 技术在建筑信息模型（BIM）工作流中处于核心地位。在设计与建造阶段中，通过 BIM 3D 模型创建并应用，得到建筑项目的模型动画，起到展示与宣传作用。但是针对实际建筑场地、人员、材料、质量安全的管理，成本造价费用控制，模型动画的可视化与仿真技术还不能做到实时地应用与实现问题的闭环解决，因此想要把 BIM 技术和道路桥梁建设施工管理真正结合起来，就要用到 BIM 5D 技术。

BIM 5D 除了包含最基本的 3D 模型，还包括 4D 这个维度，BIM 的第五维度与 3D 和 4D（时间）相关联，允许参与者随着时间的推移可视化其活动和相关成本的进展情况。BIM 4D（四维建筑信息模型）用于网站建设规划的相关活动。BIM 的第四个维度允许参与者通过项目的生命周期来提取和可视化其活动的进展。

对 BIM 4D 技术的使用可以改进对项目进度的控制或在一个建设项目的过程中直观理解项目目前状态信息。BIM 4D 提供了管理和可视化站点状态信息、更改影响以及支持在各种情况下进行通信的方法，如通知网站工作人员或警告风险。而 BIM 5D 技术的使用可以使项目管理者获得更高的项目实际情况把控与信息精度预测，包括项目变更，材料、设备和人力资源的变化等。BIM 5D 提供了提取和分析成本、评估方案和变化影响的方法。与此同时，BIM 5D 技术真正实现了信息共享，多方合作，项目相关成员能通过 BIM 5D 技术获得自身所需信息，特别是项目组负责人，而且也参与到项目 BIM 5D 建设中，真正实现人人参与，互利共赢。

2. 广联达 BIM 5D 软件介绍

广联达 BIM 5D 是一款基于 BIM 的项目管理工具，以 BIM 平台为核心，集成土建、机电、钢构、幕墙和道桥等各专业模型，并以集成模型为载体，关联施工过程中的进度、合同、成本、质量、安全、图纸、物料等信息，利用 BIM 模型的形象直观、可计算分析的特性，为项目的进度、成本管控，物料管理等提供数据支撑，协助管理人员有效决策和精细管理，从而达到减少施工变更、缩短工期、控制成本、提升质量的目的。

以模型中心为载体，信息中心为业务支撑，应用中心为核心价值。如图 5-2-1 所示。

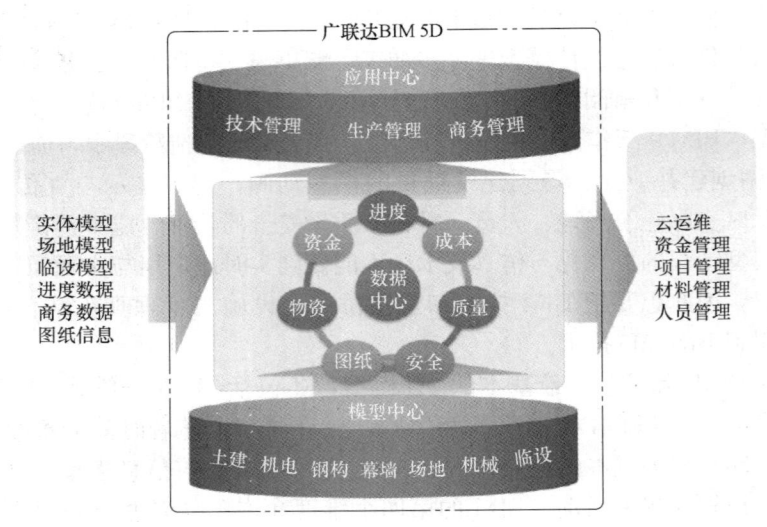

图 5-2-1　广联达 BIM 5D 功能

　　平台包含典型工况、施工模拟、流水视图、合约规划、工程计量、物资提量、质量安全等七大应用。

　　应用广联达 BIM 5D 平台对工程项目进行管理，能将设计模型和现场实际业务数据打通，为项目的进度、预算成本、资源与物料管控、施工组织等提供精确模型和关键信息。通过施工模拟，现场人员可以实时查看现场实际进度情况，随时管控现场安全和质量问题，动态分析成本变化。该平台的成熟应用，能调动多方配合的积极性，提升项目相关人员沟通和决策效率，实现有效决策和精细化管理，从而提升项目管理水平。现今 BIM 5D 管理平台的应用非常广泛，例如：姚晓琴等在某金融港中心工程项目上应用 BIM 技术，通过 BIM 5D 实现了工程的施工模拟、漫游，完成技术标的制作。赵跃华、王益涛等人在天津永利大厦项目中应用 BIM 5D 平台管理，解决了进度、成本、资料管理三个方面的重难点问题。丁华营等在华润深圳湾国际商业中心项目应用 BIM 技术，通过平台管理实现流程信息化，深化施工图设计，提升效率、质量和管理能力，创新工作模式。

　　BIM 5D 管理平台虽然在房建项目上应用成熟，但是桥梁项目应用较少。原因是桥梁项目有其自身的特点和限制性。其中，魏志强在举水河特大桥钢桁梁制造和施工中应用 BIM 5D 管理，总结出"预、协、快、省"

的四字 BIM 观。

第三节　BIM 5D 技术的综合应用

下面将以新建崇礼铁路赵川镇高架特大转体桥为例，综合其他专家学者研究工作，简述 BIM 5D 技术在该项目上的应用，并对管理过程中的有关平台"应用难"的问题作简要分析。

1. 模型 3D 漫游

Navisworks 软件与广联达 BIM 5D 软件都可以实现模型漫游功能。以 Navisworks 软件为例进行介绍。在三维模型导入 Navisworks 后，如按住鼠标"中键"是平移，同时按住 Shift＋中键是动态查看，滚动鼠标中键是缩小、放大。在屏幕右侧动态导航工具栏中提供了环视、缩放、缩放框、平移、动态检查、检查、转盘等工具，利用这些工具可以编辑模型的显示状态（图 5-3-1）。

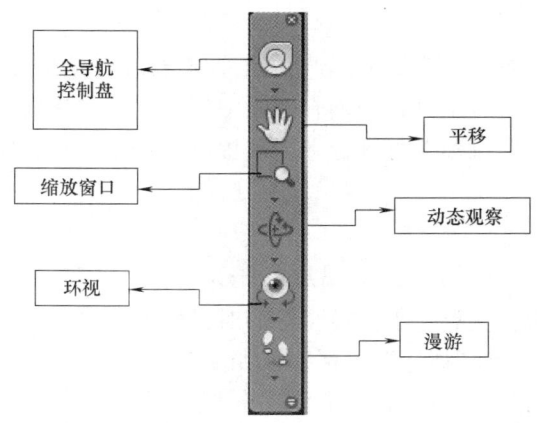

图 5-3-1　Navisworks 软件工具

"全导航控制盘"工具：

"平移"工具：

单击"平移"工具，移动鼠标到绘图区域，鼠标会变成手掌，按住鼠标移动，可上下左右移动模型，滚动中轮叶可以起到放大、缩小的效果。

"缩放窗口"工具：

　　单击"缩放"工具，移动鼠标到绘图区域，按住鼠标向上（向下）移动，视图会放大（缩小）。滚动中轮叶可以起到相同效果。

　　"动态观察"工具：

　　单击"动态观察"工具（相当于 Revit 里 Shift＋鼠标中键），旋转观察视角。

　　"环视"工具：

　　单击"环视"工具，移动鼠标到绘图区域，按住鼠标向右（向左）偏移，视图会原来保持水平状态向右（向左）旋转。

　　"漫游"：

　　单击"漫游"，在下拉的工具栏中选择第三者工具，在视图上会出现一个模拟人形。在右侧栏中还有其他一些工具。

　　碰撞：选中此项，模拟人形在室内漫游时不能穿越实体，如墙、柱等。

　　重力：选中此项，模拟人形在移动时脚下必须有实体，在此状态下，模拟人形可以上桥体。

　　蹲伏：选中此项，当模拟人形遇到高度不足的地方时会自动蹲伏通过。

　　通过调整视图，把模拟人形调整到一个合适的位置，以方便进行室内漫游。单击"漫游"工具，调整右侧栏中的工具，使其具有重力状态、碰撞状态。然后移动鼠标即可进行室内模拟。（使用上下左右控制键也可以控制漫游走向）

　　编辑视点：

　　单击"视点"—"编辑当前视点" ，打开"编辑视点—当前视图"对话框。在"编辑视点—当前视图"的对话框中，单击"碰撞"选项下的"设置"按钮，打开"碰撞"对话框，如图 5-3-2 所示进行设置。

　　完成"当前视图"的设置后，单击"漫游"工具，，在模型中按住鼠标左键移动，进行实时漫游（图 5-3-3）。

2. 模型 4D 进度

　　对施工进度进行管理，可以实现工程进度的三维可视化，根据实际施工进度及时优化施工方案，调整施工计划，提高施工的效率，保证工程在合理的工期内完成。具体步骤如下：将计划工期输入到项目文件中，并及时更新工程实际的进度信息，在施工模拟选项中，将时间和模型相关联，选取时间段，模拟在此时间段内的施工情况。如图 5-3-4、图 5-3-5 所示，

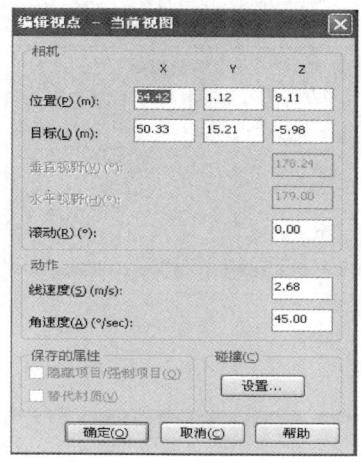
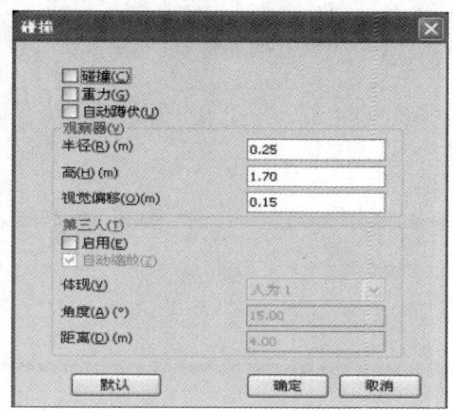

图 5-3-2　"碰撞"对话框

顶部为选取的时间段，左侧窗口为工程在实际工期的施工情况，右侧窗口为计划时间和实际时间的对比模拟，绿色部分表示工程实际施工时间提前于计划工期，黄色部分表示工程实际施工时间正常开始，红色部分表示工程实际施工时间延后于计划工期，下侧的表格是工程的施工工期信息。

图 5-3-3　"漫游"工具

3. 模型 5D 管理

（1）安全管理

施工现场发现的安全问题可以使用手机 APP 拍照传输到软件，并关联模型。记录在案，以文档图钉的形式在模型中展现，协助生产人员对安全问题进行管理，管理人员在平台中查看、监控，让问题得以落实闭环。通过现场询问与观察，发现了现场车辆乱停乱放、标志牌被遮挡等问题，并用手机进行了拍照上传，通过联系相关人员，使安全问题得到了及时解决。如图 5-3-6～图 5-3-8 所示。

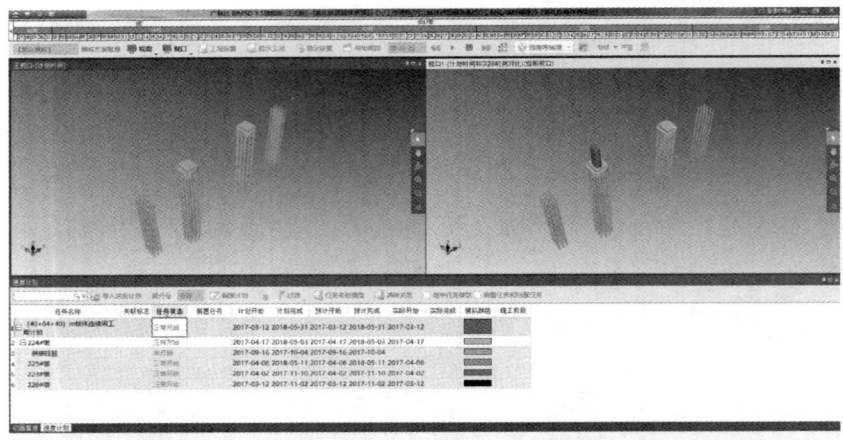

图 5-3-4　进度管理 1

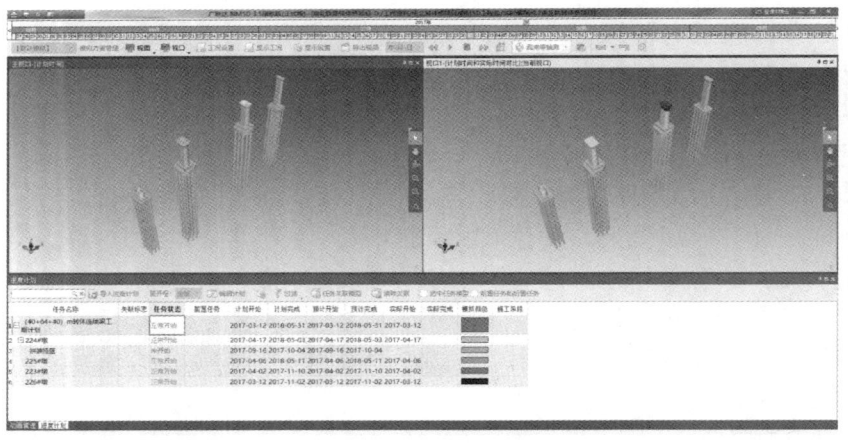

图 5-3-5　进度管理 2

（2）质量管理

施工现场发现的质量问题可以使用手机端进行拍照、录音和文字记录传输到网络，通过模型的三维漫游功能将所发现问题关联到具体模型上，如图 5-3-9 所示。问题关联后模型将留痕存在，方便技术人员分析原因，作出整改及预防措施。通过 BIM5D 模型还可以对该事件的整改情况进行动态监督，随时可以查看该事件的整改情况。该做法能在以后的施工中起到预警作用，防止此类事件的再次发生。

图 5-3-6　现场安全隐患 1

图 5-3-7　现场安全隐患 2

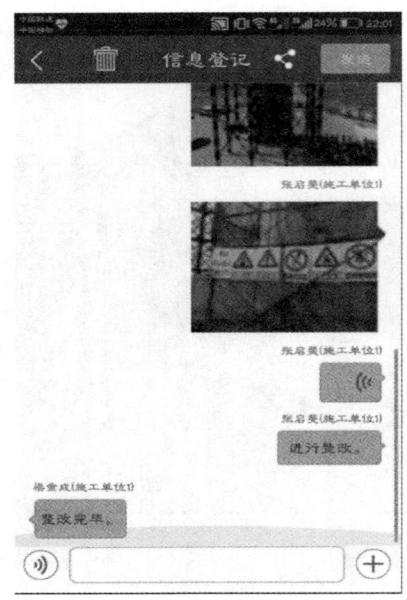

图 5-3-8　上传反馈问题闭环解决

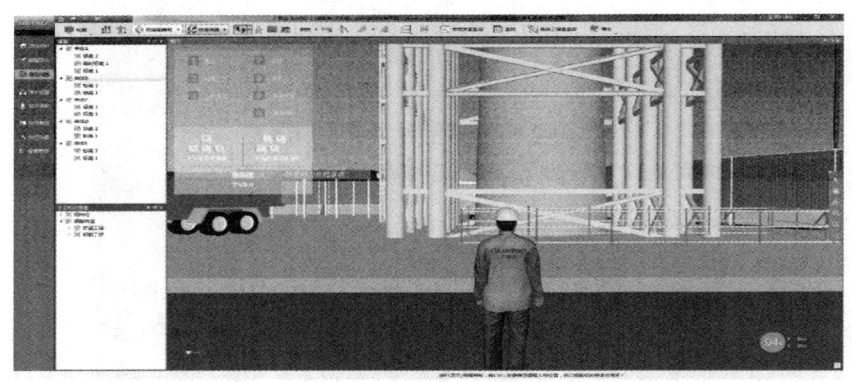

图 5-3-9　BIM 5D中模型漫游

（3）成本管理

BIM 5D从源头着手，从细节把控，通过合约规划、三算对比、过程提量、分包合同管理四个模块对项目成本进行动态管控，按照流水段、进度计划、时间、构件等方式提取工程量，分阶段将项目的收入、项目成本、实际成本进行对比分析，规划对下分包合同，动态管理分包合同内容，实时管控分包费用支付，将成本控制在项目的源头，达到节约成本的目的。

（4）物料管理

模型导入 BIM 5D 后，快速准确生成转体桥资源资金曲线，根据资源曲线采购材料进行施工，如图 5-3-10 所示。材料管理人员根据不同班组的施工范围进行限额领料，项目部可以根据工区、工班统计所需的资源量，组织指导施工现场所需物料的进场，从而避免了材料浪费和纠纷。

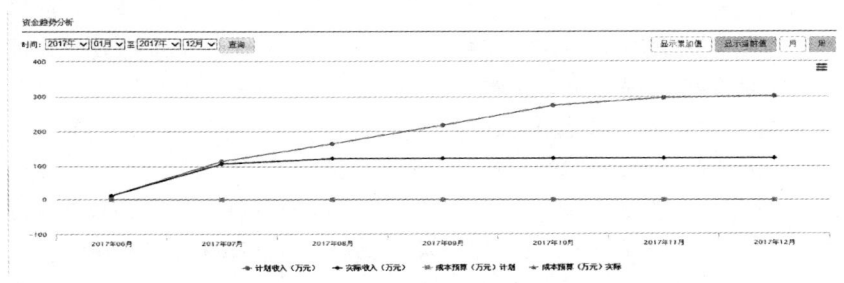

图 5-3-10　BIM 5D 物料管理

由以上可以看出，赵川镇跨既有双线铁路转体桥项目的 BIM 总体应用思路是以广联达 BIM 5D 软件为核心平台，采用 Revit 建模软件、Navisworks软件，将施工、场地、临建模型在平台内集成，导入施工组织设计文件，对工程进度进行优化控制。通过手机端、Web 端、PC 端和广联云，实现质量跟踪、过程提量、物资审核，辅助施工现场漫游，并进行模型交付工作。通过各种相关信息的录入，实现技术、生产和商务的横向综合应用，最终达到建模、集成到应用为主要流程线的 BIM 5D 模型。

4. 转体桥 BIM 5D 平台构架与问题

（1）转体桥 BIM 5D 平台构架系统构架

基于 BIM 的转体桥施工管理系统是集数据采集、数据分析管理、综合评估与预警为一体的平台，系统采用 B/S 架构进行设计，其中 BIM 模型的展示引擎为 Unity3D，在系统中应用推广比较方便，客户端用户只要安装能够接受 Unity3D 插件的网页浏览器即可。

转体桥施工管理系统可分为数据采集子系统、数据管理子系统、施工安全子系统、施工监测平台四部分。施工管理系统架构图如图 5-3-11 所示。

1）数据采集层：主要包括桥梁施工工况的信息数据采集，应力、变形位移数据信息采集，以及相关施工进度数据信息的采集。

2）模型层：设计单位根据设计图纸建立转体桥梁三维 BIM 模型；施

工单位在设计单位移交的设计 BIM 模型的基础上将时间、空间概念融入 BIM 模型中建立 BIM 5D 施工模型用于施工管理；监控量测单位在设计单位提交模型的基础上建立桥梁监测 BIM 模型，将 BIM 模型简化建立桥梁三维数值模拟模型。

3）数据管理层：包括设计数据库、施工数据库、监测信息数据库、数值模拟数据库。设计数据库主要存储设计单位的设计、变更资料等；施工数据库包括了转体桥梁施工进度、物料管理等，用于施工单位的资料存储。监测信息数据库主要存储监测单位日常监测信息以及监测数据处理信息等。数值模拟数据库用于存储数值模拟的模拟报告等模拟信息。

4）平台层：桥梁建设相关负责人可以对本单位负责的数据进行修改和更新，单位负责人只有在经其他单位同意后方能查询其他单位相关施工信息，但不能进行修改。如施工单位相关负责人只能对 BIM 施工模型和数据库进行修改和更新，对监测单位的 BIM 模型及监测信息数据库在监测单位负责人的同意下只能对监测单位相关信息进行查询，但不能进行修改和更新。

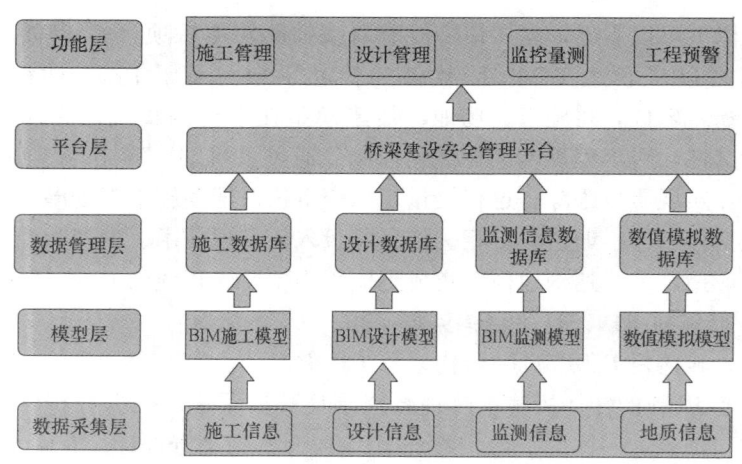

图 5-3-11　BIM 施工管理系统架构图

（2）现有 BIM 5D 平台桥梁管理问题

现今，广联达 BIM 5D 管理平台主要应用于房建工程，其常规的应用流程如图 5-3-12 所示。随着越来越多项目采用 BIM 技术，BIM 5D 在房建项目上的管理日益成熟。对于桥梁工程，目前没有成熟的管理操作平台。通过在该项目上使用 BIM 5D 平台进行管理，发现很多与房建工程不一致的地方，现汇总如下。这些问题现今制约着桥梁项目应用软件平台的管理，为此应该做进一步研究工作。

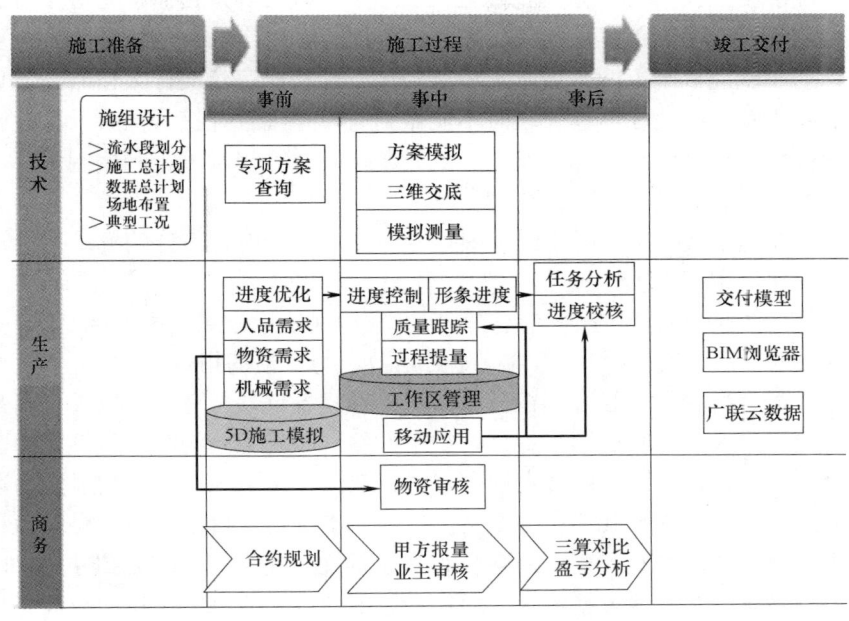

图 5-3-12　BIM 5D 项目应用流程

1）流水段划分问题

在房建工程项目上会依据施工现场规模、人材机与环境、工期要求等因素进行施工组织设计，在整个工程中需要对每个楼层划分流水段，按流水段进行施工。考虑到楼层工作面的关系，必然会先施工下部楼层，在进行上部楼层施工，因此施工工序有严格要求。通过关联进度时间，能对房建工程进行施工模拟，显示楼层施工过程。但是赵川镇高架特大桥工程总长有 7.854km，如此长度是房建工程不存在的。并且依据投入人材机的用量，可以同时开展多个工作面。在时间上能达到多个桥墩同时建造，在空间上工作面的流水顺序相对房建工程模糊。此外，桥梁工程更关注的是模板、机械、车辆如何高效周转以节约成本，加快工程进度。这些需要进一步的软件开发与理论研究。现今这些广联达 5D 管理平台还无法实现。

2）预算文件问题

房建工程合同预算与成本预算文件往往采用 GBQ 的预算文件或Execl

的国标清单。商务部门编写的预算文件内容包括编码、类别、名称、项目特征、单位、工程量、综合单价及合价等信息，其信息量巨大且详细。比如现浇混凝土梁，可以分为基础梁、矩形梁、过梁等条目。但是对于桥梁工程，不存在房建工程中的门、窗、墙等项目，每个构件的清单文件主要为钢筋和现浇混凝土两个用量，桥梁预算文件相比房建文件太粗略，其详细程度不够，因此在清单关联时不能做到与模型细致挂接。同时，存在预算文件依据设计图纸手算而非电算的问题，其电算程度差，利用困难。

3）合约规划、三算对比问题

广联达 BIM 5D 中的合约视图是专门针对合约内容设计的模块。

其作用主要为：

① 项目前期与甲方签订完合同后做合约规划，分配分包项目。

② 作为明确收入与支出合同签订后盈利与亏损的指标。

工程项目和甲方签合同往往是以清单形式签订，与分包单位签合同是采用物资（人材机）费用来签订，和甲方签订收入合同与和分包签订的支出合同签约口径不同，因此在做分包时，有漏掉某一施工区域的风险，正因如此，合约规划有其存在的意义。但是在本桥梁项目中，由于合同预算与成本预算文件的不齐全，内容条目过于简单，分包合同往往维护困难。因为桥梁有关文件的数据不足，导致管控不到位，清单三算对比与资源三算对比数据难以准确，这也是现实桥涵工程的现状所致。

第四节　本章小结

本章以新建崇礼铁路赵川镇高架特大转体桥为例，针对 BIM 5D 平台在崇礼铁路转体桥项目进度、安全、质量、成本、物料管理等方面做了详细的介绍。由 BIM 3D 可视化模型出发，增加进度控制，形成 BIM 4D 模型，再增加成本及物料管控，形成 BIM 5D 模型。对比 BIM 5D 技术与 BIM 5D 平台的不同，对该桥梁实际生产中的多项管理方式方法进行研究。最后，对于桥梁 BIM 5D 平台设想的架构模式与现有的广联达 BIM 5D 平台在桥梁中应用的问题、不足，进行阐述分析。这些问题需要提升软件功能，丰富现有理论，后期需做进一步研究工作。

附　　录

附录 A　节点的空间平面坐标

节点	X(m)	Y(m)	Z(m)	备注
1	0	0	0	主梁 223 号上部起始点
2	0.75	0.0155	0.0225	
3	1.35	0.0278	0.0405	
4	1.55	0.0319	0.0465	
5	4.55	0.0916	0.1365	
6	7.75	0.1525	0.2325	
7	8.75	0.171	0.2625	边跨合拢段中间点
8	9.75	0.1891	0.2925	
9	13.75	0.2504	0.3975	
10	16.75	0.3081	0.5025	
11	20.25	0.3624	0.6075	
12	23.75	0.4131	0.7125	
13	27.25	0.4604	0.8175	
14	30.75	0.5041	0.9225	
15	33.75	0.5389	1.0125	
16	36.75	0.571	1.1025	
17	39.25	0.5958	1.1775	
18	39.75	0.6006	1.1925	
19	40.75	0.6098	1.2225	224 号 A0 中心点
20	41.75	0.6189	1.2525	
21	42.25	0.6233	1.2675	
22	44.75	0.6442	1.3425	

附录

节点	X(m)	Y(m)	Z(m)	备注
23	47.75	0.6669	1.4325	
24	50.75	0.687	1.5225	
25	54.25	0.7073	1.6275	
26	57.75	0.724	1.7325	
27	61.25	0.7373	1.8375	
28	64.75	0.747	1.9425	
29	68.25	0.7533	2.0475	
30	71.75	0.756	2.1525	
31	72.75	0.7562	2.1825	全桥中轴点
32	73.75	0.756	2.2125	
33	77.25	0.7533	2.3175	
34	80.75	0.747	2.4225	
35	84.25	0.7373	2.5275	
36	87.75	0.724	2.6325	
37	91.25	0.7073	2.7375	
38	94.75	0.687	2.8425	
39	97.75	0.6669	2.9325	
40	100.75	0.6442	3.0225	
41	103.25	0.6233	3.0975	
42	103.75	0.6189	3.1125	
43	104.75	0.6098	3.1425	225 号 A0 中心点
44	105.75	0.6006	3.1725	
45	106.25	0.5958	3.1875	
46	108.75	0.571	3.2625	
47	111.75	0.5389	3.3525	
48	114.75	0.5041	3.4425	
49	118.25	0.4604	3.5475	
50	121.75	0.4131	3.6525	
51	125.25	0.3624	3.7575	
52	128.75	0.3081	3.8625	
53	132.25	0.2504	3.9675	

节点	X(m)	Y(m)	Z(m)	备注
54	135.75	0.1891	4.0725	
55	136.75	0.171	4.1025	
56	137.75	0.1525	4.1325	
57	140.95	0.0916	4.2285	
58	143.95	0.0319	4.3185	
59	144.15	0.0278	4.3245	
60	144.75	0.0155	4.3425	
61	145.5	0	4.365	主梁 226 号上部终止点
62	40.75	0.6098	−5.0675	
63	40.75	0.6098	−5.8675	
64	40.75	0.6098	−10.0675	
65	40.75	0.6098	−27.0675	
66	104.75	0.6098	−3.1475	
67	104.75	0.6098	−3.9475	
68	104.75	0.6098	−8.1475	
69	104.75	0.6098	−25.1475	

注：

1. 依据该转体桥项目施工桥梁概图（一）图纸中各个断面位置来确定各节点 X 坐标距离。
2. 考虑到本桥位于平面 $R=3500\text{m}$ 的曲线上，采用数学计算确定各节点 Y 坐标。
3. 考虑到本桥位于竖曲面上，纵坡取 3‰，采用数学计算确定各节点 Z 坐标。
4. 桥墩处各节点坐标可依据图纸上空间距离求得。

附录 B 结构单元建立

单元序号	类型	节点 i	节点 j	备注
1	梁单元	1	2	
2	梁单元	2	3	
3	梁单元	3	4	A10
4	梁单元	4	5	
5	梁单元	5	6	

续表

单元序号	类型	节点 i	节点 j	备注
6	梁单元	6	7	边跨合拢段
7	梁单元	7	8	
8	梁单元	8	9	
9	梁单元	9	10	
10	梁单元	10	11	
11	梁单元	11	12	
12	梁单元	12	13	
13	梁单元	13	14	
14	梁单元	14	15	
15	梁单元	15	16	
16	梁单元	16	17	
17	梁单元	17	18	
18	梁单元	18	19	224 号 0 号块
19	梁单元	19	20	
20	梁单元	20	21	
21	梁单元	21	22	
22	梁单元	22	23	
23	梁单元	23	24	
24	梁单元	24	25	
25	梁单元	25	26	
26	梁单元	26	27	
27	梁单元	27	28	
28	梁单元	28	29	
29	梁单元	29	30	
30	梁单元	30	31	中跨合拢段
31	梁单元	31	32	
32	梁单元	32	33	
33	梁单元	33	34	
34	梁单元	34	35	
35	梁单元	35	36	

单元序号	类型	节点 i	节点 j	备注
36	梁单元	36	37	
37	梁单元	37	38	
38	梁单元	38	39	
39	梁单元	39	40	
40	梁单元	40	41	
41	梁单元	41	42	
42	梁单元	42	43	225 号 0 号块
43	梁单元	43	44	
44	梁单元	44	45	
45	梁单元	45	46	
46	梁单元	46	47	
47	梁单元	47	48	
48	梁单元	48	49	
49	梁单元	49	50	
50	梁单元	50	51	
51	梁单元	51	52	
52	梁单元	52	53	
53	梁单元	53	54	
54	梁单元	54	55	边跨合拢段
55	梁单元	55	56	
56	梁单元	56	57	
57	梁单元	57	58	
58	梁单元	58	59	A10
59	梁单元	59	60	
60	梁单元	60	61	
61	梁单元	62	63	
62	梁单元	63	64	224 号墩
63	梁单元	64	65	
64	梁单元	66	67	225 号墩
65	梁单元	67	68	

单元序号	类型	节点 i	节点 j	备注
66	梁单元	68	69	225 号墩
67	梁单元	6	7	边跨临时连接
68	梁单元	7	8	
69	梁单元	30	31	中跨临时连接
70	梁单元	31	32	
71	梁单元	54	55	边跨临时连接
72	梁单元	55	56	

注：
1. 本节建立单元模型时先未考虑材料和截面因素，材料和截面在下面章节介绍并与单元关联。
2. 备注中未注明的情况请参见本节后面结构组匹配节点单元有关内容。
3. 67～72 单元为边跨、中跨临时连接单元。单元位置与单元 6、7、31、32、54、55 重合。

附录 C 模型结构组创建

结构组名称	节点	单元
桥墩	62～69	61～66
0 号梁段	16～22,40～46	16～21,40～45
1 号梁段	15,16,22,23,39,40,46,47	15,22,39,46
2 号梁段	14,15,23,24,38,39,47,48	14,23,38,47
3 号梁段	13～49,12,14,24,38,48	13,24,37,48
4 号梁段	12,13～49,12,26,36,50	12,25,36,49
5 号梁段	11,12,26,27,35,36,50,51	11,26,35,50
6 号梁段	10,11,27,28,34,35,51,52	10,27,34,51
7 号梁段	9,10,28,29,33,34,52,53	9,28,33,52
8 号梁段	8,9,29,30,32,33,53,54	8,29,32,53
支架现浇段	1～6,56～61	1～5,56～60
边跨合拢段	6～8,54～56	6,7,54,55
中跨合拢段	30～32	30,31
边跨合拢临时连接	—	67,68,71,72
中跨合拢临时连接		69,70

附录 D 模型结构连接属性

一般支承

节点	D_x	D_y	D_z	R_x	R_y	R_z	R_w	组
1	1	1	1	0	1	0	0	边跨现浇
2	0	1	1	0	1	0	0	边跨现浇
2	0	1	1	1	0	1	0	成桥边跨
3	0	1	1	0	1	0	0	边跨现浇
4	0	1	1	0	1	0	0	边跨现浇
5	0	1	1	0	1	0	0	边跨现浇
6	0	1	1	0	1	0	0	边跨现浇
16	0	1	1	0	1	0	0	0 号梁段
17	0	1	1	0	1	0	0	0 号梁段
18	0	1	1	0	1	0	0	0 号梁段
19	0	1	1	0	1	0	0	0 号梁段
20	0	1	1	0	1	0	0	0 号梁段
21	0	1	1	0	1	0	0	0 号梁段
22	0	1	1	0	1	0	0	0 号梁段
40	0	1	1	0	1	0	0	0 号梁段
41	0	1	1	0	1	0	0	0 号梁段
42	0	1	1	0	1	0	0	0 号梁段
43	0	1	1	0	1	0	0	0 号梁段
44	0	1	1	0	1	0	0	0 号梁段
45	0	1	1	0	1	0	0	0 号梁段
46	0	1	1	0	1	0	0	0 号梁段
56	0	1	1	0	1	0	0	边跨现浇
57	0	1	1	0	1	0	0	边跨现浇
58	0	1	1	0	1	0	0	边跨现浇
59	0	1	1	0	1	0	0	边跨现浇
60	0	1	1	0	1	0	0	边跨现浇
60	0	1	1	1	0	1	0	成桥边跨
61	1	1	1	0	1	0	0	边跨现浇
65	1	1	1	1	1	1	1	墩底约束
69	1	1	1	1	1	1	1	墩底约束

附录

弹性连接

编号	节点 1	节点 2	类型	角度	SD_x	SD_y	SD_z	SR_x	SR_y	SR_z	剪力弹性支承位置	距离比 S_{dy}	距离比 S_{dy}	组
1	19	62	刚性连接	0	0	0	0	0	0	0	0	0.5	0.5	临时固结
2	43	66	刚性连接	0	0	0	0	0	0	0	0	0.5	0.5	临时固结
3	43	66	一般连接	0	1E+08	1E+08	1E+08	100	0	100	0	0.5	0.5	成桥中墩
4	19	62	一般连接	0	1E+08	1E+08	1E+08	100	0	100	0	0.5	0.5	成桥中墩

附录 E　施工阶段与工况

阶段	施工工况	备注
第 1 阶段	桥墩施工	
第 2 阶段	0 号梁段预应力张拉	张拉 T1、M1
第 3 阶段	0 号梁段布设挂篮	
第 4 阶段	浇筑 1 号梁段	
第 5 阶段	张拉 1 号梁段	张拉 T2、M2
第 6 阶段	挂篮前行至 1 号梁段	
第 7 阶段	浇筑 2 号梁段	
第 8 阶段	张拉 2 号梁段	张拉 T3、M3
第 9 阶段	挂篮前行至 2 号梁段	
第 10 阶段	浇筑 3 号梁段	
第 11 阶段	张拉 3 号梁段	张拉 T4、M4

阶段	施工工况	备注
第 12 阶段	挂篮前行至 3 号梁段	
第 13 阶段	浇筑 4 号梁段	
第 14 阶段	张拉 4 号梁段	张拉 T5、M5
第 15 阶段	挂篮前行至 4 号梁段	
第 16 阶段	浇筑 5 号梁段	
第 17 阶段	张拉 5 号梁段	张拉 T6
第 18 阶段	挂篮前行至 5 号梁段	
第 19 阶段	浇筑 6 号梁段	
第 20 阶段	张拉 6 号梁段	张拉 T7
第 21 阶段	挂篮前行至 6 号梁段	
第 22 阶段	浇筑 7 号梁段	
第 23 阶段	张拉 7 号梁段	张拉 T8
第 24 阶段	挂篮前行至 7 号梁段	
第 25 阶段	浇筑 8 号梁段	
第 26 阶段	张拉 8 号梁段	张拉 T9
第 27 阶段	梁端支架现浇段施工	拆除转动体上的挂篮
第 28 阶段	落梁待转体	下落 0 号梁段支架
第 29 阶段	转体	本阶段考虑环境条件的影响
第 30 阶段	安装边跨合龙段吊篮和临时刚性连接	
第 31 阶段	浇筑边跨合龙段	
第 32 阶段	张拉边跨 SW1～SW3、T11	
第 33 阶段	拆除边跨临时连接和吊篮、支架	
第 34 阶段	拆除中墩临时固结	
第 35 阶段	张拉 SB1～SB5	
第 36 阶段	安装跨中临时连接	预张拉 H、B1
第 37 阶段	浇筑中跨合龙段	
第 38 阶段	张拉 H、B2～B1	
第 39 阶段	张拉 T10,W1～W4,B3～B7	
第 40 阶段	拆除中跨合龙段临时连接和吊篮	
第 41 阶段	桥面铺装	

附录 F　施工沉降监测日期

序号	日期	序号	日期
1	20170716	21	20180313
2	20170717	22	20180318
3	20170821	23	20180329
4	20170823	24	20180406
5	20170911	25	20180411
6	20170918	26	20180417
7	20170919	27	20180424
8	20170930	28	20180428
9	20171014	29	20180502
10	20171016	30	20180504
11	20171019	31	20180506
12	20171026	32	20180509
13	20171103	33	20180511
14	20171110	34	20180513
15	20171117	35	20180516
16	20171124	36	20180519
17	20171201	37	20180522
18	20180105		
19	20180120		
20	20180125		

参考文献

[1] 张联燕，等. 桥梁转体施工 [M]. 北京：人民交通出版社，2001.

[2] 刘巨保，罗敏. 有限单元法及应用 [M]. 北京：中国电力出版社，2013.

[3] 葛俊颖. 桥梁工程软件 Midas Civil 使用指南 [M]. 北京：人民交通出版社，2013.

[4] 周水兴，等. 桥梁结构电算：有限元分析方法及其在 Midas Civil 中的应用 [M]. 北京：人民交通出版社，2013.

[5] 浦广益. ANSYS Workbench 基础教程与实例详解 [M]. 北京：中国水利水电出版社，2013.

[6] 铁路桥涵混凝土结构设计规范 TB 10092—2017 [S].

[7] 公路桥涵施工技术规范 JTG/TF 50—2011 [S].

[8] 李洪涛. 双转体连续梁施工 BIM 技术应用及结构有限元分析 [D]. 青岛：青岛理工大学，2018.

[9] 马杭州. 基于 Midas-ANSYS 的曲线梁桥转体施工虚拟仿真及 BIM 技术应用研究 [D]. 青岛：青岛理工大学，2018.

[10] Teicholz P. BIM Handbook：A Guide to Building Information Modeling for Owners，Managers，Designers，Engineers and Contractors/Chuck Eastman，Paul Teicholz，Rafael Sacks，Kathleen Liston [M]//BIM Handbook：A Guide to Building Information Modeling for Owners，Managers，Designers，Engineers and Contractors，2008.

[11] 徐萍飞，熊峰，夏伟杰，郑荣跃，王丽佳. 基于 BIM 的桥梁信息集成管理系统研究 [J]. 施工技术，2016，45（12）：119-123.

[12] 陈宁，马志华，柏平，李成涛，贾慧娟. 基于 BIM 技术的桥梁病害信息三维可视化采集管理系统 [J]. 中外公路，2017，37（1）：305-308.

[13] 陈永高，单豪良. 基于 BIM 与物联网的地下工程施工安全风险预警与实时控制研究 [J]. 科技通报，2016，32（7）：94-98.

[14] 张建锋，陈燕霞，赵雅雷. Midas Civil 软件在桥梁施工结构设计中的应用 [J]. 四川水利，2012，33（3）：71，76.

[15] 赵军. 连续梁桥转体施工关键技术研究 [D]. 兰州：兰州交通大学，2016.

[16] 鲁锦华. 大吨位连续刚构桥转体施工控制及稳定性研究 [D]. 兰州：兰州交通大学，2016.

[17] 刘宇. T 形刚构转体设计与力学性能分析 [D]. 重庆：重庆交通大学，2015.

[18] 张人友，王珺. BIM 的内涵 [J]. 工业建筑，2012，42（S1）：34-36，43.

[19] 曹再兴. BIM 技术在桥梁管养中的应用研究 [D]. 重庆：重庆交通大

学，2017.

[20] 彭兴东. 基于 BIM 技术的桥梁工程建模方法研究 [D]. 石家庄：石家庄铁道大学，2016.

[21] Goldberg H. E. The Building Information Model [J]. CADalyst，2004，21：56-58.

[22] Yang Liu，Changxi Yang，Zhicheng Tan. Hybrid Element-Based Virtual Distortion Method for Finite Element Model Updating of Bridges with Wide-Box Girders [J]. Engineering Structures，2017，143.

[23] 胡娟. Midas Civil 软件在大跨径桥梁悬臂施工中的应用 [J]. 西部交通科技，2011（10）：61-64.

[24] 孙波，郭红兵. Midas Civil 在预应力空心板简支梁桥结构抗震分析中的应用 [J]. 西安文理学院学报（自然科学版），2010，13（2）：98-103.

[25] 宋建平，邓志方. Midas Civil 在确定桥梁静载试验布载中的研究 [J]. 黑龙江科技信息，2013（1）：272-273.

[26] 王立中. 转体施工的公路 T 形刚构桥梁转动结构设计 [J]. 铁道工程学报，2006（9）：41-43.

[27] 曹日跃. 基于 FLAC3D 的单桩承载特性的数值模拟 [J]. 北京信息科技大学学报（自然科学版），2016，31（3）：88-91.

[28] 王鹰. 大型 LNG 储罐高承台桩基沉降特性及隔震效果分析 [D]. 保定：河北农业大学，2015.

[29] 赵晨凯. 软土地区超高层桩基础沉降规律研究 [D]. 北京：中国地质大学（北京），2014.

[30] 武斌，张颂娟，温俊生. 基于 BIM 的高职建筑力学课程教学改革研究 [J]. 辽宁省交通高等专科学校学报，2018，20（06）：72-76.

[31] 孙震. 基于 BIM 技术的轨道交通工程精细化管理——以青岛地铁 8 号线工程为例 [J]. 工程建设，2019，51（02）：70-73.

[32] 孙佩玉. BIM 标准，迎接智慧建筑时代——来自第四届中国国际智能建筑展览会的报道 [J]. 中国标准化，2019（09）：6-13.

[33] 李永鑫. 基于 IFC 标准的公路工程信息扩展研究 [D]. 河北工业大学，2016.

[34] 陈海涛. 基于三维激光扫描点云自动生成 BIM 模型算法研究 [D]. 南昌航空大学，2019.

[35] 雷雨. 基于 BIM 的建筑企业供应链信息管理研究 [D]. 北京建筑大学，2015.

[36] 孙璟璐. BIM 发展：从概念到实践 [J]. 中国建设信息，2015（10）：28-29.

[37] 任韶敏. 铁路连续箱梁水平转体施工及监控技术研究 [D]. 石家庄铁道大学，2014.